독일 사회, 우리의 대안

조성복 지음

어문학사

【 차 례 】

1장 '사회적 시장경제'
한국과 독일, 무엇이 같고 무엇이 다른가?

2장 독일의 교육제도
사교육과 등록금이 없는 사회

3장 독일의 주거문화
독일에서는 왜 2년마다 이사 다니지 않아도 되는가?

4장 독일의 복지제도
어떤 경우에도 최소한의 인간다운 삶이 보장되는 사회

5장 독일의 일자리 문제
안정적 일자리는 어떻게 만들어지는가?

6장 독일의 노사관계

그들은 왜 노사갈등이 심하지 않을까?

7장 독일의 에너지 및 환경정책
독일이 원전을 중단한 것은 후쿠시마 때문이 아니다

8장 '사회정의'의 문제
'사회적 공정성'을 최우선하는 독일 사회

노동의 가치를 존중하고, 공동체 의식 회복해야

최장집

고려대학교 정치외교학과 명예교수

1

오늘날 한국이 이룬 경제성장은 세계경제대국의 반열에 오를 만큼 과거에는 상상할 수 없었던 눈부신 것이다. 성장물신주의라 부를 만한 국가의 경제운영과 국가-재벌 간의 강고한 연대가 견인했던 경제발전의 결과라고 해도 과언이 아니다. 그러나 결코 잊지 말아야 할 것은 그 발전은 엄청난 사회적 비용을 수반했다는 점이다.

구체적으로 부와 소득의 격차증대, 정규직과 비정규직의 노동시장 이원화, 실업의 급증, 노동배분과 노사관계에서 노동소외와 참여의 배제, OECD 국가의 지표를 통해서도 분명히 드러나는 최저수준의 복지, 사회적 양극화와 사회적 해체의 심화 등을 동반한 것이었다. 나아가 최근에는 '금수저', '흑수저', 'N포 세대'와 같은 말에서 알 수 있듯이 사회적 유동성의 경직화와 더불어 상향 이동의 기회는 거의 폐쇄되기에 이르렀다. 또 젊은 세대에 불었던 '비트코인' 투자 열풍은 사회경제적 조건만이 아니라, 정신적으로도 이들 세대가 처한 어려움이 얼마나 극심한가를 잘 드러냈다.

이런 상황에서 "한국 사회를 건강한 사회라고 말할 수 있을까?"라고 자문하게 된다. 이 땅에 살고 있는 많은 사람은 지표상으로 표현되는 총량적 성장의 크기를 원하는 것이 아니라, 인간적 삶의 안정과 풍요로움을 생성할 수 있는 사회경제적 조건을 희구하고 있다. 이런 현실은 한국 사회가 지향할 수 있는 보다 나은 사회에 대한 관심을 증대시키고 있는데, 그것은 인권과 인간존엄의 가치, 도덕적 자율성과 정치적 평등, 노동의 가치와 삶의 질 등이 크게 향상될 수 있는 공동체의 모습이라고 할 수 있다.

2

이런 맥락에서 독일 사회는 한국 사회가 많은 것을 배울 수 있는 대표적인 사례 또는 모델로 이해되고, 또 받아들여질 수 있다. 경제성장의 콤플렉스에서 벗어난 현재의 한국 상황은 일면적으로 신자유주의적 자유시장경제만이 아닌 또 하나의 새로운 사회와 경제의 운영원리를 발견해야 할 시점이기 때문이다. 좀 더 구체적으로 자본과 노동이 서로 협력하면서 공존하고, 분배의 형평과 사회적 공동체 원리를 통해 특정 집단이 소외되지 않는 '사회적 시장경제(Soziale Marktwirtschaft)'를 발전시킨 독일로부터 많은 것을 배울 수 있다고 생각한다.

프랑스의 경제학자이자 기업가였던 미셸 알베르(Michel Albert)는 1990년대 초 펴낸 저서에서 '자본주의 대 자본주의'라는 말을 창안해 유명하다. 사회주의라는 경쟁적인 생산체제가 붕괴된 이후 자본주의는 지배적인 경제체제가 되었다. 그럼에도 불구하고 그것은 유일한 것이 아니라 종류가 다른 두 개의 자본주의로 나타나고 있다는 것이다. 즉 신자유주의로 특징되는 자유시장경제에 기초한 영미식 자본주의와 사회적으로 조율된 시장경제의 기초 위에서 사회복지를 구현하고 있는 독일식 '라인모델' 자본주의를 말한다. 그의 구분에서 중요한 것은 '자본주의는 다양할 수 있다'라는 명제이고, 그것은 자본주의 다양성이론의 발전을 가져왔다.

2016~2017년에 일어난 한국의 촛불시위는 시민참여의 확대를 통해 한 단계 높은 민주주의로 발전할 수 있는 기회를 제공하였다. 보다 나은 사회에 대한 비전을 발견하는 문제는 1차적으로 정치인과 정당이 갖는 정치적 자원이고 에너지라고 생각할지 모른다. 그러나 필자가 보기에 그것은 정치적인 영역이라는 점 못지않게, 지적이고 문화적인 영역이다. 경제지표의 상승만을 중시할 때는 인간의 가치가 더 많이 구현될 수 있는 다른 공동체를 이해하고 상상할 수 있는 지적, 문화적 능력은 억압되거나 제약되는 것이 필연적이다. 지적, 문화적 자원을 갖지 못한 사회에서는 시민이 대안적 사회의 모습을 상상하기 어렵기 때문이다. 그렇기 때문에 그런 사회에 대한 관심과 지식은 곧 민주주의와 정치발전의 자원이 되는 것이다.

3

이 책의 저자인 조성복 박사는 독일에 관한 2권의 연작으로 구성된 원고를 완성했다. 하나는 이미 출판된 독일 정치에 관한 것이고, 다른 하나는 이번에 출판되는 독일 사회에 관한 것이다. 따라서 이들에 대한 추천사는 구분하여 쓰는 것이 타당하지만, 원고의 내용이 서로 밀접하게 연결되어 있어서 사회와 정치를 엄밀하게 나누어 논의하는 것은 다소 어려운 점이 있다.

저자는 사회정의가 더 잘 구현되고, 노동의 가치가 보다 존중되며, 인간중심적이고, 더 민주적이고 사회적 공동체성이 유지되는 이상적 사회의 모습을 독일을 통해 그려 보이고 있다. 이러한 독일의 모습은 사회적, 인간적 피폐화를 감수하면서 진행되고 있는 우리의 과격한 시장경쟁원리와 성장 중심의 경제운영원리를 추구하는 한국 사회에 대한 비교의 준거로서 제시된다. "독일사회가 왜, 그리고 어떻게 우월한가?"를 어떤 추상적인 이론이나 개념의 틀을 통해서가 아니라, 세밀한 관찰과 생활 속에서 나타나는 경험적 사례를 통해 논의를 전개하고 있는 것은 이 책의 가장 큰 장점이다.

조성복 박사가 집중적으로 관찰하는 사회는 사회정의라는 규범적 틀을 통해 조명되는 사회이다. 그가 사회정의를 중심으로 말하는 이유는, 자본주의 경제질서가 창출하는 분배의 불평등과 노동문제, 그것이 가져오는 인간 폄하, 인간존엄성의 훼손, 인간 상호 존중의 상실 등 인간됨의 본질과 관련된 문제는 겉으로 표현되는 그럴싸한 사회의 모습이나 양적 지표로만 측정될 수 없기 때문이다. 또한 인간의 가치와 한 사회의 질적 수준을 포함하는 것까지 아우르는 요소를 비교의 준거로 삼기 때문이다. 그와 같은 요소가 허약하거나 부정적으로 평가된다면, 그 사회는 인간성의 상실을 가져오기 쉽다는 저자의 믿음을 발견하게 된다. 그리고 그러한 인간 삶의 공동체로서 사회적 해체랄까, 공동체성의 상실 내지는 부재야말로 사회과학과 정치가 해결해야 할 최우선

과제라고 이해한다. 그러므로 좋은 정치란 사회정의를 실현하는 것이고, 민주주의가 소중한 것은 그 정부형태가 그런 사회를 만들어낼 수 있는 정치체제이기 때문이다.

저자가 독일 사회와 독일 정치를 이상적 모델로 생각하는 까닭은 우리가 알고 있는 범위에서 독일은 민주주의가 해야 할 역할을 현실 세계에서 가장 이상형에 가깝게 실현하고 있기 때문이다. 물론 저자도 잘 알고 있듯이 독일만이 아니라, 유럽의 일부 국가도 그런 사회를 건설하였다. 하지만 독일은 유럽의 중심에 위치하면서 규모가 가장 크고, 또 전후 유럽의 사회복지체제를 건설하는데 중심적인 역할을 해왔다는 점에서 특별하다. 알베르가 라인모델이라고 명명했던 것도 독일식 자본주의의 운영원리를 일컫는다. 이런 점에서 독일이야말로 민주주의와 자본주의가 이상적으로 공존하는 민주적 사회복지국가를 발전시킨 모델이 아닐 수 없다.

필자 역시 저자의 이러한 관점에 전적으로 공감한다. 다만 한국 사회에서 과연 이러한 독일 모델을 실현할 수 있을지, 또 독일 제도를 도입하더라도 한국에서 독일과 같은 결과를 만들어낼 수 있을지에 대한 의문을 떨쳐버리기는 어렵다. 그러나 우리가 다른 나라의 장점을 수용한다고 할 때 반드시 그 사회체제 전체를 수용하는 것으로 생각할 필요는 없다. 한 사회는 여러 부분 체제로 구성된 전체이기 때문에 특정 영역이나 부분에서 보다 낫다고 생각하는 제도를 받아들이면 충분하기 때문이다. 어쨌든 좋은 사회체제, 좋은 자본주의의 운영원리에 대해 상상한다는 것은 의심의 여지없이 중요한 일이다.

4

조성복 박사의 책은 독일을 통해 한국 사회를, 그리고 한국 사회의 문제를 말하기 위해 독일의 사회를 말하고 있다는 점에서 아주 특별하고 높이 평가될 수 있다. 두 나라의 사회를 고도의 균형을 유지하면서 그렇게 수준 높게 쓸 수 있는 사람은 많지 않을 것이기 때문이다. 또한 이 책은 결국 하나의 주제를 다루는데 두 측면으로 구성된, 그리고 두 나라의 사례가 안정적으로 균형을 유지하면서 대비되고 있다는 점에서 스타일상의 참신함을 보여준다. 기본적으로 독일 사회를 소개하는 것이지만, 사실은 한국 사회에 관한 책이다.

이 책의 또 다른 특징은 거시적 관점보다는 미시적 차원에서 독일과 한국의 두 사회를 대비시키고 있다는 점이다. 이론적으로 훈련받은 사람에게는 이론이나 개념 또는 어떤 역사적 특징 같은 것을 통해 두 사회를 거시적 차원에서 비교하는 것이 더 수월할 수 있다. 그러나 미시적 차원에서 두 사회를 세밀하게 비교하는 작업은 이와는 다르다. 독일 사회에 대한 학문적 훈련뿐만이 아니라 그 사회에서 장기간 실제로 생활하면서 얻게 되는 생생한 경험을 필요로 하기 때문이다. 저자의 특별함은 바로 이점에 있다. 그의 경력이 말하고 있듯이 이론적 훈련과 현실정치의 일선에서 두루 경력을 쌓은 체험이 책 내용에 그대로 표현되고 있기 때문이다.

결론적으로 이 책은 독일에서 오랜 학문적 수련을 거치고, 독일과 한국 모두에서 정부의 공직, 그리고 국회와 정당에서 현실 문제를 다룬 경험을 통해 축적한 이론적, 실천적 지식을 결합한 한 정치학자의 장기간에 걸친 관찰과 지적 탐구의 산물이다. 이 책의 내용과 수준이 저자의 그러한 수련 과정과 지적 축적을 정직하게 반영하고 있다. 한국 사회에 대해 대안적 비전을 제시하고 지적 상상력의 범위를 확대, 심화하는 책이 출간되는 것은 전환점에 놓인 우리 사회로서는 커다란 행운이다.

프롤로그

최소한의 인간다운 삶이 가능한 사회를 위하여

2000년대 들어 정치권을 중심으로 학계, 언론계, 시민 단체 등 우리 사회 전반에서 '독일 모델'에 대한 관심이 급속히 확산되고 있다. 오랫동안 한국 사회의 근간이 되어온 미국식 모델이 그 한계에 부딪혔기 때문이다. 실제로 현재 시스템은 비정규직, 소득 양극화, 사회복지, 청년실업, 세대 갈등과 같은 주요 현안에 대해 더 이상 해결책을 내놓지 못하고 있다.

'헬조선'이라는 신조어와 함께 신 계급사회화 되고 있는 상황을 타파하기 위해서는 사회시스템을 바꾸는 것이 최우선 과제이다. 선진국이 좋은 제도를 만드는 것이 아니라 좋은 제도가 선진국을 만든다고 한다. 이런 점에서 우리와 규모가 비슷하면서 여러 가지 유사점을 가진 독일은 하나의 모범 사례가 될 수 있다.

그러나 대다수 국민은 아직 독일에 대해 잘 알지 못한다. 물론 관련 서적이 많이 있지만, 그것들은 지나치게 학술적이라 너무 어렵거나 또는 수박 겉핥기식의 내용으로 독자에게 큰 도움을 주지 못하고 있다. 그런 점을 감안하여 이 책에서는 독일과 한국의 상황을 비교하여 쉽고 재미있으면서도 동시에 의미 있는 내용이나 시사점을 담을 수 있도록 노력하였다. 그것이 가능했던 까닭은 오랜 독일 생활과 정치권과 대학에서 일하면서 경험하게 된 저자의 실제 체험이 구체적으로 녹아있기 때문이다.

1990년대 후반, 저자는 독일 베를린, 뮌스터, 킬(Kiel) 등의 어학원과 대학에서 독일어를 배운 다음, 쾰른대학교와 뒤스부르크-에센대학교에서 정치학을 공부하여 디플롬(석사)과 박사학위를 받았다. 이후 베를린에 있는 주독대사관에서 전문연구관으로 근무하다가 2010년에 귀국하였다. 현실정치와 관련이 있는 국회, 정당연구원에서, 또 대학의 연구소, 강단 등에서 일하고 강의하면서 정치, 경제, 사회, 교육, 노동, 주거, 복지, 환경 등 우리 사회의 다양한 문제에 접하게 되었다. 그럴 때마다 자연스럽게 독일의 사례에 비추어 그것을 분석하고 그에 대한 대안을 생각해보게 되었다.

특히 2011년 10월의 서울시장 보궐선거, 2012년 4월 총선 및 12월의 대선, 2016년 총선과 촛불시위, 2017년 대통령 탄핵과 대선 등을 거치면서 현실의 정치가 어떻게 파행적으로 굴러가고 있는지를 가까이에서 보고 느끼게 되었다. 이렇게 정치권의 맨얼굴을 보면서 과연 우리 사회의 핵심 과제가 무엇일까, 또 정치권의 문제는 무엇인가를 고민하게 되었다. 여러 정치인의 발언을 듣거나 그들의 활동을 보면서, 또 다양한 토론회, 세미나 등에서 전문가, 학자의 이야기를 들으면서 한국 사회에 대해 많은 것을 배우고 알게 되었지만, 고민하던 문제는 여전히 속 시원히 풀리지 않았다.

그러던 중 뜻밖의 곳에서 우연히 우리 사회의 모순을 집약해 보여주는 사실을 접하게 되었다. 지역에서 정당 활동을 하면서 새로이 알게 된 K라는 친구가 있었다. 언젠가 함께 참석했던 행사를 마치고 귀가하면서 이런 저런 담소를 나누었는데, 그때 그가 했던 이야기가 가슴에 와닿았다. "지금도 청계천에서 기계를 깎는 사람이 있다. 그런데 그들이 종종 잔업을 포함하여 주말까지 일을 하면서도 정당한 대우를 받지 못하고 있다." 그러면서 "그들이 최소한 300만 원은 받아야 한다. 그래야 우리 사회에서 최소한의 인간다운 삶이 가능하다."고.

이 얘기는 아주 간단했지만 그동안 보아왔던 수많은 정치인, 전문가, 학자 등이 제시했던 그 어떤 연설이나 주장보다도 우리 사회의 문제점을, 비록 추상적이기는 했지만, 정확하게 지적한 것이었다. 열심히 일을 하는데도 인간다운 삶을 영위하는 것이 곤란하다는 사실이 가장 큰 문제이며, 이는 무엇인가 구조적 모순이 존재한다는 방증이다. 바로 이 점이 비정규직 등 온갖 사회적 문제점을 양산해내는 본질이라고 생각한다. 그 모순의 원인이 제도나 시스템의 잘못에 있든지 또는 그것을 운영하는 사람의 잘못에 있든지 간에 우리는 이 문제를 해결해야만 비로소 선진 사회로 진입하게 될 것이다.

이에 가장 적절한 모범 사례가 되는 국가가 바로 독일이다. 이 나라에서는 누구나, 심지어 실업자라 하더라도, 최소한의 인간다운 삶이 가능하기 때문이다. 또한 "어떤 제도나 정책 또는 일처리가 공정한 것인가?"라는 질문이 끊임없이 제기되고 논의된다. 사회의 구석구석에서 문제 제기가 가능하도록 하나의 시스템이 구비되어 있다는 말이다. 그래서 개인적으로 억울하거나 불공정한 일을 당하지 않는다. 바로 이러한 모습이 선진국의 문턱에서 방황하고 있는 우리에게 절실하게 필요한 모델이 아닐까?

한국 사회는 이제 민주주의의 절차적 또는 형식적 조건은 어느 정도 달성한 것으로 보인다. 외형적으로는 누구나 자신이 원하는 일을 할 수 있고, 선거를 통해 정권을 바꿀 수도 있기 때문이다.

그러나 실질적, 경제적 민주주의는 아직 요원한 상황이다. 예를 들어 가난한 집 학생이 일류대를 가는 것은 거의 불가능한 상황이고, 대학에 갔더라도 학자금 대출, 하숙비 등 생활비 부담으로 어려운 상황이며, 졸업 후에도 좋은 일자리 부족, 청년실업, 신용불량자 전락 등 힘겨운 생활이 지속된다. 같은 일을 하면서도 비정규직은 정규직 급여의 절반도 받지 못하고 있다. 중소기업이 대기업으로 성장하기 어려운 환경이다. 거대 양당이 아닌 정당은 정권을 잡을 수 없을 뿐만 아니라 국회에 들어가기도 어렵게 되어 있다. 이런 점을 감안하면 우리 사회는 아직 진정한 민주주의 사회라고 보기 어려운 측면이 있다.

이 책은 엄밀히 말해 독일에 대한 이야기가 아니다. 우리 모습을 독일 사회를 통해 되돌아본 것이다. 즉 독일 사회의 모습을 빌어 우리 사회의 문제점은 무엇이고, 그 대안이 무엇인지를 고민한 것이다. 이를 위해 독일 사회의 모습을 사회적 시장경제, 사교육과 대학 등록금이 없는 교육제도, 세입자 중심의 주거문화와 체계적인 사회복지제도, 안정적인 일자리 창출과 노사관계, 에너지 및 환경정책, 사회정의의 문제 등으로 나누어 살펴본다.

특히 우리가 일상에서 부딪히는 많은 것에 대해서 미처 문제라고 느끼지 못하거나, 그것이 문제라고 인식을 하더라도 '이런 일은 당연한 것이지!' 또는 '어쩔 수 없는 것이지!'라고 생각하거나, '그런 문제에 어떤 대안이 있을 수 있겠는가?'하고 체념하는 것에 대해 독일 사회의 모습을 빌려 '그런 문제가 당연한 것이 아니다.' 또는 '이러한 대안이 있다.'는 것을 보여주고 싶다. 물론 이것은 저자의 주관적 관찰일 수 있다. 하지만 객관적 사실의 전달이라는 이름 아래 아무런 책임도 지지 않으려는 자세는 곤란하다고 본다. 그래서 그런 소극적 자세에서 벗어나 소신을 가지고 한국 사회의 개혁방향을 제시해 보고자한다.

책의 내용이 지나치게 학술적이지 않도록 각주를 생략하였고, 또 딱딱하거나 지루하지 않도록 저자의 유학 당시 에피소드를 중간중간에 소개하였다. 주요 통계수치는 연방통계청이나 연방정치교육센터(bpb) 등의 자료를 참조하였다. 이 글의 상당 부분은 2013년 말부터 〈프레시안〉에 연재했던 것이며, 이후 독일과 한국 사회의 변화에 따라 내용을 추가하고 보강한 것이다.

그동안 도움을 주신 분들께 감사의 인사를 드린다. 먼저 지연이나 학연 등 별다른 인연이 없는데다가 잘 알지 못하는데도 불구하고 저자의 부탁을 받아들여 원고를 꼼꼼히 읽고 훌륭한 추천사를 써 주신 고려대 최장집 교수님께 진심으로 감사의 말씀을 올린다. 저자에게 연구교수로 일할 기회를 주신 한림국제대학원대 최태욱 교수님께도 감사드린다. 10년은 경험해야 알 수 있을 한국 정치와 사회의 속사정을 단시간에 자세하게 알려 주신 이희두 선배님, 이인용 전 국회사무차장님께도 감사의 인사를 드린다.

직장생활을 하다가 뒤늦게 시작한 유학 중에도, 또 학위를 받고 귀국한 다음에도 늘 우물가의 아이를 걱정하듯이 지켜봐 주시고, 저자의 책에 대해 선생으로서 자신의 보람과 영광이라고 칭찬해 주신 서울대 우한용 교수님(중 2 담임선생님)께도 깊은 감사를 드린다. 공부와 저술이 가장 강력한 실천이라는 생각을 가지고 정진하기를 기도해 주신 경인교대 박인기 교수님께도 감사의 말씀을 올린다. 이 두 분은 좌절하지 않고 끈질기게 노력을 경주해온 저자의 역정이 이런 결과를 가져왔다고, 또 어렵고 답답한 현실의 역경을 묵묵히 이겨내며 쉽사리 세속화하지 않고 자신의 공부 길을 열심히 걸어 온 것에 대한 보답이라 생각한다고 기쁜 마음을 전해주셨다.

여러 형태의 모임이나 회의에서 다양한 논의와 교감을 통해 책을 쓰는데 도움을 준 김용일 실장과 민경일 보좌관, 이덕난 박사, 원시연 박사, 최정배 서기관, 정호원 박사, 정미경 박사, 홍선기 박사, 서명준 박사, 김영미 박사, 정재철 박사, 강원철 박사, 김지영 박사, 김성혁 박사, 김상미 원장, 김영은 실장, 장지형 위원, 윤재설 위원, 조애라 국장, 그리고 배태석, 박회경, 한대훈, 한명수 등에게도 감사한다. 원고를 꼼꼼히 읽고 자신감을 심어 준 김경용, 안우정 후배에게도 고마운 마음을 전한다. 그밖에 여기에 일일이 열거하지는 않지만 많은 분들께 신세를 졌다. 다양한 장소에서 여러 주제에 대해 나눴던 그들과의 대화는 이 책의 곳곳에 반영되었다. 이 자리를 빌려 모두에게 심심한 감사의 인사를 드린다. 끝으로 바쁘다보니 같이하는 시간이 부족해 늘 미안했던 집사람에게 이제 한 달에 한 번씩은 꼭 함께 여행을 떠나겠다고 이곳에 못을 박아둔다.

제 1 장

'사회적 시장경제'

한국과 독일, 무엇이 같고 무엇이 다른가?

유학 생활에서 느낀 평범한 독일인의 일상
- 사회적 약자의 보호

사회적 약자인 대학생, '공공임대주택' 받아

2000년대 초반, 독일의 중서부에 위치한 퀼른(Köln)이란 도시에서 유학할 때의 일이다. 퀼른은 대성당과 카니발 등으로 유명한 곳이다. 1388년에 설립되어 600년이 넘는 역사를 지닌 퀼른대학교는 약 4만 5,000명의 학생이 공부하고 있는 곳으로 독일에서 가장 크고 오래된 대학 가운데 하나이다. 2000년 여름 입학허가서를 받고 이 도시에 처음 도착했을 때가 바로 엊그제 같은데 벌써 20년 전의 일이라는 사실이 믿기지 않는다.

어학을 마치고 퀼른으로 옮겨가면서 대학에서 운영하는 기숙사를 하나 배정받았다. 독일 학생도 다른 지역에서 오는 경우, 처음에는 보통 기숙사로 들어왔다. 학생은 기숙사가 편리하고 월세가 저렴하기 때문에 대체로 계속해서 살기를 원하지만, 학교 당국은 일정 기간이 지나면 이용을 제한하였다. 그래서 특별한 사유가 없는 한 6학기 이후에는 이를 비워주고 일반 집을 구해 나가야 했다. 왜 그래야 하는지 궁금했는데, 매 학기 새로이 입학하는 또 다른 학생을 위해서라는 말을 듣고는 금방 수긍이 갔다. 3년 정도 생활하면 이 도시에서 새로운 주거지를 찾는 것이 어렵지 않을 정도로 익숙해졌을 테니까 말이다.

쾰른은 독일에서 베를린, 함부르크, 뮌헨에 이어 4번째로 큰 도시로 인구는 약 100만 명 정도이다. 사통오달하는 다양한 철도 노선과 쾰른/본 공항을 갖춘 교통의 요지로 대규모의 박람회장이 있어서 국제적 행사가 많을 뿐만 아니라, 방송국도 많아서 경제와 문화의 중심지라고 할 수 있다. 그래서인지 기숙사 기한이 차서 새로운 집을 찾아야 했을 때 집세가 만만치 않음을 실감하게 됐다. 전용면적이 60~70제곱미터(㎡)인 일반주택의 월세가 저렴한 곳이 500~600유로, 보통 600~800유로, 자리와 조건이 좋은 곳은 1,000유로에 육박했다. 기숙사비는 전기, 수도, 난방 등 부대 비용을 포함하여 한 달에 337유로였는데, 이사를 하게 되면 주거비 인상이 불가피한 상황이었다. 당시에는 환율이 1유로 당 1,400~1,500원 정도로 지금보다 높았다.

아직 정식으로 돈을 벌지 않는 학생인데(그래서 독일에서는 대학생을 사회적 약자로 취급한다), 월세가 갑자기 몇 배로 오른다면 큰 부담이 아닐 수 없다. 그런데 우리식의 공공임대주택이 그러한 고민을 해결해 주었다. 독일에서는 이를 '사회주택(Sozialwohnung)'이라고 한다. 이는 정상적인 부동산 거래 시장을 통해서는 주거문제를 해결하기 어려운 사회적 약자를 위한 것으로, 주 정부, 종교 단체, 다양한 협동조합이나 재단 등에서 재정적 지원을 받아 상대적으로 저렴한 월세를 받고 임대하는 주택을 말한다.

이 사회주택에 들어가기 위해서는 구청에서 발급하는 '거주권 증명서(Wohnberechtigungsschein, 줄여서 WBS)'를 받아야 한다. '외국인 학생에게

2000년대 중반, 저자가 살았던 쾰른의 알프레드-되블린 가(Alfred-Döblin-Straße) 소재 아파트.
ⓒ조성복

도 그런 기회를 줄까?'하는 약간의 의구심을 가지고 서류를 준비했는데, 별 어려움 없이 WBS를 받았다. 이것을 가지고 사회주택을 운영하고 관리하는 'ASG'라는 기독교재단에 입주신청을 했다. 그리고 얼마 안 되어 진짜로 사회주택을 받게 되었다.

다운증후군 딸 둔 할머니의 지극히 평범한 삶을 보며

이렇게 얻게 된 집은 쾰른의 서북쪽에 위치한 9층 높이의 150가구, 3~4개동의 아파트 단지에 있었는데, 공부를 마칠 때까지 이 집에서 5년 가까이 살게 되었다. 전용면적이 60제곱미터, 집세는 한 달에 386유로였는데, 나중에는 391유로까지 인상되었다. 이 집을 처음 봤을 때는 지은 지 얼마 안 된 새 아파트인 줄 알았다. 그런데 나중에 1960

년대 후반에 지어졌다는 사실을 알고는 깜짝 놀랐다. 집을 체계적으로 잘 관리하면서 살기 때문에 그렇다는 것을 나중에 알게 되었다.

독일에는 주로 단독이나 연립주택이 대부분이며, 아파트는 상대적으로 드문 편이다. 개인의 사생활을 중요시하기 때문에 많은 사람이 모여 사는 것을 꺼리는 것은 어쩌면 당연한 일인지도 모른다. 또한 사회주택도 우리와 달리 일반 집과 섞여 있어서 당사자가 직접 말하지 않는 한 누가 공공임대에 살고 있는지 알 수 없다.

살게 된 아파트 단지는 예외적으로 전체가 공공임대주택인 것 같았다. 하지만 주변의 자연환경은 너무나 근사하였다. 아파트 앞에는 조그만 공원이 있었는데, 계절의 변화에 따라 숲이 변해가는 모습을 창문으로 지켜볼 수 있었다. 뒤편으로는 조그만 산책로가 계속 이어져 있는데, 이 길을 따라 20~30분 걸어가면 훨씬 더 큰 숲이 나오고, 건너편으로는 커다란 호수가 있어서 한 바퀴를 도는 데는 상당한 시간이 걸렸다. 단지 옆에는 조그만 쇼핑센터가 있었고, 조금 더 걸어가서 전철을 타면 약 15분이면 시내 중심가로 나갈 수 있었다.

이 아파트에 살게 되면서 같은 라인에 사는 60대의 한 노부부를 알게 되었다. 특히 할머니는 그곳에서 유일한 동양인이라 눈에 띄는 우리 부부를 볼 때마다 아주 친절하게 인사를 건넸다. 한번은 그녀가 우리가 무엇을 하고 있는지 궁금했는지, 독일에 온 이유를 물었다. 정치학을 공부하는 중이라고 대답했는데, 정치학(Politikwissenschaft)이란 용어 자체를 잘 이해하지 못했다. 그래서 박사(Doktor) 공부를 하러 왔다고 했는데, 그것도 명확하지 않은지 어정쩡하게 헤어졌다. 얼마 후 다시 만났을 때, 그 할머니는 드디어 내가 무엇을 하고 있는지 알았다고 반기면서 "당신, 의사 공부하러 왔지!" 하는 것이었다. 흔히 의사를 닥

저자 아파트에서 내려다 본 전경. ⓒ조성복

터(doctor, 독일어 Doktor)라고 하니 맞는 말이긴 하다.

그 할머니에게는 딸이 둘 있었다. 큰딸은 결혼하여 근처에 살고 있었는데, 언젠가는 예쁜 손녀를 낳았다고 자랑을 한 것이 기억에 남는다. 둘째 딸은 여전히 같이 살고 있었는데, 키나 덩치는 그녀보다 컸지만 다운증후군으로 보이는 장애가 있었다. 우연히 알게 된 할머니의 주요 일과 중 하나는 오전 10시쯤 그 딸을 장애인 학교버스가 지나가는 아파트 입구에 데려다 주고, 오후 3시쯤 다시 그곳에서 기다렸다가 집으로 데려오는 일이었다. 보통 사람이라면 걸어서 2~3분 거리인데, 그 모녀는 그 거리를 이동하는데 최소한 20~30분은 걸리는 것 같았다.

정치학이나 박사라는 단어도 제대로 알지 못하는데다가 장애인 딸을 키우는 할머니라면, 아마도 직업을 갖기도 쉽지 않았을 것이다. 하지만 종종 마주칠 때마다 아주 밝은 모습을 보였던 것으로 미루어 볼때 그녀는 별다른 어려움 없이 잘 지내고 있는 것 같았다. 어떻게 그런 삶이 가능한 것인지 궁금함과 함께 독일 사회에 대한 부러움이 밀려왔다.

10년 지나도 그대로인 독일의 물가
- 비슷한 삶의 질 향유

독일은 맥주의 나라다. 일반적으로 물에 석회가 많이 섞여 있는 까닭에 많은 사람이 물 대신 맥주를 즐겨 마시게 되었다고 한다. 그래서 옛날부터 맥주의 제조 과정은 매우 엄격하게 관리되었다. 기본 원료인 물과 맥아(엿기름), 홉 및 효모를 제외한 일체의 다른 첨가물은 넣지 못하도록 통제한 것이다. 이를 '맥주순수령(Reinheitsgebot)'이라고 하는데, 이 전통은 현재까지도 잘 지켜지고 있어서 맥주 맛이 대체로 진한 편이다. 귀국하여 오랜만에 우리나라 맥주를 다시 마시면서 받은 첫 느낌은 '맥주에 물을 탄 듯한 맛!' 바로 그것이었다.

누구나 즐기는 맥주와 포도주

독일에는 약 4,000종이 넘는 맥주가 있다고 한다. 지역마다 자신만의 맥주를 제조하여 마시기 때문에 전국적인 유통망을 가진 맥주가 아닐 경우에는 해당 지역을 가야만 그 맛을 볼 수 있다. 10년 넘게 살

독일 쾰른 지방의 쾰쉬(Kölsch) 맥주. ⓒ조성복

면서 매번 새로운 맥주를 찾았지만 아직도 맛보지 못한 맥주가 수두룩할 것이다. 쾰른 지역에서 생산되는 맥주에는 '쾰쉬(Kölsch)'라는 것이 있다. 보통 200밀리리터(ml)의 길고 가는 잔에 따라 마시는데, 부드러운 맛 때문에 특히 여성에게 인기가 많았다. 하지만 이 쾰쉬조차도 한 가지만 있는 것이 아니라 여러 종류가 있어서 원하는 맛을 골라 마실 수 있다.

이처럼 수많은 사람이 즐기고 있을 뿐만 아니라, 다양한 맥주가 여러 곳에서 경쟁적으로 생산되기 때문에 가격은 매우 저렴한 편이다. 500밀리리터 1병이 슈퍼에서 보통 0.5유로, 저렴한 것은 0.3유로, 비싸도 1유로 미만이다. 크나이페(Kneipe, 선술집)에서도 3~5유로 정도로 그렇게 비싸지 않다. 따라서 누구나 부담 없이 다양한 종류의 맥주를 즐길 수 있다. 특히 여름철에는 비어가르텐(Biergarten)이라고 불리는, 숲 주변의 야외 맥줏집이 인기 만점이다.

반면에 포도주는 그 가격 차이가 아주 심한 편이다. 보통 3~5유로

독일 슈퍼의 포도주 판매대. ⓒ조성복

정도면 괜찮은 포도주 한 병을 살 수 있지만, 고급 포도주의 가격은 그 상한선을 알 수 없었다. 한 병에 1유로인 포도주도 있는데, 어떤 슈퍼에서든 손쉽게 구할 수 있었다. 정확하게 0.99유로 하는 그 포도주는 프랑스산 수입품이었는데, 그런대로 맛도 괜찮았고 취하는 것도 똑같았다. 아마도 유학 중에 가장 많이 마셨던 포도주였을 것이다. 여기서 중요한 것은 사회 구성원 누구나 맥주와 포도주를 즐길 수 있는 여건이 갖추어져 있어서 서로 비슷한 삶의 질을 누릴 수 있다는 점이다. 물론 가난한 사람은 보다 저렴한 포도주를, 부자는 좀 더 비싼 포도주를 마시는 정도의 차이는 있겠지만.

부가가치세 올라도 생필품 가격 여전

대부분의 생필품 가격은 저렴하고, 또 그 가격이 거의 오르지 않았

독일에서 가장 흔하게 볼 수 있는 알디(ALDI) 슈퍼. 일반 우유가격이 1리터에 0.69유로(약 900원)이다. ⓒ조성복

다. 다양한 종류의 빵, 우유, 잼, 치즈, 햄, 달걀, 오이, 당근, 양파, 양배추, 돼지고기, 소고기, 닭고기, 바나나, 사과, 오렌지, 주스 등의 가격은 10년 전이나 별로 차이가 없었기 때문이다. 실제로 유학생활의 식비를 살펴보니, 유학 초기나 유학을 마칠 무렵이나 매달 150유로 정도로 거의 비슷했다. 물론 커피를 보온병에 담아서 휴대하고 물도 늘 들고 다닐 정도로 검소하게 살았기 때문일 수도 있다. 독일 학생도 대부분 비슷하였다.

1990년 동·서독이 통일되고 낙후 지역에 대한 지원과 투자가 늘어나면서 연방정부의 재정 상태는 악화되기 시작했다. 이를 보전하기 위해 1991년 '통일세(Solidaritätszuschlag, 직역하면 연대추가세)'를 도입하였다. 이를 줄여서 '졸리(Soli)'라고도 하는데, 통일 후 동독 지역에 대한 지원을 위해 소득세나 법인세의 약 5.5퍼센트를 추가로 징수하는 세금을 말한다. 그러나 이를 도입한 후에도 재정 형편은 여전히 나아지지 않았다. 그래서 2007년 연방정부는 16퍼센트이던 부가가치세를 19퍼센트로 인상하였다. 당연히 장바구니 물가가 많이 오를 것으로 예상했는데, 실제로는 별로 그렇지 않았다. 슈퍼마켓이 부가가치세 인상분을 상당 부분 부담하면서 생필품의 가격은 거의 오르지 않았기 때문이다. 물론 주요 생필품은 낮은 부가가치세율(7%)을 적용 받아 인상의 영향을 받지 않은 점도 물가가 오르지 않은 이유가 될 것이다.

독일에서 일상의 먹거리를 구입하기 위해 주로 찾는 곳은 바로 슈퍼마켓이다. 이런 슈퍼는 한국의 동네 슈퍼와는 완전히 차원이 다르다. 소규모의 영세 가게가 아니라 지역별 또는 전국적으로 체인화 되어 있어서 가장 중요한 상권을 형성하며, 생필품의 대부분이 이곳을 통해 유통되기 때문이다. 알디(ALDI), 리들(Lidl), 플루스(Plus), 레베(Rewe), 페니-마아크트(Penny Markt), 카이져(Kaiser) 등 다양한 슈퍼가 서로 치열하게 경쟁하고 있다. 칼 알브레히트(Karl Albrecht) ALDI 회장이 독일에서 최고 부자라는 사실을 알게 되면 그런 상황이 이해가 갈 것이다.

3

상인을 보호하는 독일의 상점

- 최소한의 생활 보장

6시면 문 닫는 슈퍼마켓

앞에서 봤듯이 치열한 경쟁을 벌이는 동네 슈퍼가 평일에는 비교적 일찍 문을 닫고 일요일과 공휴일에는 아예 문을 열지 않는다. 백화점을 포함하여 다른 가게나 상점도 마찬가지이다. 처음에는 약간 의아하기도 하고 다소 불편하기도 했지만 상점에서 일하는 상인을 보호하기 위해서 그렇다는 사실을 알고는 충분히 공감이 갔다.

작은 도시에서는 슈퍼가 평일에는 오후 6시, 토요일에는 오후 2시가 되면 문을 닫았다. 베를린 같은 대도시에서도 전철역에 위치한 슈퍼 등 일부 예외를 빼고는 평일 7~8시, 토요일 4시가 되면 장사를 끝냈다. 굳이 급하게 맥주 등 약간의 먹거리를 사려면 주유소를 찾으면 가능했다. 점차적으로 은행이나 관공서가 일찍 문을 닫는 것처럼 상점이 일찍 영업을 종료하는 것도 당연하게 여겨졌다.

독일에서 일찍 문 닫는 상점에 익숙해진 후에는 오히려 한국의 상점이 이상하게 보였다. 밤늦게까지 영업을 하는 대형 마트, 1년 365일 하루도

독일의 레베(REWE) 슈퍼. ⓒ조성복

쉬지 않고 24시간 문을 여는 편의점, 일요일과 휴일에도 영업하는 백화점, 연중무휴로 문을 열어야 한다는 동네 슈퍼 등을 보면서 왠지 마음이 불편하였다. 판매인의 밤 노동, 휴일근무, 불필요하게 과다한 전기에너지의 소비 등 사회 전체적으로 보면 그것은 엄청난 자원의 낭비이기 때문이다.

그 밖에도 그들은 통제하기 어려운 무한 경쟁에 내몰리고 있다. 2013년 상반기에만 4명의 편의점 점주가 자살을 했다고 한다. 또 우리의 젊은이가 그곳에서 저임금에 밤새워 일을 하고 있다. 자본주의 사회이기 때문에 그런 것은 당연하다고 해야 하는가? 모두 자신이 선택한 일이니 스스로 알아서 책임질 일이라고 그냥 방치하는 것이 과연 옳은 일인지 궁금하다.

실직 당해도 생계는 위협받지 않아

독일에서는 구직을 못하거나 실직을 당하더라도 생계에 위협을 받을 정도로 내몰리지는 않는다. 먼저 직장을 잃었을 경우 그동안의 근무연수에 따라 일정기간(6~24개월) 보험사로부터 '실업급여(Arbeitslosengeld)'를 받게 된다. 그 기간이 끝날 때까지도 새로운 일자리를 구하지 못할 경우에는 실업급여보다는 줄어든 금액이기는 하지만 정부로부터 '사회보조금(Sozialhilfe)'을 받을 수 있다. 이는 우리의 최저생계비와 유사한 것으로, 학술적으로는 '공공부조'라고도 한다.

이 사회보조금의 목표는 인간 존엄성의 유지가 가능하도록 모든 국민에게 기본적 생활을 보장하는 것이다. 이것은 사회보험료가 아니라 세금에 의한 정부예산으로 집행되는 것으로, 기한의 제약 없이 받을 수 있기 때문에 누구나 최소한의 삶을 유지하는 데에는 문제가 없다. 물론 약간의 궁핍함은 감수해야겠지만.

〈표1〉 2009년 베를린 시의 월간 사회보조금 내역

(단위: 유로)

구분	독신	한 부모와 4살 아이
최저생계비	351	688
집세	360	444
건강보험(요양보험 포함)	150	147
연금보험	40	40
합계	901	1,319

▲ 쾰른독일경제연구소(Institut der deutschen Wirtschaft Köln), iwd, Nr. 16/2009

사회보조금의 구체적 액수는 주(州)나 도시에 따라 조금씩 차이가 있다. 최저생계비는 같지만 주거비(월세)가 지역마다 다르게 책정되기 때문이다. 〈표1〉에서 보듯이 2009년 베를린의 사회보조금은 성인 혼자일 경우, 한 달에 총 901유로를 받았다. 이는 최저생계비 351유로, 주거비 360유로, 건강보험료 150유로, 연금보험료 40유로를 합한 것이다. 또 한부모 가족(예를 들어 4살 아이와 편부 또는 편모)의 경우에는 1,319유로를 받는데, 최저생계비 688유로, 주거비 444유로 등으로 구성된다.

그 밖에도 이들에게는 추가적으로 교통비 50퍼센트 할인, TV 시청료 면제, 전화비 할인 등의 혜택이 주어진다. 재미있는 것은 그러한 혜택에 연간 2회의 오페라 구경, 4회의 박물관 방문, 12회의 수영장 방문, 그 외에 아이가 있을 경우 연 2회의 동물원 방문 등이 포함되어 있다는 점이다. 이것을 보면 '국가는 어떠한 경우에도 모든 국민에게 최소한의 인간다운 삶을 보장한다.'는 말이 단순히 구호에 그치는 것이 아님을 실감할 수 있다.

독일의 사회복지비용은 정부 예산과 사회보험료 예산으로 구성되는데, 그 비중이 2대 8 정도이다. 국내총생산(GDP)에서 복지비용이 차지하는 비율은 1960년대 초반 약 20퍼센트에서 70년대 중반 30퍼센트에 이르기까지 서서히 증가하였다. 이후 비슷한 수준을 유지하다가 90년대 중반에 30퍼센트를 돌파하였고, 실업자 수가 500만 명을 넘어선 2000년대 초반에는 32퍼센트를 넘어 최고조에 달했다. 2003년 이 예산의 규모는 7,068억 유로를 기록하였다. 2000년대 중반 이후 경제 상황이 호전되면서 그 비율은 조금씩 줄어들고 있는데, 2009년 29퍼센트, 2014년 25.8퍼센트로 줄어들었다. 반면에, 한국의 사회복지예산은 2014년 GDP의 10.4퍼센트로 독일에 비해 2배 이상 적었다.

4

수입의 40퍼센트가 세금인데
조세저항 없는 독일
- 높은 세금과 사회보험료

독일에서 지내는 동안 주변 독일인 친구나 노동자, 또 대사관에서 함께 근무하던 동료로부터 자신이 내고 있는 과도한 세금이나 보험료에 대한 불평을 심심치 않게 들을 수 있었다. 실제로 한국보다 훨씬 많은 소득세와 사회보험료를 부담하고 있었다. 일반적으로 독신일 경우에는 총수입의 약 40퍼센트, 결혼한 경우에는 약 30퍼센트 정도를 세금 및 사회보험료로 낸다고 한다.

〈표2〉는 2008년 쾰른 소재 독일경제연구소의 자료와 2013년 한국고용노동부의 임금자료를 비교하여 월급에서 세금과 사회보험료의 내역을 살펴본 것이다. 양국 간 차이가 얼마나 되는지 쉽게 알아보기 위해 당시 환율을 반영하여, 서로 비슷한 정도의 월수입인 3,000유로와 450만 원을 받는 경우를 상정했다. 비슷한 월급을 비교한 것이지만, 서로 연도가 다르고 환율도 변화하고 있기 때문에 정확한 비교에는 다소 어려움이 있다.

독일에서 미혼 직장인이 한 달에 총수입으로 3,000유로(이 경우 기업의 실제 부담액은 3,585유로이다)를 받는다고 할 때, 순수입은 약 1,800유로로 총수입의 60퍼센트에 불과하였다. 이것은 소득세 550유로, 통일세 30유로, 건강보험료 270유로(요양보험료 포함), 실업보험료 50유로, 연금보험료 300유로를 뺀 것이다. 총수입의 약 19퍼센트를 세금으로, 약 21퍼센트를 사회보험료로 내고 있었다.

〈표2〉 독일과 한국의 총수입에서 세금 및 사회보험료의 비중

구분	독일(유로)	원화환산 1€=1,500₩	구성비	한국(원)	구성비
총수입(brutto)	3,000.00	4,500,000	100.0%	4,500,000	100.0%
1. 소득세	548.66	822,990	18.3%	294,580	6.5%
2. 통일세	30.18	45,270	1.0%	-	-
3. 건강보험료	235.50	353,250	7.9%	132,520	2.9%
4. 요양보험료	36.75	55,125	1.2%	8,680	0.2%
5. 고용보험료	49.50	74,250	1.7%	29,250	0.7%
6. 연금보험료	298.50	447,750	10.0%	179,100	4.0%
차감총액(1~6)	1,199.09	1,798,635	40.0%	644,130	14.3%
세금(1+2)	578.84	868,260	19.3%	294,580	6.5%
사회보험료 (3+4+5+6)	620.25	930,375	20.7%	349,550	7.8%
순수입(netto)	1,800.91	2,701,365	60.0%	3,855,870	85.7%

▲ 쾰른독일경제연구소(Institut der deutschen Wirtschaft Köln), iwd, Nr. 7/2008

반면 한국에서는 총수입이 450만 원일 때, 순수입은 약 385만 원으로 총수입의 86퍼센트에 육박하였다. 이것은 소득세 29만 원, 건강보험료 14만 원, 실업보험료 3만 원, 연금보험료 18만 원을 공제한 것이다. 총수입의 6.5퍼센트를 세금으로, 7.8퍼센트를 사회보험료로 내는

것이다.

사회경제적 조건이 서로 다르기 때문에 이런 비교를 있는 그대로 받아들이기는 어려울 것이다. 하지만 큰 윤곽을 파악하는 데는 도움이 된다. 비록 2008년과 2013년의 서로 다른 시점의 자료를 비교한 것이기는 하지만, 비슷한 수입에서 세금 및 사회보험료를 독일이 한국보다 2배 이상 더 부담하고 있다는 점이 눈에 띈다. 이것이 독일의 국내총생산(GDP) 대비 사회복지예산의 비율이 우리보다 2배 이상 높은 이유이다. 이런 사실은 복지의 확대를 말하면서도 증세에는 거부감을 갖고 있는 우리에게 복지국가가 되기 위해서는 세금 부담을 늘려야 한다는 시사점을 주고 있다.

사회안전망과 노후대책이 확실한 나라

또 한 가지 재미있는 사실은 월급에서 저렇게 많이 떼고 나면 쓸 돈이 적어져서 독일인의 삶이 우리보다 훨씬 더 고단하고 팍팍할 것 같은데, 실상은 정반대라는 점이다. 오히려 30~40퍼센트에 이르는 세금과 사회보험으로 사회안전망이 튼튼해지고 노후가 보장됨에 따라 그들은 매년 6주 이상의 긴 휴가를 즐기는 등 우리와는 비교할 수 없을 정도로 여유 있는 생활을 하고 있다. 실제로 독일인은 세계에서 여행을 가장 많이 하는 국민으로 꼽힌다.

반면에 우리는 같은 월급을 받는 경우 독일보다 훨씬 많은 액수를 직접 손에 쥐기는 하지만, 독일에서와 같은 여유는 찾아보기 힘들다. 대부분 질병, 실업, 노후 등 불확실한 미래에 대한 걱정 때문에 평생 제대로 된 휴가 한번 마음 편히 가보지 못하고, 늘 무언가에 쫓기듯이 불안정한 삶을 살고 있다. 특히 높은 주거비용과 사교육비가 중산층의 허리를 휘게 하고 있다.

독일에 살면서 알게 된 중요한 사실 가운데 하나는 비록 일하는 사람이 상대적으로 많은 세금과 사회보험료를 부담하고 있지만, 대신 그 사회에 사는 누구나 최소한의 인간다운 안정된 삶이 가능하다는 점이다. 예를 들어 누구든지 저녁에 귀가하여 맥주나 와인 한 잔의 여유를 가질 수 있다. "1개월이 넘는 휴가를 가는데 벤츠를 몰고 가는 호화 여행이냐, 관광버스를 타고 가는 알뜰한 여행이냐?", "베를린 필하모니를 찾는데 좀 더 자주 방문하여 로얄석에 앉느냐, 아니면 좀 더 드물게 멀리 떨어져 감상하느냐?", "유명한 상표의 값비싼 옷을 입느냐, 좀 더 값싸고 실용적인 옷을 입느냐?" 등 정도의 차이는 있지만 누구나 비슷한 삶을 영위해 나갈 수 있다는 것이다.

5

독일의 '사회적 시장경제'란 무엇인가?
- 독일의 경제 규범

앞에서 살펴본 것처럼 사회구성원 누구에게나 안정적인 삶이 제도적으로 보장되는 까닭은 바로 독일의 경제질서(경제 규범)를 규정하는 '사회적 시장경제(Soziale Marktwirtschaft)' 시스템 때문이다. 그것의 내용이 무엇인지, 또 그와 같은 시스템이 탄생하게 된 배경은 무엇인지 아래에서 살펴보겠다.

'사회적 시장경제'의 개념 및 역사적 배경

20세기 초반, 독일의 학자들은 경제를 자유방임으로 방치할 경우 '시장의 권력화가 가중되어 각 경제주체 간 자유로운 경쟁이 파괴될 것'으로 보았다. 이에 대한 해결책을 모색하는 작업이 프라이부르크 학파(Freiburger Schule)의 '질서자유주의(Ordoliberalismus)'로 나타났다. 여기서 말하는 질서의 핵심은 '경쟁의 자유'를 보장하는 것이다.

이 경쟁의 자유는 각각의 경제주체 사이에 자유로운 상호작용이 가능할 때에만 보장된다. 구체적으로 영업의 자유와 같이 상대주체에 대해 자신의 의사를 스스로 결정할 수 있는 권리를 의미한다. 따라서 질서자유주의는 공정하고 자유로운 경쟁질서를 만드는 데 역점을 두는데, 이를 위해 국가의 적극적 개입이 필수라고 본다. 과거 독일의 대기업이 나치 정권을 후원했던 적이 있었다. 그런 바람직하지 않은 사례가 재발하지 않도록 방비하기 위해서는 국가가 경제에 대해 지속적으로 영향력을 행사할 필요가 있다는 것이다. 이러한 인식도 하나의 배경이 되었다.

'사회적 시장경제'의 개념은 2차 대전이 끝난 후 독일 경제학자 뮐러-아르막(A. Müller-Armack)에 의해 처음 도입되었다. 이는 '자유시장경제'나 '국가계획경제'와는 다른 제3의 형태를 의미했다. 즉 시장의 자유와 사회적 연대를 결합한 것이다. 이를 아데나워 총리 시절 에르하르트(L. Erhard) 연방경제장관이 1949년 기민당(CDU, 기독교민주연합/줄여서 '기민련'이라고도 함)의 강령으로 채택하고, 관련 내용을 1957년 '모두를 위한 복지(Wohlstand für Alle)'라는 대중적 학술서적을 펴냄으로써 널리 알려지게 되었다. 그는 이 책에서 정치의 목표는 '파이를 키우고, 그것을 모두에게 같은 크기로 나누는 것'이라고 주장하였다.

국제적 맥락에서는 이러한 경제 규범을 '라인 자본주의(Rheinischer Kapitalismus)'라고 표현하기도 한다. 이 용어는 프랑스 경제학자 알베르(M. Albert)가 독일, 일본, 스칸디나비아 국가의 코포라티즘(사회적 합의주의)에 기반을 둔 '조정시장경제'를 영미식 경제질서(자유시장경제)와 구별하기 위해 1991년에 도입한 것이다. 이는 한편으로 규제가 약한 자유시장경제와 다른 한편으로 매우 강하게 규제되고 조정되는 소위 국가계획경제와는 다른 대안적 자본주의 모델의 하나로 국가경제에 최상

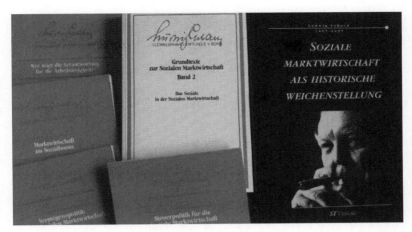

루드비히-에르하르트-재단(Ludwig-Erhard-Stiftung)에서 발간하여 보급한 '사회적 시장경제'에 대한 책자. ⓒ조성복

의 효율성, 복지, 삶의 질 등을 가져왔다.

코포라티즘(Korporatismus/corporatism)은 원래 비슷한 처지에 놓여있거나 또는 같은 직업에 종사하는 사람의 결합을 의미한다. 중세 수공업자의 길드(guild) 조합을 흔히 고전적 코포라티즘의 전형으로 표현하기도 한다. 이 조합은 사회적 권리와 의무를 전제로 정책 결정에 참여함으로써 안정된 사회질서의 유지에 기여하였다. 오늘날 이 개념은 다양한 사회의 그룹이 협의체를 구성하여 정치적 의사결정과정에 참여하는 것을 의미한다. 여기에 참여하는 주요 행위자는 국가, 사용자 단체, 노조 단체 등이다.

사회민주당(SPD, 줄여서 사민당)은 '사회적 시장경제' 대신에 '민주적 사회주의'란 용어를 사용하다가, 1959년 전당대회에서 '고데스베르크 강령(Godesberger Programm)' 채택 이후 점차적으로 사회적 시장경제의 요소들을 받아들였고, 1990년대 이후 이 단어를 사용하기 시작하였다. 독일노총

(DGB)도 1996년 드레스덴 강령 채택 이후 이를 처음으로 사용하였다. 따라서 이 용어는 여러 주체가 동일하게 받아들이는 단일한 개념이라기보다는 다양한 해석이 가능한 넓은 스펙트럼을 가진 것이라고 볼 수 있다.

'사회적 시장경제'의 내용 및 이론적 배경

사회적 시장경제는 '사회적 교정 장치를 가진 시장경제'로 사회정책과 시장경제가 조화를 이루는 경제질서를 추구한다. 이를 위해 높은 생산성과 충분한 재화의 공급이라는 자유시장경제의 장점에 시장경제의 부작용을 예방하고자 하는 사회국가의 요소를 결합한 것이다. 사회국가의 요소는 자본권력의 제한, 노동에 대한 권리의 보장, 분배의 정의, 종합적 사회복지 등을 의미한다.

이 경제시스템 하에서는 재화와 서비스에 대한 가격결정이 시장에서 자유롭게 이루어지고, 창업, 소비, 계약, 직업 등에 대한 개인의 자유가 법적으로 최대한 보장된다. 동시에 정부의 독과점 방지정책에 힘입어 경제주체 사이의 자유로운 경쟁이 보장되고, 특히 거대한 민간기업의 불공정 및 독과점 행위는 엄격하게 통제된다. 국가의 과제는 공정한 경제질서를 확립하고 이를 감시하는 것이다.

사회적 시장경제의 기본 사상은 시장경제가 정부의 독과점 금지에 대한 의무를 다할 때에만 비로소 자신의 기능을 펼칠 수 있다는 것이다. 따라서 정부는 필요한 경우에 경기부양, 고용, 복지 등의 정책을 통해 경제에 적극적으로 개입하여 시장의 실패를 보완하고 교정해야 한다. 여기에서는 중앙은행의 독립성과 그에 따른 화폐가치의 안정이 대단히 중요한 의미를 갖는다. 실제 독일은 1900년대 초반 1차 대전을 전후로 극심한 인플레이션을 경험하였다. 1918년 0.15 마르크(15페니히)였던 우표가격이 화폐개혁이 일어나기 직전인 1923년 11월 15일에는 100억 마르크에 이르렀다. 경기부양이나 사회복지 관련 실용주의적 관점이 그러한 사상에 큰 영향을 미쳤다. 사회적 시장경제에 영향을 미친 또 다른 요소는 기독교적 사회윤리이다. 이 윤리는 자유로운 개인주의적 인간상 이외에 사회와 결부된 인간상의 중요성을 부각시켰다.

사회적 시장경제의 특성은 경쟁력 확보를 위해 다른 경제 규범과는 달리 시장과 국가의 공생(共生)을 중시하고 강조한다는 점이다. 이를 위해 무역 외에도 사회간접자본, 지역개발, 직업교육 등을 중요한 무형의 생산요소로 판단하여 국가의 주요 과제로 본다. 동시에 국가과제가 늘어난다고 해서 이를 강제적으로 국가지출의 확대로 연결시키지 않도록 노력한다. 실제로 독일의 정부지출(사회보험 제외) 비중은 1차 대전 이후 국내총생산(GDP)의 약 20~25퍼센트로 상대적으로 안정적인 모습을 보여 왔다. 하지만 사회보험예산을 포함할 경우 공공지출의 비중은 약 45퍼센트로 현저히 높아진다.

사회적 시장경제의 또 다른 특성은 '사회적 파트너십(Sozialpartner-schaft)'을 중시한다는 것이다. 이와 관련하여 중요한 주제로 '자율적 임금협상(Tarifautonomie)'과 '경영상의 공동결정제(betriebliche Mitbestimmung)'를 들 수 있다. 이 제도들은 이미 바이마르 공화국 때부터 존재했었는데, 이들은 나치 시대에 폐지되었다가 2차 대전 이후 다시 부활되었다. 이에 대해서는 뒤에서 다시 자세히 설명하겠다.

남양유업 파문 일어난 한국, 독일의 과거와 비슷

2013년 상반기 '남양유업'이 대리점에게 저지른 강매 사건은 우리에게 '사회적 시장경제'가 왜 필요한지 그 당위성을 분명하게 보여주었다. 그것은 대기업의 불공정 행위가 실제로 버젓이 존재한다는 사실과 또 국가가 자신의 역할을 제대로 하지 못하고 있다는 점을 확실하게 보여주었기 때문이다.

언론보도에 따르면, 대리점은 이미 2013년 1월에 남양유업의 부당행위에 대해 문제를 제기한 것으로 드러났다. 그러나 국가기관인 공정거래위원회는 제대로 작동하지 않았다. 결국 그런 사실이 SNS를 통해 국민에게 널리 알려진 다음에야 검찰수사가 진행되었고, 또 수사를 했음에도 불구하고 남양유업 회장은 증거 부족으로 무혐의 처리되었다. 그와 같은 구조적 문제점이 드러났음에도 불구하고 기업의 대표가 책임이 없다는 말은 쉽게 공감하기 어려운 것이다. 이것이 우리의 현실이다.

실제로 한 연구결과에 따르면, 2011년 우리나라의 비공식 고용(비정규직과 유사)의 비중은 전체 임금노동자의 40퍼센트에 달하는 것으로 나타났다. '비공식 고용'이란 법적으로든 또는 관행상으로든 노동법, 소득과세, 사회보장, 고용보호 등을 받지 못하는 일자리를 일컫는다. 고용과 관련한 주요 내용은 해고 시 사전통지, 퇴직금, 유급병가, 유급휴가 등의 사항이다.

이러한 비공식 고용을 유발하는 원인은 크게 두 가지인데, 규제 자체의 부재(약 20%)와 규제의 미준수(약 80%)가 그것이다. 즉, 수많은 비공식 노동자의 어려움이 물론 법이나 제도적 장치가 없어서도 일어나고 있지만, 그보다도 훨씬 더 많은 경우 사용자가 법과 제도를 지키지 않아서 발생하고 있다는 것이다.

현재 우리 사회의 모습은 마치 과거 독일에서 사회적 시장경제가 처음 등장하던 시대적 상황과 유사하다고 할 수 있다. "권력은 이미 시장으로 넘어갔다."는 지난 노무현 대통령의 언급처럼 시장의 권력화가 가중되고 있기 때문이다. 각각의 경제주체 간 자유로운 경쟁은 사라지고 갑을관계와 같은 상하관계가 자리를 잡는 형국이다. 이에 따라 기업의 경제적 권력 남용이나 오용이 심히 우려되는 상황이다.

물론 형식적으로는 시장에서의 공정하고 자유로운 경쟁을 표방하고 있다. 하지만 중소기업에 비해 대기업의 권력이, 개인에 비해 기업의 권력이 우월하기 때문에 실질적인 자유경쟁은 거의 불가능한 상황이다. 가난한 개인이나 취약한 중소기업은 각각 기업이나 대기업이 제시하는 일방적 거래조건을 거부할 수 없기 때문이다.

그래서 국가가 나서서 거대 기업의 불공정 또는 독과점 횡포에 대해 엄격한 통제를 가할 수 있는 시스템을 만들거나 또는 그 시스템이 실질적으로 작동하도록 하는 것이 중요하다. 동시에 사회적 약자를 위한 복지시스템을 구축해야 한다. 그렇게 되어야만 약자가 강자의 부당한 거래조건을 거부하고 자유로운 경쟁을 하는 것이 가능해지기 때문이다. 따라서 제대로 된 복지제도를 만드는 것은 사회안전망의 구축뿐만 아니라 좋은 일자리의 창출에도 대단히 중요하다.

한 동안 우리 사회를 풍미했던 '경제민주화'란 그 어떤 거창하고 복잡한 것이 아니라 사회의 모든 구성원이 실업이나 장애, 질병 등 여러 가지 사정이나 어려움에도 불구하고 최소한의 인간다운 삶이 가능하도록 보장해주는 것이다. 이를 위한 제도적 장치가 바로 '사회적 시장경제'시스템이며, 그 핵심은 대기업의 불공정 및 독과점 행위에 대한 엄격한 통제와 사회적 약자에 대한 복지시스템의 구축이라고 할 수 있다.

독일 사회를 한마디로 규정한다면, 여유 있는 사람이 좀 더 많은 사회적 부담을 나누어짐으로써 사회구성원 누구나 그 사회에서 살아가는 데 큰 어려움이 없는 공동체 사회라고 할 수 있겠다.

제 2 장

독일의 교육제도

사교육과 등록금이 없는 사회

1

독일 교육이 부러운 까닭
- 교육 문제의 본질

독일에서는 초등학교가 대부분 4년제이다. 이곳을 졸업하면 학생들은 상급학교인 하우프트슐레(Hauptschule), 레알슐레(Realschule), 김나지움(Gymnasium) 등으로 나누어 진학하게 된다. 이 학교는 우리의 중학교와 고등학교 과정을 합쳐놓은 곳이다. 하우프트슐레와 레알슐레는 우리의 실업학교에 해당하고 김나지움은 대학 진학을 준비하는 인문학교인데, 그 비중은 각각 절반 정도이다.

초등학교 4학년을 마칠 때쯤 학부모는 아이의 담임선생님을 찾아가 상담을 한다. 자신의 자녀가 어떤 상급학교로 진학하는 것이 좋을지에 대해 의견을 듣는 것이다. 예를 들어 교사가 "당신의 아이는 건강하나 공부를 잘하는 편이 아니니 하우프트슐레로 가서 일찌감치 직업훈련을 받는 것이 좋겠다."라고 조언하면, 부모는 대체로 이를 받아들인다는 것이다.

이를 보면서 두 가지 의문이 생긴다. 첫 번째는 독일 부모가 상급학교 진학 문제에서 순순히 교사의 의견을 따른다고 하는데, 자기 아이의 미래를 결정지을 수도 있는 중차대한 문제에서 그렇게 한다는 것이 선뜻 이해가 되지 않는다. 어떻게 그럴 수 있을까? 만약 위와 같은 대화가 한국에서 있었다면 어떤 상황이 벌어질까? 아마도 그 교사는 무사하지 못하리라. 한국 부모의 반응이 어떨지 쉽게 짐작이 가기 때문이다.

두 번째 의문은 초등학교 4학년을 대상으로 진학하는 학교를 달리함으로써 아이의 장래를 그렇게 조기에 결정하는 것이 과연 타당한 것인지에 대한 궁금증이다. 불과 10살 남짓한 나이에 진로를 결정하는 것이 과연 바람직한 것일까? 그런데 독일에서 이러한 제도가 시행되어 온 것이 벌써 수십 년째이니 반드시 잘못됐다고만 보기는 곤란할 것이다. 이 두 가지 의문에 대한 해답을 찾아봄으로써 우리 교육의 문제점을 생각해 보겠다.

조기에 학생의 진로를 결정

논의 전개의 편의상 먼저 두 번째 질문에 대한 답을 먼저 찾아보겠다. 독일에서는 초등학교 4년 과정이면 학생의 학습능력을 충분히 파악할 수 있다고 보는 것 같다. 독일 철학자협회가 그와 같은 시스템을 옹호하고 있는데, 학습 능력이 뛰어난 학생과 그렇지 못한 학생 사이에 교육과정을 달리하는 것이 양측 모두에게 더 유리하고, 교육의 공정성에 더 맞는다는 것이다. 왜냐하면 누구나 자신의 개인적인 성향과 학습 능력에 적합한 교육을 받을 수 있어야 하는데, 이를 무시한 채 오랜 기간 함께 수업을 진행하는 것은 오히려 그것을 방해하기 때문이다.

하지만 일부 학생은 뒤늦게 공부의 필요성을 깨달을 수도 있고, 실력을 발휘할 수도 있다. 맞는 말이다. 그래서 독일에서도 이와 같은 조기 결정에 대한 비판과 더불어 학교시스템을 바꿔야 한다는 주장과 요구가 계속해서 있어 왔다. 그에 따라 새로운 제도가 만들어지고 있지만, 어쨌든 기존의 학제는 여전히 지속되고 있다. 보강된 시스템에 대해서는 뒤에 다시 논의하겠다.

상급학교 진학을 조기에 결정하는 문제는 이렇게 꼭 철학적이고 논리적인 이유가 아니더라도 실생활에서 어렵지 않게 경험할 수 있다. 개인적으로 잘 아는 친구가 한국의 한 초등학교 앞에서 방과 후 공부방을 하면서 느낀 점을 이야기해준 적이 있는데, 그것은 바로 위의 논리를 대변하는 것이었다. 그는 아이가 공부를 잘하는지 아닌지를 알아보는 데에 군이 4년까지도 필요치 않다는 것이었다. 한 달만 같이 공부해보면, 아이가 공부에 관심이 있는지 또는 소질이 있는지 그렇지 않은지 바로 드러난다는 것이다.

우리의 중·고등학교 시절을 되돌아보면서 조금 냉정하게 생각해보면, 독일식 진로 방식이 크게 잘못된 것은 아니라는 사실을 알 수 있다. 바로 그렇기 때문에 독일의 부모는 교사의 조언을 순순히 받아들이는 것이다. 하지만 한국의 부모는 그 사실을 외면하고 싶고, 또 어떻게 해서든지 그것을 바꾸고 싶은 것이다. 상급학교 진학의 조기결정문제는 결국 대학 진학의 문제로 볼 수 있다. 그렇다면 왜 이런 차이가 존재하는 것일까?

교사의 진로 조언을 따르는 이유

그 이유를 알게 되면 첫 번째 의문에 대한 궁금증도 해소될 수 있을 것이다. 독일에서는 부모가 자기 아이를 무작정 대학에 보내려 하지 않고, 실업학교를 마치고 직업훈련을 받아서 적절한 직업을 갖게 한다. 반면에 우리의 경우에는 어떠한 대가를 치르더라도, 즉 과외나 학원 등의 사교육을 통해서 반드시 대학에 보내려 한다. 이것은 양국의 대학졸업자 비율만 봐도 확연하게 드러난다. 독일은 그 비율이 30퍼센트 미만이지만, 우리는 70~80퍼센트에 달하고 있기 때문이다.

독일 부모가 그렇게 할 수 있는 것은 대학졸업장이 우리만큼 중요하지 않기 때문이다. 그 이유는 졸업장 없이도 일자리를 얻는데 문제가 없고, 직업을 갖게 되면 살아가는데 크게 어려움이 없기 때문이다. 또 학벌이 아니라 자기가 가진 숙련기술이나 자격에 의해 임금이 결정되고, 자기가 속한 회사가 아니라 자기가 하는 일에 따라 급여가 결정되기 때문이다. '동일노동 동일임금'의 원칙이 지켜진다는 말이다.

반면에 한국에서는 출신대학의 졸업장으로 그 사람의 능력을 평가하고, 비교적 직업의 귀천이 뚜렷한 편이며, 또 같은 일을 하더라도 소속이 어디냐에 따라 급여 차이가 크다. 그리고 그 소속을 결정하는데 일반적으로 좋은 학벌이 결정적 요소가 된다. 함부로 실업학교에 진학하라고 할 수 없는 이유가 바로 여기에 있다.

이와 같은 요인들 외에 우리 사회가 독일과 달리 과도한 학벌경쟁을 벌이는 이유는 입시에서의 승자와 패자 사이에 그 과실의 차이가 지나치게 크기 때문이다. 예를 들어 정규직과 비정규직의 임금격차가 적으면 2~3배에서 많으면 10배까지 이르는 것이 그 증거이다.

독일에서는 공부를 못해서 좋은 직업을 갖지 못하더라도 인간답게 살아가는 데 별로 부족함이 없다. 그만큼 소득분배가 적절하게 이루어지고 있는 것이다. 당연히 대학 졸업장에 목을 맬 이유가 없다. 그 밖에 극심한 입시 경쟁을 차단하는 또 하나의 중요한 장치는 안정된 사회보장제도이다. 우리보다 높은 세금과 사회보험료를 통해 사회구성원 사이의 과도한 격차를 줄여주기 때문이다.

반면에 우리의 경우에는 비정규직의 증가, 소득의 양극화 심화 등에 따라 구성원 간 격차가 줄어드는 것이 아니라 오히려 점점 더 커지고 있다. 보다 더 극단적인 약육강식의 사회로 가고 있다. 바로 이러한 가운데 우리의 교육제도가 놓여 있다. 그런데 우리는 교육을 통해 이런 상황을 알리고 그 문제점을 개선하는 데 초점을 맞추는 것이 아니라, 단지 자신의 아이가 그러한 상황에서 어떻게 하면 승자가 될 것인가에만 골몰하고 있다.

매번 새로운 교육부 장관이 들어설 때마다 교육개혁을 선언한다. 수능제도 변경과 같이 대학입시제도를 바꾸는 식의 개혁은 큰 의미가 없다. 예를 들어 서울대가 100미터를 11초 이내에 달리는 학생을 뽑겠다고 하면, 대다수 부모는 갓난아이 때부터 달리기 훈련을 시킬 것이기 때문이다.

교육 개혁의 핵심 - 직업 간 급여 격차를 줄여야

교육개혁의 핵심은 단순히 공정한 입시제도를 만드는 데 있는 것이 아니다. 소정의 교육을 마친 이후에 발생하는 극심한 차별을 줄이는

데 있다고 본다. 즉 모든 직업 활동에서 최소한의 인간다운 생활이 가능하도록 급여 수준을 보장하는 것, 서로 다른 직업 간에 지나치게 큰 보상의 차이를 줄여가는 것, 동일한 일을 하지만 정규직과 비정규직 또는 소속회사에 따라 주어지는 부당한 대우를 줄이는 것 등에 초점을 맞춰야 한다.

그것이 실현된다면 우리의 교육 문제는 자연스럽게 해결될 것이다. 부모가 아이를 굳이 좋은 대학에 보내기 위해 과도한 사교육을 받게 하면서 무한 경쟁으로 내몰 필요가 없게 되고, 그러면 불필요한 경쟁과 심지어 자살로까지 몰아가는 고통을 줄일 수 있을 것이기 때문이다.

따라서 값비싼 사교육, 인간성 상실 등 산적한 교육 문제를 해결하는 방안은 우리의 사회경제적 시스템을 개혁하는 데서 찾아야 한다. 문제의 본질이 교육 자체에 있는 것이 아니라, 교육을 받은 후에 이어지는 경제적, 사회적 격차와 연관되어 있기 때문이다. 이런 격차를 줄이는 문제를 먼저 해결하지 않는다면 입시제도

〈그림1〉 독일의 교육시스템 ⓒ조성복

를 어떻게 바꾸더라도 우리의 교육은 정상화되기 어려울 것이다. 현재와 같은 무한 경쟁의 소용돌이 속에서 어떻게 인성교육이 가능하며, 개인의 적성과 소질에 맞는 교육을 할 수 있겠는가?

2

자신의 소중함과
남에 대한 배려를 중시하는 초등교육

- 독일의 유치원과 초등학교

5세 아이가 나에게 '모욕하지 마세요!'

독일 사람이 언쟁을 할 때 가장 많이 하는 말 가운데 하나가 "당신, 지금 나를 모욕하는 거냐(beleidigen)?"이다. 한국 사람이 싸우다가 말이 막히면 나오는 "당신, 몇 살이야?"와 비슷한 것이다. 하지만 독일에서 상대가 저렇게 말할 때, 함부로 그것을 긍정해서는 안 된다. 모욕죄로 처벌을 받을 수 있기 때문이다. 10년 넘게 독일에 사는 동안 저런 말을 하면서 누구와 다툰 적은 없었다. 주로 영화나 드라마에서만 봤을 뿐이다.

그런데 일상에서 저 말을 대면하여 직접 들은 적이 딱 한 번 있었는데, 몇 가지 점에서 뜻밖이었기 때문에 지금도 생생하게 기억에 남아 있다. 그 사건을 이해하기 위해서는 약간의 배경 설명이 필요하다. 유학 초기 집사람이 어학코스에서 '단평'이라는 중국 여학생을 사귄 것이 그 시작이다. 인연은 이후 도시를 옮겨가면서도 지속되었다. 그 여학생은 자기보다 먼저 유학하여 독일 회사에 취직한 중국 남자와 결

2008년 베를린 저자 집을 방문했을 때 색칠하고 있는 파스칼을 단핑이 지켜보는 모습. ⓒ조성복

혼하여 뒤셀도르프(Düsseldorf)에 자리를 잡았고, 우리 부부와는 서로의 집을 오가며 알고 지내는 사이였다.

'모욕하지 마세요!'란 말을 들은 것은 쾰른대학교에서 박사학위를 받고 대사관에서 일하기 위해 베를린으로 이사한 지 얼마 안 되는 시점에서였다. 단핑이 유치원에 다니는 5살 된 아들인 '파스칼(아예 독일식으로 이름을 지음)'을 데리고 우리 집을 방문해 열흘가량 머물 때였다. 오랜만에 만난 우리는 그동안 못 다한 이야기꽃을 피웠다. 그러던 중에 단핑이 파스칼에 대해 중국인 부모에게서 태어난 녀석이 자신이 독일 사람인 줄 안다는 식으로 약간 흉보는 이야기를 하면서 다 같이 웃고 있었는데, 그 꼬마 녀석이 정색을 하면서 그 말을 하는 것이었다.

5살밖에 안 된 파스칼이 '자기를 모욕하지 말라'는 말을 한다는 것이 무척 신기했다. 중국 부모가 그것을 가르쳤을 것 같지는 않았고, 아마도 유치원에서 배웠을 텐데, 유아교육이 잘됐다는 생각이 들었다. 자기자신의 소중함을 배웠기 때문에 그런 말을 할 수 있었으리라고 보기 때문이다.

유치원에서는 공부하지 않는다!

독일의 유치원에서는 아이들에게 우리처럼 공부를 시키지 않는다. 적절한 의사표현이나 함께 어울려 노는 것을 배우는 정도이다. 아이들끼리 놀다가 긁히거나 약간의 상처가 나는 것도 별로 개의치 않는다. 그러면서 큰다는 것이다. 그렇다고 애들을 대충 방치한다는 뜻은 결코 아니다. 산책 중에 공원의 놀이터에서 다친 아이를 위해 구급 헬기가 날아오는 것을 종종 보았기 때문이다.

독일 기본법(헌법) 제1조 1항은 "인간의 존엄성은 침해할 수 없다."는 것이다. 5살 아이의 '모욕하지 말라'는 요구가 바로 이 조항을 지켜내고 있다는 느낌이 든다. 다소 과장된 해석일지 모르겠으나, 이점이 중요한 까닭은 어려서의 생각과 자세가 평생 지속될 것이기 때문이다. '세 살 버릇 여든 간다.'는 속담도 있지 않은가. 자신을 존중할 줄 알아야 남도 존중할 수 있게 되고, 함께 어울려 사는 것이 가능하다고 본다.

독일의 초등 교육은 유치원과 초등학교 과정으로 구성된다. 유치원은 1840년 프리드리히 프뢰벨(Friedrich Fröbel)이 독일 중부의 한 작은 도시에 아동 시설을 만들고 '킨더가르텐(Kindergarten, 유치원)'이라고 명명한 데서 시작되었다. 이는 3~6세의 아동들을 위한 킨더가르텐과 0~3세를 위한 '킨더크리페(Kinderkrippe, 탁아소)'로 나누어진다. 탁아소와 유치원은 사회복지 분야에 속하며, 여기에서는 유아교사, 보육교사, 사회교육자, 사회복지사 등 다양한 전문 인력이 함께 일하고 있다. 이 시설은 지방자치단체와 민간에 의해 운영되는데, 민간 부문에는 종교단체, 사회복지기구, 협회, 개인 등이 참여하고 있다.

아기를 수용할 수 있는 탁아소 비율은 주(州)별로 차이가 심한데, 2012년 기준으로 시설이 적은 주는 20~30퍼센트, 많은 주는 40~50퍼센트 정도이다. 반면에 유치원은 거의 모든 주에서 90퍼센트를 넘어섰기 때문에 대부분의 어린이가 이용할 수 있는 상황이다.

유치원비는 각 지자체에 의해 결정되며, 지역별로 편차가 심한 편이다. 일부 주의 몇몇 지자체에서는 특정 연령대의 아동을 무료로 돌보기도 한다. 이 원비는 아동 수, 아동 연령, 가구 수, 교육 기간, 부모 수입 등의 요인에 따라 다르게 책정되고 있다.

2010년 100개의 지자체를 조사한 결과에 따르면, 4살 어린이가 하루 4시간 유치원에 다닐 경우 부모의 연 소득이 4만 5,000유로 이하이면 한 달 원비는 0~146유로(약 0~19만 원), 부모소득이 8만 유로일 때는 210유로(약 28만 원)였다. 같은 조건에서 아이의 나이가 어릴수록 원비는 더 올라간다. 유럽의 다른 국가에 독일 유치원을 차릴 경우, 이는 민간시설로 취급되어 부모들이 그 비용을 부담해야 하는데, 원비는 평균 440유로(약 59만 원)이다.

연방통계청 자료에 의하면 이러한 시설의 3~5세 아동의 1인당 연간 비용은 2009년 기준 국공립이 6,100유로, 민간이 5,900유로인 것으로 조사됐다. 위의 통계수치를 계산해보면, 탁아 비용의 60~70퍼센트는 국고에서 지원하고 있음을 알 수 있다.

독일의 초등학교는 4년제이다. 예외적으로 베를린과 브란덴부르크 2개 주(州)에서는 6년제를 시행하고 있다. 교육제도에 대한 권한이 연방정부가 아닌 주 정부에 있기 때문에 각 주는 그것을 자율적으로 결정할 수 있다. 그래서 같은 초등과정이지만 주별로 교육시간, 교과목의 구성 등에서 조금씩 차이가 나기도 한다. 또한 우리와 달리 교육감을 별도로 선출하지 않고, 주 정부 내에 주 교육부 장관이 있어서 관련 업무를 관장한다.

초등학교의 교과과정은 통일되어 있지 않고 주별로 조금씩 차이가 있다. 모든 주에서 공통으로 다루는 과목은 대략적으로 독일어, 수학, 사회(Sachunterricht) 정도이다. 이 초등과정은 독일에서 같은 연령대의 대다수 학생이 똑같은 내용을 공부하는 거의 유일한 과정이다. 초등학교 4학년을 마친 다음에는 각자의 학습능력에 따라 서로 다른 수준의 학교로 나누어 진학하기 때문이다.

독일과 너무 다른 한국의 현실

독일의 유치원과 초등학교를 살펴보면, 우리와는 매우 다른 모습이라는 것을 알 수 있다. 우리는 유치원에서 아이들끼리 놀다가 살짝 때렸다는 단순한 이유로 양쪽 부모가 총출동하기도 한다. 무언가 우리의 에너지가 낭비되는 느낌이다. 아이에게 자존감을 갖게 하는 것과 같은 소중한 일에는 무관심하면서, 내버려둬도 괜찮을 일에는 서로 핏대를 올리는 셈이기 때문이다. 이런 현상은 독일에서도 그대로 재현되고 있는데, 독일 유치원에서 아이가 놀다가 긁혔다고 찾아와서 항의하는 경우는 주로 한국 유학생뿐이라는 이야기를 들었기 때문이다.

한국에서는 어린아이에게 과도하게 많은 것을 가르치고 있다. 그런 과정에서 아이들은 불필요한 스트레스에 시달리고 있다. 미래에 펼쳐질 경쟁에 앞서기 위해 아이가 편안하게 자랄 틈을 주지 않는다. 이러한 선행학습이 점점 아래로 내려와 초등학교부터, 아니 유치원부터 경쟁이 시작되고 있다. 아침이면 국적 불명의 이상한 이름을 단 유치원 차량이 아파트 사이사이를 누비고 있다. 초등학생에게는 중학교 과정을, 중학생에게는 고등학교 과정을 미리 배우게 하고 있다. 이러한 교육은 학생에게 고통을 주고 있다. 2016년 한국교육개발원이 실시한 여론조사 결과에 따르면, 초·중·고등학생의 '학업, 경쟁 스트레스'는 매우 높다 22퍼센트, 높다 56퍼센트로, 전체 학생의 78퍼센트가 학업과 경쟁에서 스트레스를 받고 있는 것으로 나타났다.

그러는 사이 정작 아이에게 가르쳐야 할 자신의 소중함이나 남에 대한 배려는 설 자리가 없다. 그래서인지 대학생이 되어서도, 또 군대에 가서도 얼차려나 구타와 같이 인간의 존엄성을 헤치는 일이 아직도 버젓이 발생하고 있다. 그 누구도, 심지어 정당한 공권력이라고 하더라도 누군가에게 폭력을 행사할 권한은 없다. 그런 문제는 과거 1970~80년대 가난한 독재시대의 유산인 줄 알았는데, OECD에 가입하고 세계 11~12위권의 경제대국이 되었음에도 불구하고 여전히 지속되고 있다.

이 안타까운 현실은 우리의 유치원과 초등학교 교육이 잘못되고 있는데 그 원인이 있다고 본다. 최근 들어 인성 교육이나 인문학 열풍이 불고 있는데, 이는 사후약방문에 불과하다. 오로지 경쟁에서 이기는 것만을 최우선 가치로 주입하다가 뒤늦게 인간성의 회복을 말하는 것은 모순이기 때문이다. 그와 같은 교육은 아주 어릴 때부터 이루어져야 마땅하다. 언제쯤이나 주변의 꼬마 녀석이 정색을 하고 "나를 모욕하지 말라"고 할 수 있을지 궁금하다.

3

학업 능력에 적합한 교육 실시
- 독일의 중학교와 고등학교

제대로 된 중학교와 고등학교는 우리 사회에서 이미 오래 전에 죽었다. 새벽부터 밤늦게까지 학생들에게 오로지 좋은 점수나 등수만을 강요하고 있기 때문이다. 그런 과정에서 학생의 재능이나 취미, 원하는 것이 무엇인지는 중요하지 않다. 버릇이 없거나 성격이 나쁜 것도 크게 문제가 되지 않는다. 그저 좋은 대학만 가면 모든 것이 용서되고, 반대로 아무리 착하고 성실하더라도 입시 결과가 나쁘면 실패한 인생이 된다. 모두가 이 사실을 알고 있지만, 누구도 이를 바꾸자고 쉽사리 나서지 못한다. 마땅한 대안을 제시하기 어렵기 때문이다. 그것은 이 과제가 단순히 교육만의 문제가 아닌 까닭이다.

우리의 입시 경쟁은 타협의 여지가 없는 무한 경쟁이다. 아무리 우수한 학생만 모였을지라도 석차를 내어 줄을 세워야 하기 때문이다. 공부를 못하는 학생도 그 대열에서 벗어날 수가 없다. 일부 상위 학생을 위해 나머지 다수는 불필요한 경쟁에 들러리를 서고 있는 셈이다. 대다수 학생은 자신이 미래에 무엇을 하며 살아가야 할지 고민하지 않는다. 할 수도 없다. 도대체 이러한 교육제도는 누구를 위한 것일까? 왜 소수를 위해 다수가 희생양이 되어야 하는 것일까? 바로 여기에 우리 중·고등학교 개혁의 당위성이 존재한다. 그러면 어떻게 바꿔야 할 것인가를 놓고 독일의 사례에서 그 시사점을 찾아보겠다.

독일의 중·고등학교 과정

독일에서는 교육과정을 크게 세 단계로 구분하고 있는데, 1단계가 초등학교, 2단계가 우리의 중학교 및 고등학교 과정 일부를 합쳐 놓은 것과 유사한 하우프트슐레, 레알슐레, 김나지움 과정이고, 3단계는 대학 과정이다. 독일의 초등학교는 4년제이다. 일부에서 6년제를 실시하고 있지만, 그것은 예외적인 경우이다. 이어서 2단계로 진학한다.

이러한 과정은 그 교육 기간과 교육 내용 면에서 우리 학제와 일치하지 않기 때문에 단순하게 일대일로 비교하는 것은 곤란하다. 그러나 우리 중학교와 고등학교의 실상을 돌아볼 때 여러 가지로 시사하는 바가 크다. 우리는 중·고등학교가 오로지 대학에 진학하기 위한 수단에 지나지 않는 반면, 독일의 2단계 과정은 학생을 학습 능력에 맞추어 서로 다른 학교로 진학시키고, 직업학교나 대학에 가는데 적절한 교육을 실시하기 때문이다. 그렇게 함으로써 학생은 누구나 자신에 맞는 교육을 받을 수 있고, 교사도 사명감을 가지고 가르칠 수 있다.

하우프트슐레(Hauptschule)에는 주로 성적이 떨어지는 학생이 진학하는데, 학문적 지향이나 이론에 치중하기보다 실습이나 방법론 위주로 수업을 진행하여 향후 받게 될 직업 교육에 대비한다. 주별로 차이가 있지만 대개 5~6년 과정으로 2010년 기준 전국에 약 5,200개의 학교가 있으며, 학생 수는 65만 명으로 조금씩 감소하는 추세를 보이고 있다. 이곳을 마칠 경우 교육 기간으로 볼 때 우리의 중학교 졸업과 비슷하다. 졸업한 후에는 4년가량의 직업교육을 받고 제빵사, 배관공, 미장공 등과 같은 비교적 단순한 작업을 하는 직업을 갖게 된다.

이보다 공부를 조금 더 잘하는 학생이 가는 레알슐레(Realschule)는 6년 과정이며, 약 3,000개의 학교에 110만 명이 넘는 학생이 재학 중이다. 여기서는 학문적 지향을 포기하지 않고 자연과학, 공학 또는 사회과학 등 다양한 과목을 공부하게 된다. 졸업하면 직업전문학교, 전문상위학교 또는 김나지움의 아비투어 코스 등에 들어갈 자격을 얻게 된다. 역시 3년 정도의 직업교육을 받고 간호사, 샐러리맨 등 좀 더 학력을 필요로 하는 직업세계로 진출하게 된다.

독일에는 직업교육을 위한 다양한 형태의 학교가 존재한다. 직업준비학교, 직업기초학교, 직업전문학교, 직업발전학교, 직업김나지움 등 9가지에 이르는 이들 학교는 각각의 특성에 맞는 과제를 수행하고 있다. 예를 들어, 하우프트슐레 졸업장이 없어서 직업교육을 받을 수 없는 사람은 직업기초학교에서 해당 자격을 취득할 수 있다. 직업교육 관련 '이중교육' 시스템이란 기업과 학교에서 동시에 교육이 이루어지는 것을 말하는데, 일주일에 2일은 학교에서, 3일은 회사에서 교육을 받는 식이다.

반면에 공부를 잘하여 대학 진학을 준비하는 김나지움(Gymnasium)은 8~9년 과정이다. 9년 과정일 경우에는 우리의 대학 1학년 과정을 마친 것과 유사하다. 약 3,000개가 넘는 학교가 있으며, 여기에는 약 240만 명의 학생과 16만 명의 교사가 함께하고 있다. 이들은 김나지

독일 본(Bonn) 소재 베토벤-김나지움(Beethoven-Gymnasium). ⓒ조성복

움을 마치면서 치르는 졸업시험을 통해 '대학입학자격'을 얻게 된다. 이를 보통 '아비투어(Abitur)'라고 하는데, 이 아비투어의 성적이 좋을수록 우선적으로 희망하는 대학의 원하는 학과에 가게 된다.

대학입학자격(아비투어)을 취득한 학생 수는 2010년에 약 50만 명에 이르는데, 학생들의 아비투어 취득률은 부모의 학력과 밀접한 상관관계를 보이고 있다. 김나지움 졸업자의 60퍼센트는 그 부모도 아비투어를 가진 반면, 졸업생 가운데 하우프트슐레를 졸업한 부모를 가진 비율은 단지 8퍼센트에 불과했기 때문이다.

대학에 갈 학생만 김나지움에서 입시를 위해 2~4년 더 공부하는 것을 알 수 있다. 그렇지 않은 경우, 즉 하우프트슐레나 레알슐레 졸업생은 그 기간에 직업교육을 받음으로써 불필요하게 시간을 낭비하지 않는다. 공부에 관심도 없고 잘 하지도 못하는데 획일적으로 자리를 채워야 하는 우리 중·고등학교 시스템과는 다른 것이다.

요약하면 초등학교 4년을 마치고 성적에 따라 하우프트슐레, 레알슐레, 김나지움으로 나누어 진학을 하는데, 이는 우리의 초등학교 상급반 및 중학교 과정에 해당한다. 하우프트슐레와 레알슐레 졸업생은 직업교육을 받는 반면, 김나지움 상급반에서는 대학 진학을 준비한다. 이 과정이 우리의 고등학교 과정에 해당한다. 독일에서는 이미 우리의 고등학교 과정에서 직업교육 등 사회 진출을 준비하는 반면, 우리는 그냥 대학입시 준비에만 몰두하고 있는 셈이다.

김나지움에 가지 않았다고 아예 대학에 갈 수 없는 것은 아니다. 어렸을 때 공부에 흥미를 느끼지 못하고, 그래서 못할 수도 있다. 그러다가 뒤늦게 공부를 하고 싶을 수도 있을 것이다. 이런 학생을 위한 제도적 장치가 별도로 마련되어 있다. 저녁 시간에 운영하는 김나지움 과정을 추가적으로 이수하여 아비투어를 취득하면 이들도 대학에 갈 수 있다. 이처럼 공부하고자 한다면 누구든지 다시 기회를 얻을 수 있다.

쾰른에서 유학할 때 실제로 그런 사례를 종종 보았다. 마틴(Martin)이라는 친구는 나이가 꽤 들었는데, 하우프트슐레를 나와서 벽돌 쌓는 미장공으로 일하다가 대학에 온 경우였다. 저자에게 여러 가지 도움을 주었던 크리스토프(Christoph)는 레알슐레를 마치고 간호사로 일하면서 정치학을 공부한 경우였다. 병원에서 교대근무를 하면서 학업을 병행한 것이다. 그는 대학을 졸업한 후에도 여전히 그 일을 계속하면서 박사과정 등을 모색하고 있다.

2005년 봄, 크리스토프(Christoph) 집을 방문하여 그와 함께 한 저자. ⓒ조성복

사교육이 없다

세 가지 학교로 나누어지는 독일의 2단계 교육과정은 우리에게 몇 가지 중요한 시사점을 주고 있다. 첫째, 학교의 공교육이 살아있다는 사실이다. 그들은 사교육을 받지 않는다. 우리와 같은 사설학원이나 과외가 거의 없다. 간혹 대학의 교육학과 게시판에 '과외교사(Nachhilfe)'를 구한다는 게시물이 붙는데, 이것은 대부분 수업을 따라가기 어려운 지진아 학생을 위한 보충학습 교사를 찾는다는 의미이다. 이처럼 사교육이 불필요한 이유는 학생을 학업 능력에 따라 적절하게 구분하여 그들에게 맞는 교육을 실시하고, 또 대학별 서열이 존재하지 않기 때문이며, 보다 더 궁극적으로는 대학을 나오지 않아도 살아가는데 문제가 없기 때문이다.

반면에, 우리의 사교육비 부담은 아예 애 낳기를 포기하도록 강요하고 있다. 이 사교육은 독일과 같은 보충수업의 개념이 아니라 남들

보다 더 잘하기 위해 또는 선행학습을 위해서이다. 동시에 학교의 공교육은 그 기능과 역할을 상실해 버렸다. 학교는 단지 잠자는 곳이라는 냉소적 이야기도 들린다. 우리도 현재의 획일적 학교 형태를 바꾸고 그 막대한 사교육비를 세금으로 거두어 공교육에 투자하는 방안을 모색해야 한다. 그렇게 되면 학생과 교사 모두가 훨씬 더 나은 환경에서 적절한 교육을 주고받을 수 있을 것이다.

하지만 이에 대한 사회적 공감대를 쉽게 형성할 수 없는 까닭은 대학입시에 의한 경쟁의 결과가 너무나도 극명하게 갈리기 때문이다. 대학 서열이 지나치게 견고하고, 그에 따른 임금격차 등의 기득권이 너무나 커서 어느 대학을 가느냐가 개개인의 일생을 규정해 버린다. 그래서 부모는 자기 자식만큼은 어떻게 해서라도 일류대에 보내고자 한다.

2011년 우리나라 초등학교 교사임용의 경쟁률이 40대 1에 달한다고 한다. 또한 프랑스가 교사를 상위 40퍼센트 우수인력에서, 핀란드가 상위 20퍼센트에서 충원하고 있는데 반해, 우리는 상위 5퍼센트에서 충원하기 때문에 매우 우수한 교원을 확보하고 있다고 한다. 이처럼 우수한 교사의 자질에도 불구하고 부모의 이기심과 잘못된 사회경제적 시스템 때문에 우리의 공교육은 점점 더 피폐해지고 있다.

교육의 공정성이 살아있다

두 번째는 교육의 공정성이 살아있다는 점이다. 대학입학자격을 부여하는 아비투어 시험이 각 주별로 또는 각 김나지움 학교별로 알아서 따로 실시되는데, 그 결과가 그대로 인정되기 때문이다. 특별히 출신 지역이나 학교에 따른 차별이 없다. 이 시험은 필기와 구두시험으로 나뉘어 치러지는데, 필기시험은 대부분 주관식으로 구성되며, 구두시험은 평가교사에 달려있다. 하지만 부정시험이라든지 성적을 인정할 수 없다는 식의 이야기를 들어본 적은 없다. 이러한 방식에 대해 교사와 학생 모두 자부심을 가지고 있다. 독일에서는 최순실, 정유라와 같은 사례는 원천적으로 불가능하다고 볼 수 있다.

내신 조작을 둘러싼 잡음이 심심찮게 일어나고 있는 우리의 교육현실에서 이러한 평가방식을 그대로 도입한다면 아마도 난리가 날 것이다. 주관식 평가도 쉽지 않을 것이고, 구두시험은 온갖 말썽의 온상이 될 가능성이 크다. 이러한 문제가 단순히 정서적, 문화적 차이에서 오는 것이라고 생각지 않는다. 그것보다는 앞서 얘기한 것처럼 그 경쟁에 따른 결과의 차이가 과도하게 크기 때문이다. 좋은 대학을 나오지 않으면 평생을 손해보고 살아야 하는 우리 사회의 구조적 문제가 그 근본 원인이다.

절대평가를 한다

세 번째로 우리와 큰 차이점은 독일에서는 학생에 대한 평가방식이 대부분 절대평가라는 사실이다. 애초에 비슷한 학업 능력을 가지고 있는데도 불구하고 한 문제를 더 맞고 덜 맞았다는 이유만으로 차별하는 것은 대단히 비교육적일 뿐만 아니라 비효율적이다. 그와 같은 상대평가 방식은 불필요한 과잉 경쟁을 초래하여 사회 전반적으로 자원의 낭비를 초래하기 때문이다. 대학생의 과도한 스펙 쌓기가 그 대표적 사례이다.

공교육의 활성화, 교육의 공정성 확보, 절대평가 등으로 대표되는 독일의 교육시스템에서 우리 중·고등학교 개혁의 단초를 마련해야 한다. 물론 교육과정을 마친 후 들어가게 되는 직업에서 과도하게 격차를 보이는 보상시스템을 개선하는 것이 반드시 그 전제가 되어야 한다. 그렇지 않을 경우, 우리의 시스템을 아무리 독일식으로 바꾸더라고 그것은 제대로 작동하지 않을 것이기 때문이다.

예를 들어 이명박 정부 때 만든 마이스터 고등학교의 실패가 그 중거이다. 졸업생의 대다수가 취업이 아니라 대학에 간다고 하기 때문이다. 2009년에는 졸업생의 약 74퍼센트가 대학에 진학했는데, 다행히 2013년에는 42%, 2016년에는 다시 34%로 감소하고 있기는 하다. 하지만 이러한 진학 현상은 마이스터고의 원래 취지에 정면으로 위배되는 것이다.

4

등록금이 없는 독일의 대학

- 독일의 대학교 : 구조적 측면

1990년대 중반, 김영삼 문민정부가 실시한 대학자율화 정책은 학과 정원의 자율결정을 허용하여 대학생 수를 급속하게 증가시켰다. 이후 대학 수는 그대로인데 학생 수가 감소함에 따라 '대학 진학률'은 지속적으로 상승하고 있다. 독일에서는 30~40퍼센트에 불과한 비율이 우리는 80퍼센트를 넘어서고 있기 때문이다. 2015년 독일의 전체 대학생 수가 약 280만 명인데 반해, 한국은 360만 명에 이르고 있다. 독일 인구가 8,200만 명이고 한국이 5,000만 명인 것을 감안하면, 우리의 숫자가 과도하게 많다는 사실을 알 수 있다.

이런 현상이 바람직하지는 않지만, 그렇다고 딱히 그들만을 탓할 수도 없는 것이 현실이다. 대학을 졸업하지 않으면 사람 취급을 안 하는 잘못된 사회 분위기가 큰 문제이고, 또 상대적 저임금, 승진 시 차별 등 그 불이익이 지나치게 크기 때문이다. 실제로 대졸과 고졸, 일류대 출신과 그렇지 않은 출신 사이의 드러나거나 또는 드러나지 않은 격차가 다른 나라에 비해 유난히 크다고 할 수 있다. 2016년 기준 고등학교 졸업자의 임금을 100으로 가정했을 때 전문대학은 116, 대학은 149, 대학원은 198이었다. 반면에 OECD의 평균은 고졸을 100으로 했을 때 전문대학 123, 대학 144, 대학원 191로 그 격차가 상대적으로 우리보다 적은 것을 알 수 있다.

그래서 많은 아이가 어릴 때부터 무한 경쟁에 내몰리고 있으며, 부모는 과도한 사교육비에 등골이 휘고 있다. 선행학습을 위해 과외나 학원이 기형적으로 발전하고, 그에 비례하여 공교육은 심각하게 훼손되었다. 이런 와중에 학생은 공부기계로 전락하고 있으며, 그 인성은 파괴되어 우리 사회는 점점 더 삭막해지고 있다.

다른 한편으로 진학률이 높아져 대학은 커졌지만 대학에서의 교육은 오히려 퇴보하고 있다는 지적도 많다. 대학교육의 부실은 많은 학생에게 대학을 왜 다녀야 하는지 하는 자괴감을 주고 있으며, 비싼 등록금은 부모의 부담을 가중시키고 가난한 대학생을 장시간 값싼 아르바이트에 내몰고 있다. 그래서 소위 '반값 등록금' 공약이 선거 때마다 정치권의 화두가 되고 있지만, 그것이 현실에서 가능할 것 같지는 않다. 현재와 같은 대학의 모습으로는 그 호소력이 떨어지기 때문이다.

이런 대학의 모습은 사회 전체적으로 비용의 낭비와 비효율성을 초래하고 있다. 따라서 과도하게 많은 대학 수를 축소하는 구조조정과 대학교육 본연의 역할을 되찾는 것이 매우 시급한 상황이다.

독일 대학의 구조

연방통계청의 자료에 따르면 2013년 기준 독일의 대학 수는 428개이다. 이는 종합대학(Universität) 108개, 교육대학 6개, 신학대학 17개,

예술대학 52개, 전문대학(Fachhochschule) 216개, 행정전문대학 29개로 구성된 것이다. 종합대학은 대부분 국립이며, 순수 학문을 중심으로 학과가 편성된다. 우리와 달리 교육대학, 신학대학, 체육대학, 예술대학 등이 별도로 존재한다.

독일의 전문대학은 우리와는 많이 다르다. 기본적으로 기준학기 수가 종합대학과 동일하고, 졸업하면 종합대학과 똑같은 학위(디플롬)를 받기 때문이다. 다만 전문대학에는 박사과정이 개설되지 않으며, 실무에 적합하도록 조금 더 특화되어 있다. 공부를 계속 더 하기 위해서는 박사과정이 개설된 일반대학(Hochschule)이나 종합대학으로 옮겨가야 한다.

독일 대학은 또한 설립주체에 따라 다수의 국립대(staatlich)와 일부 사립대(privat)로 구분할 수도 있다. 2016년 기준 239개 대학이 국립이다. 이 가운데 박사과정이 없는 전문대학과 일반대학이 105개, 박사과정이 개설되거나 또는 개설되지 않는 예술대학이 46개, 박사과정이 개설되는 종합대학과 일반대학이 88개이다. 단순히 대학의 숫자로만 보면 국립과 사립의 비율이 엇비슷하지만, 실제로는 대부분 국립이라고 해도 무방하다. 사립대는 종교, 의료, 예술, 응용과학 등의 특화된 분야에서 학생 수가 수십에서 수백 또는 많아야 몇 천 명에 불과한데 반하여, 국립대는 최소 만 명 이상에서 큰 대학은 3~4만 명을 넘기 때문이다. 한국의 종합사립대를 떠올려 비교하면 곤란하다.

독일의 주요 대학은 모두 국립대이기 때문에 우리처럼 일류대, 이류대 등과 같은 서열이 존재하지 않는다. 전공 분야별로 어떤 학과는 어디가 조금 유명하다 정도이다. 예를 들어 하이델베르크 대학은 전통적으로 의학이 유명한 곳이다. 학생들은 자신의 관심분야 교수가 있는

독일 쾰른대학교 본관. ⓒ조성복

대학을 희망하는 정도이다. 베를린 대학이 제일 좋을 것이라는 생각은
일부 한국 유학생만의 착각이다. 졸업을 하고 사회로 나와도 굳이 어
느 대학 출신인지를 따지지 않는다. 대학에서도 마찬가지이다. 쾰른대
학교 정치학 교수 가운데 쾰른대 출신은 한 명도 없었다.

독일 대학의 역사

1960년대 후반까지 독일 대학은 주로 소수 엘리트를 위한 곳이었
다. 이후 이런 상황에서 벗어나 1990년대 말까지 대학생 수가 급격히
증가하였는데, 이는 기존 질서에 저항했던 '68 혁명'의 사회 분위기와
더불어 주 정부 교육정책의 변화에 따라 대학의 정원 및 전문대학 수
가 늘어났기 때문이다. 독일에서는 교육 문제가 주(州) 정부 소관이다.
대학에 대한 법적 근거가 '주 대학법(Landeshochschulgesetz)'에 있고, 이에

따라 각 주는 각각의 대학법을 가지고 있기 때문이다.

유럽연합(EU) 통합 과정의 일환으로 교육 분야에서도 그러한 노력이 경주되었는데, 예를 들어 1999년부터 시작된 '볼로냐 프로세스(Bologna-Process)'가 그것이다. 이는 회원국별로 조금씩 차이를 보이는 대학 과정을 하나로 통일하기 위한 것이었다. 독일에서는 기존의 학위과정 대신에 학사(Bachelor)와 석사(Master) 학위를 처음으로 도입하였다.

이 프로세스가 도입되기 전에 독일에는 아예 학사 학위가 없었다. 대학을 졸업하면 디플롬(Diplom, 사회과학·자연과학 분야의 학위), 마기스터(Magister, 인문학 분야의 학위), 국가자격시험(Staatsexamen, 법학·의학·교원 자격증)을 받았다. 이는 우리의 석사학위에 해당했다. 이 학위를 받으면 박사과정에 들어갈 수 있기 때문이다. 이들 과정은 보통 9학기가 규정학기였지만, 실제로 이 기간에 학업을 마치는 경우는 드물었다. 대부분이 학기수를 훨씬 초과했는데, 평균적으로 13학기가 소요되었다. 그래서 대학 졸업생의 사회 진출이 다른 나라에 비해 늦었다. 한동안 디플롬/마기스터 과정과 학사-석사 과정이 혼용되었으나, 점차적으로 일원화되고 있다.

이처럼 학사-석사과정이 새로이 자리를 잡아가고 있으나, 독일의 대학은 몇 가지 점에서 우리와 상당히 다르다. 최근에 수정된 대학 규정을 보더라도 학위의 형식은 영미식으로 바뀌었으나, 그 밖의 것은 여전히 과거의 방식을 그대로 답습하고 있기 때문이다. 저자의 유학 경험을 되살려 그 차이점을 살펴보겠다.

한국 대학과의 차이점

1) 졸업정원제 실시

첫째, 졸업정원제를 실시한다는 점이다. 우리는 대학입학에 목을 매고, 입학하면 거의 대다수가 자동적으로 졸업하지만, 독일은 그렇지 않다. 먼저 대학입학부터 차이가 있다. 독일에서는 특별히 대학입시를 치르지 않는다. 고등학교 졸업시험인 아비투어를 통과하면 대학 입학자격을 얻게 되고, 그것으로 대학에 갈 수 있기 때문이다. 학생은 자신이 원하는 대학에 입학신청서를 내고 허가서를 받으면 대학에 갈 수 있다.

대학 간 서열이 없기 때문에 특정 대학에 몰리는 경우는 드물다. 우리와 같은 입시전쟁이 존재하지 않는다. 다만 경제학, 경영학, 법학, 의학 등 일부 학과는 정원에 제한이 있어서 아비투어 성적이 좋아야 입학허가를 받을 수 있다. 이처럼 입학은 그렇게 어렵지 않지만, 졸업하는 것은 전혀 다른 문제로 상당히 까다롭다. 공부를 해나가는 도중에 요건을 갖추지 못하면 가차 없이 낙오시키기 때문이다. 이는 외국인 유학생에게도 똑같이 적용된다.

2008년에서 2015년 사이 특정 학령인구 전체를 100으로 보았을 때, 대학 진학률은 약 25~30퍼센트 정도이다. 이들의 고등학교 졸업 이후 진로에 대한 통계를 살펴보면, 직업교육을 받는 비율이 58~62퍼센트, 기타 25퍼센트, 대학졸업 이상의 비율은 7~15퍼센트에 불과하였다. 이것을 보면 졸업정원제에 따라 대학 입학자 가운데 최소 절반 이상은 졸업하지 못하고 있음을 알 수 있다. 대졸 이상 비율의 내역을 구체적으로 살펴보면, 디플롬 7~13퍼센트, 박사가 1.1퍼센트이다. 2014

년부터는 새로이 학사와 석사 비율이 각각 1.3~1.5퍼센트, 0.8~1.0퍼센트로 잡히고 있다.

2) 우리와 다른 학사방식

둘째로 강의와 시험이 따로 분리되어 별도로 진행된다는 점이다. 강의에서는 출석을 부르지 않는다. 참석 여부는 자유이다. 또 우리처럼 학기 중간이나 말미에 시험을 치르지 않는다. 시험의 실시는 강의하는 교수가 아니라, 전적으로 대학 당국에 의해 관리된다. 따라서 시험을 치르려는 학생은 반드시 학기 초에 미리 신청을 해야 기회가 주어진다. 물론 이런 시험과목의 수는 우리보다 훨씬 적다. 그러나 한 과목의 내용과 범위는 훨씬 더 방대하다. 시험시간은 보통 2~4시간이다. 필기시험 이외에도 구두시험 등 다양한 형태의 방식이 존재한다.

대개 방학기간에 실시되는 이러한 시험은 각 과목별로 응시기회가 제한되어 있다. 대학에 따라 조금씩 다르지만 보통 2~3회이다. 이 주어진 기회 안에 해당시험을 통과하지 못하면, 낙제가 결정된 순간 바로 전공하던 학업을 중단해야만 한다. 그래서 학생은 이 시험 신청을 함부로 하지 못하고, 매우 신중하게 접근할 수밖에 없다. 이러한 이유로 입학 동기라 하더라도 졸업시기는 서로 다를 수밖에 없고, 학번이나 학년의 개념은 별다른 의미를 갖지 못한다.

저자가 공부하던 2000년대 초반, 쾰른대학교 사회과학대학에는 경제학, 경영학, 사회과학 등 6개의 학과가 있었다. 유럽에서 가장 큰 단과대학의 하나였다. 매 학기마다 1,100~1,200명 정도의 신입생이 들어오고, 매 학기마다 약 300명가량의 졸업생이 디플롬 학위를 받고 나갔다. 입학생과 졸업생 사이에 큰 차이가 있는 것을 알 수 있는데, 이

쾰른대학교 사회과학대학의 641석 규모 강의실. ⓒ조성복

는 도중에 많은 학생이 학업을 중단했음을 의미한다.

하지만 이렇게 중도에 탈락되었다고 모든 것이 완전히 끝나는 것은 아니다. 그들은 새로운 기회를 가질 수 있다. 전공을 바꿔 학업을 계속하는 것이 그것이다. 다만 독일 내 다른 지역 또는 다른 대학으로 옮겨가더라도 앞서와 같은 학과의 공부를 다시 할 수는 없다. 반드시 전공을 바꿔야 한다. 그런데 학과를 구성하는 방식이 우리와 많이 달라서 전과를 하는 것이 그렇게 어렵지는 않다.

예를 들어 인문학 분야 마기스터 과정에서 철학, 사회학, 영문학으로 구성된 학과에서 공부하다가 사회학을 낙제했다면, 철학과 영문학은 그대로 유지하며 사회학 대신에 역사학 또는 심리학 등을 선택하는 학과로 옮겨갈 수 있다. 이런 경우 보통 대학도 옮기게 된다. 독일 학자의 이력을 살피다 보면 종종 여러 대학에서 공부한 것을 볼 수 있는데, 대개 이런 사유 때문이다.

전공을 바꿔서도 학업을 마치지 못하거나 또는 첫 번째 낙제 후 대학에서의 공부가 자기 적성에 맞지 않다고 판단할 경우, 즉 대학에서의 학업을 완전히 중단하는 경우에는 그동안의 학업 결과를 가지고 그에 적절하고 합당한 직업교육을 받고 취업의 길로 나서면 된다.

3) 절대평가를 한다

셋째, 교육 및 평가방식이 우리와 상당한 차이를 보인다는 점이다. 가장 큰 차이점은 대부분 절대평가라는 점이다. 최저기준을 넘으면 패스(4점), 그 위로 만족(3점), 우수(2점), 매우 우수(1점) 등으로 점수를 얻는다. 우리와 반대로 낮은 점수가 좋은 것이다. 해당 교수가 문제를 출제하고 채점을 하겠지만, 시험 및 발표과정은 학교 당국이 공무원 행정처리 하듯이 관리를 하기 때문에 대단히 엄격하고 냉정하다. 마치 우리의 공무원 시험이나 고시를 치르는 것과 유사하다. 독일이라면 이화여대 정유라 사례는 애당초 상상하기조차 힘든 일이다.

대학에서 가르치는 방식은 크게 강의와 세미나로 구분된다. 강의는 주로 정교수가 담당하는데, 출석은 물론 아무런 조건이나 제약 없이 그냥 강의실을 찾아가 들으면 된다. 일반인도 자유로이 청강이 가능하다. 멋있는 노신사 교수의 강의에는 곱게 차려입은 할머니 수강생들이 앞자리를 차지하기도 한다. '기본과정(Gundstudium, 우리의 학사과정에 해당)'의 경우 수강생이 보통 수백 명에 달한다. 이러한 강의는 나중에 시험을 치를 때 도움이 된다.

세미나는 강의보다 훨씬 더 많이 개설되는데, 여기서는 참가자 수를 제한한다. 대체로 수강신청을 필요로 하며, 강의와 달리 반드시 출석을 해야 한다. 2번 이상 무단결석할 경우에는 증명서(Schein)를 받을 수 없도록 규정하고 있다. 세미나에서는 수강생 모두 돌아가면서 주제 발표를 하고 토론에 적극적으로 참여해야 하며, 학기가 끝나고 방학기간에 소논문(Hausarbeit)을 작성하여 제출해야 한다. 이러한 과정을 거쳐 증명서를 받게 되며, 전공에 따라 필요한 증명서의 개수는 조금씩 차이가 있다.

4) 등록금이 없다

넷째, 독일 대학에는 등록금이 없다는 점이다. 누구에게나 평등한 교육의 기회를 제공하기 위해서이다. 물론 사립대학에는 존재한다. 1990년대 동서독 통일 이후 재정 상황이 악화되자 기민/기사연합을 중심으로 등록금을 부과하자는 주장이 제기되었고, 오랜 논의를 거쳐 2000년대 들어 일부 주의 대학에서 한 학기에 500유로를 받았다. 하지만 베를린 등 나머지 주에서는 이를 끝내 도입하지 않았다.

1997년 늦가을, 처음 독일에 갔을 때 등록금 도입 이야기를 들었는데, 2000년대 중반에야 쾰른대학에도 도입이 되었다. 하지만 그때는 디플롬을 마치고 박사과정에 들어가게 되어 등록금을 내지 않아도 되었다. 박사과정에는 원래 등록금이 없기 때문이다. 그러나 이 등록금은 가난한 학생에게 부담이 된다는 이유로 오래 가지 못했고, 결국은 2010년대 초반 모두 폐지되었다.

독일 대학에 등록금이 없는 까닭은, 즉 대학을 세금으로 운영하는 것에 대해 일반 국민이 수긍하는 이유는 대학 진학률 30퍼센트, 엄격한 졸업정원제 실시, 국가 차원의 소수 정예 인재육성, 그리고 이와 더불어 일반인 청강 허용이나 대학도서관 공동이용과 같이 대학의 공공성이 살아있기 때문이다. 그런데 이와는 전혀 다른 모습을 보이고 있는 우리 대학의 현실에서 반값 등록금이나 등록금 폐지와 같은 주장이 설득력을 얻을 수 있을까? 그렇지 않을 것이다. 따라서 대학의 구조조정은 우리 사회의 매우 시급한 개혁 과제의 하나이다.

5

독일 대학과 한국 대학의 차이
- 독일의 대학교 : 질적인 측면

앞에서 독일 대학의 구조적, 형식적 측면을 살펴보았다. 독일에는 대학 간 서열이 없고, 절대평가와 졸업정원제가 실시되고 있으며, 강의와 시험이 구분되어 학사가 엄격하게 관리되고, 일반인 누구나 강의를 듣거나 도서관의 이용이 가능하여 대학의 공공성이 살아있다. 그래서 대다수 대학이 학생의 등록금 없이 국민의 세금으로 운영되고 있다. 이번에는 대학의 내용적, 질적인 측면을 살펴보겠다.

주입식 교육이 아니다

먼저 교육이 단순한 주입식에서 벗어났다는 점이다. 과거에는 독일도 엄격한 주입식 교육을 했었다. 그와 같은 표준적 인재 양성이 당시 대량생산체제에 알맞은 교육 방식이었기 때문이다. 이후 학문의 발전과 정보유통이 활발해지면서, 특히 인터넷이 급속히 확산되면서 단순한 정보의 습득은 그 가치를 잃어버렸다고 할 수 있다. 이제는 누구나 언제든지 그와 같은 정보에 손쉽게 접근할 수 있기 때문이다.

옛날에는 그럴 수 없었기 때문에 정보 자체가 힘이 될 수 있었지만, 지금은 그렇지 않다. 그래서 단순한 주입식 교육은 더 이상 의미를 갖기 어렵게 되었다. 그런데 우리의 교육방식은 여전히 그와 같은 주입식 방식에서 벗어나지 못하고 있기 때문에 문제가 심각한 것이다.

예를 들어, 우리는 '프랑스 혁명'에 대해 배울 때 보통 언제, 어떤 일이 일어났는지 등 사실에 대한 정답찾기나 일정한 해석을 정답으로 정하고 그것과 다른 생각은 모두 틀린 것으로 간주한다. 하지만 독일에서는 '그 혁명이 왜 일어났는가?' 또는 '특정한 사건이나 기사가 프랑스 혁명에 어떤 영향을 미쳤는가?'하는 식의 원인 분석이나 개인의 새로운 해석 또는 주장이 중시된다.

독일의 교실에서는 이처럼 학생의 창의적 생각을 환영하고 존중한다. 이는 시험에서도 마찬가지이다. 예를 들어 지문을 읽고 문단을 나누는 시험에서, 학생이 원래 교사가 만든 모범 답안과 다르게 문단을 나누었더라도 그렇게 구분한 논리적 근거가 타당하다면 똑같이 만점을 준다는 것이다.

또한 우리처럼 학과시간에 배운 문제가 그대로 나오는 경우도 드물다. 수업시간에 윤동주의 '서시'를 통해 시를 분석하는 방법을 배웠다면, 시험에서는 똑같은 시를 출제하는 것이 아니라, 예를 들어 '별 헤는 밤'처럼 다른 시를 주고 분석을 요구한다는 것이다.

서울대에서 최고점(A+)을 받는 학생의 비결이 교수의 강의 내용을 숨소리까지 그대로 베껴 답안을 작성하는 것이라고 한다. 이는 매우 충격적인 사실이다. 이러한 방식은 독일에서는 통하지 않는다. 쾰른대 교육학과의 한 교수는 학생에게 시험에서 자기가 강의한 내용은 아예 쓰지 말라고 주문한다. 자신이 말한 것은 이미 잘 알고 있으니, 학생 자신의 생각을 쓰라고 당부한다는 것이다. 우리와는 평가방식이 많이 다르다는 것을 알 수 있다.

이 이야기를 쓰다 보니 저자의 과거 한국에서의 대학시절 한 대목이 떠오른다. 기독교 계통의 학교에 다녔기 때문에 첫 학기에는 반드시 채플에 참석하고, 교양필수로 '기독교개론'이란 과목을 들어야 했다. 중견 신학교수의 강의를 듣고 시험을 봤는데, 성적이 F가 나왔다. 항의하기 위해 바로 그 담당교수를 찾았는데, 방학이라고 이미 미국으로 떠난 후였다. 그래서 학점을 수정할 타이밍을 놓쳤다. 이후에는 귀찮아 더 이상 찾아가지도 않았지만 씁쓸한 기억으로 남아있다.

오래전 일이라 그 시험과 관련하여 기억나는 것은 거의 없다. 다만 신의 존재와 관련한 질문이 있었던 것 같은데, 그에 대해 내가 썼던 답안 내용은 아직도 생생하다. 강의시간에 배운 것이 아니라, 당시 종교와 관련하여 고민하던 나름의 생각을 적었기 때문이다. 도스토옙스키 소설 『카라마조프가의 형제들』 중 아마도 '조시마 장로' 편에 나오는 한 가지 일화를 인용하며 의견을 썼는데, 기억에 의하면 대충 아래와 같다.

"러시아의 한 소도시 시장의 이야기이다. 그는 젊었을 때 그 도시에서 불가피하게 살인을 저질렀다. 이후 잘못을 뉘우친 그는 열심히 일하여 성과를 내고 나중에는 시장에까지 당선되었다. 그는 여기서도 일을 잘하여 시민의 칭송이 높았다. 그러나 그는 자신의 과거에 대해 계속 고민하다가, 결국 자신의 생일파티에 모인 수백 명의 손님 앞에서 오래전 살인사건의 범인이 바로 자신이라고 고백한다. 그런데 손님들은 이를 농담으로 받아들이며, 당신은 그럴 사람이 아니라면서 아무도 믿으려 하지 않았다."

고등학교를 졸업하던 해 겨울의 어느 늦은 밤, 이 부분을 읽으면서 묘한 흥분이 몰려왔다. 그처럼 다른 사람조차도 믿으려 하지 않는 자신의 과거 잘못에 대해 그는 왜 그토록 괴로워하며 끝내 그 사실을 밝힐 수밖에 없었는지가 궁금했다. 그것은 인간의 감성이나 이성으로는 설명이 쉽지 않았기 때문이다. 그래도 그런 일이 일어날 수 있다는 이야기는 우리가 인식하지 못하는 절대자의 존재에 대해 고민할 여지를 주었다. 그러면서 인간이 할 수 있는 사고(思考)의 한계와 더불어 처음으로 신이 존재할 수도 있겠다는 느낌이 들어 홀로 전율했던 기억이 있다.

그 사건을 소개하고 이 같은 해석을 적으면서 나름 훌륭한 답안이라고 만족했다. 내심 좋은 성적을 기대하고 있었는데, 낙제점을 받은 것이었다. 어이가 없었다.

대학에서 배워야 하는 것들

독일 대학의 기본과정(Grundstudium)에서는 학술용어의 개념이나 사실관계를 익히는 것이 중요하지만, 이후 본과정(Hauptstudium, 우리의 석사과정에 해당)에서는 단순한 지식의 전달보다는 현상의 분석, 이론과 실제, 인과 관계의 도출 등이 주요 과제가 된다.

학문을 하는 데 있어서 가장 어려운 일 가운데 하나는 제대로 된 질문(물음)을 던지는 것이다. 독일어로 '푸라게스텔룽(Fragestellung, 문제 제기

쾰른대학교 본관 앞 중세철학자 '알베르투스 마그누스(Albertus Magnus)' 동상 앞에서 친구들과 함께 한 저자(맨 왼쪽). ⓒ조성복

또는 물음 제시)'이라고 하는데, 이것이 생각만큼 그렇게 간단치가 않다. 일상에서의 질문과는 다르기 때문이다. 이를 위해서는 기본적으로 관련 주제에 대해 어느 정도 정통해야 하고, 해당 분야에 대한 이론적 배경도 갖춰야 한다. 특히 사회과학의 경우에는 문제 제기만 보아도 그 논문의 질을 대충 파악할 수 있다.

또 제대로 된 토론방식을 익히는 것도 중요하다. 우리는 흔히 목소리 큰 사람이 이긴다고 농담하지만, 토론에서 중요한 것은 논리적이고 근거 있는 주장을 하는 것이다. 동시에 남의 주장을 경청하는 것도 대단히 중요하다. 그래야만 비로소 타협과 양보가 이루어지고 의미 있는 토론이 가능해지기 때문이다.

그런데 대학을 비롯하여 방송이나 학회 등 우리의 토론문화를 살펴보면, 다른 사람의 의견에는 별로 귀 기울이지 않는 것을 심심찮게 볼 수 있다. 그 중 가장 심각한 곳은 아마도 정치권일 것이다. 이렇게 서로 경청하지 않은 협상이나 논의의 문제점은 적절한 타협에 이를 수 없다는 것이다.

이와 관련 또 다른 문제점은 우리에게는 타협을 하나의 야합으로 보는 경향이 있다는 점이다. 이는 과거 독재시대의 산물이라고 본다. 당시 일방적으로 한편의 힘과 논리가 지배하던 상황에서 타협이란 곧 굴복을 의미했기 때문이다. 하지만 이제는 정치권의 역학관계가 어느 정도 균형을 이루었고, 사회세력 간 이해관계가 복잡해져서 상호 주장하는 바를 주고받는 타협은 필수적이다. 따라서 대학에서 이러한 것을 체계적으로 교육하고 훈련시키는 것은 꼭 필요한 일이다.

2016년 가을, '최순실 게이트'가 터진 후 광화문을 중심으로 한 전국 곳곳의 촛불시위는 박근혜 대통령의 탄핵을 추동했었다. 하지만 이 문제를 최종적으로 매듭짓는 것은 결국 정치인의 몫이다. 협상과 타협을 못하는 무능한 대통령과 정치인 때문에 수백만 명의 일반 시민이 수개월의 토요일을 희생했던 것이다.

세미나에서 관심 있는 테마를 골라서 자신만의 문제 제기를 하고 답을 구하는 것, 그리고 그것에 대해 주제 발표를 하고 토론을 한 후에 논문을 작성하는 것이 독일의 대학에서는 필수이다. 이는 대단히 중요한 학문적 훈련이라고 생각한다.

과거 한국에서 대학에 다닐 때 리포트 과제가 종종 있었다. 하지만 그것을 어떻게 써야 하는가를 배운 적은 없었던 것 같다. 그래서 별다른 문제 제기 없이, 또는 어떤 사실에 대한 내용만을 정리하고 대충 짜깁기해서 제출했던 것으로 기억한다. 이제는 그런 문제점이 나아졌는지 모르겠다.

저자의 경우에는 독일의 대학에서 여러 차례의 '기초 세미나(Proseminar)'와 '주 세미나(Hauptseminar)'에서 그와 같은 훈련을 받았다. 기초 세미나에서는 10~15쪽, 주 세미나에서는 20~25쪽의 소논문을 작성하였다. 그 중 한번은 인용문제 등을 이유로 세 차례나 논문을 재수정하여 제출하고 아주 힘겹게 증명서를 받았다. 이런 까다로운 훈련은 나중에 디플롬이나 박사학위논문을 작성할 때 크게 도움이 되었다. 논문을 작성하는 기본 방식에는 차이가 없기 때문에 양적으로 또는 질적으로 확대하고 심화하면 되었기 때문이다.

학문적 경계의 느슨함

독일 대학에서 학과 간 경계는 우리가 생각하는 것보다 훨씬 더 느슨하다. 예를 들어 누군가 정치학으로 박사학위를 받고자 한다면, 정치학 교수와 접촉하여 허락을 받으면 가능하다. 이 경우 유일한 전제조건은 디플롬이나 마기스터 학위의 보유이다. 볼로냐 프로세스에 따라 이제는 석사(Master) 학위가 조건이 될 것이다. 여기서 그 학위가 경제학이든, 사회학이든, 또는 인문학이나 자연과학, 심지어 공대 출신이든 크게 문제가 되지 않는다. 이는 나중에 교수가 될 때도 마찬가지이다. 최초 출신 학과를 따지지 않기 때문이다.

반면에 우리는 교수채용에서 성골이다 또는 진골이다 하면서 지독한 순혈주의에 젖어 같은 대학이나 같은 학과 출신만을 우대하고 있다. 이러한 채용의 가장 큰 문제점은 새로운 학문을 발전시키기 어렵다는 것이다. 동문수학한 이들끼리 다시 모이기 때문에 다른 생각이나 학풍을 배척하게 되는데, 이는 학문의 다양성을 가로막는 일이다. 대학 간 서열이 존재하는 상황에서 일부 불가피한 측면이 있다고 하더라도 과도하다는 느낌을 지울 수 없다. 그밖에 지나치게 세분화된 학과도 그 자체로 기득권을 유지하기 위한 수단이라고 할 수 있다.

실제로 한국에서 경제학과를 졸업했던 저자는 독일에서 정치학 박사학위를 받고 귀국한 후에 정치학과의 교수채용은 물론, 강의 자리를 구하는 것도 쉽지 않았다. 정치학과 출신이 아니었기 때문에 찾아가 볼만한 곳도 거의 없었을 뿐만 아니라, 어렵게 소개를 받아 찾아가더라도 별로 관심 대상이 되지 못했기 때문이다.

독일 대학에서 교수되기

독일 대학에서 교수가 되기 위해서는 '하빌리타치온(Habilitation, 교수자격취득)' 학위를 받아야 한다. 이는 박사학위를 받은 다음의 후속 과정으로 보통 4~5년에 걸쳐 진행되는데, 이들은 대개 대학에서 강의하면서 학위논문을 작성하게 된다. 여기서는 박사 때보다 훨씬 더 높은 수준의 실적물이 요구된다.

이 과정을 마치고 학위를 받은 이를 '프리바트도젠트(Privatdozent)'라고 한다. 우리말로는 흔히 '사강사(私講士)'로 번역되어 우리의 시간강사를 떠올리기 쉬운데, 막상 그 실상을 들여다보면 우리나라 교수보다도 더 어려운 과정을 거쳤다고 볼 수 있다. 이들은 학위를 받은 후 대학으로부터 부름(Beruf)을 받아야 정식 교수(우리의 정교수)가 될 수 있다. 이때 학위를 받은 후 부름을 받기까지 주어진 시간은 약 4년 정도이다. 이 기간이 지나도록 교수직을 얻지 못한 프리바트도젠트(사강사)는 대개 '외래교수(außerplanmäßiger Professor)'로 남게 된다.

대학에서의 교수 채용은 대단히 신중한 과정을 거친다. 쾰른대학에 재학 중 정치제도 분야의 교수 채용과정을 직접 지켜본 적이 있었다. 우리와 달리 세 학기에 걸쳐 3명의 사강사가 매번 한 학기씩 강의를 했고, 그 가운데 한 명이 최종적으로 부름을 받았다. 채용에 약 2년이 소요된 것이다. 이렇게 채용절차는 까다롭지만, 그 후에는 교수를 귀찮게 하지 않는다. 논문 실적이 저조하다는, 저서가 너무 적다는 등의 이유로 교수의 학문적 활동에 개입하지 않기 때문이다. 교수는 전적으로 자신의 재량에 따라 연구하고 활동하면 된다.

최근에는 박사학위 소지자를 바로 조교수(Juniorprofessor)에 채용하고 점진적으로 진급시키는 시스템도 병행되고 있다. 이는 하빌리타치온 과정이 다른 나라에 비해 독일 연구자의 교수 진입을 너무 늦추게 한다는 비판에 따른 것이다.

독일에서 정교수의 숫자는 우리보다 적은 듯 보인다. 그러한 교수직 밑에는 사강사를 포함하여, 다수의 박사 및 디플롬/마기스터가 소속되어 연구하면서 학생을 가르치는데, 이들을 통틀어 '도젠트(Dozent)'라고 한다. 강의는 주로 교수가 맡아서 하고, 다른 도젠트는 다양한 주제의 세미나를 맡아서 이끈다.

이들 도젠트는 보통 4~5년 정도 거의 준공무원에 해당하는 안정된 신분과 수입을 보장받고 연구실을 배정받아 자신의 연구와 학업에 몰두할 수 있다. 물론 이들에 대한 교수의 권위와 결정은 절대적이지만, 그러한 영향력은 철저하게 공적인 범주에 한정된다.

반면에, 지도교수의 강아지 미용 심부름까지 해야 했다는 한국 대학원생의 이야기는 독일에서는 도저히 상상하기 어려운 일이다. 마찬가지로 우리의 강사제도는 독일의 도젠트 제도와 비교할 때 너무도 열악하고 비참한 수준이다. 안정된 신분도 없고, 수입은 도저히 비교할 수가 없으며, 기간의 보장도 없고, 연구실도 주어지지 않는다. 대학 내에서도 철저하게 승자독식이 적용되고 있는 것이다.

결론적으로 우리 대학을 개혁하기 위해서는 독일의 사례를 참고하여 먼저 대학 및 대학생 수를 줄여야 한다. 그러기 위해서는 대졸자와 고졸자의 사이의 과도한 임금격차를 줄여 불필요하게 대학에 가는 것을 사전에 막아야 한다. 그래서 꼭 필요한 사람만 대학에 가도록 해야 하고, 단순한 주입식 교육에서 벗어나 대학교육의 질적 수준을 높여야 한다.

또 대학의 공공성을 점차적으로 강화하여 등록금을 줄여나감으로써 돈이 없어 공부할 수 없는 사람이 나오지 않도록 교육 기회의 공정성을 보장해야 한다. 교육부가 독점하고 있는 대학에 대한 통제권을 지방정부로 이전하여 대학의 자율성을 확대하고, 이러한 과정을 통해 대학 서열화를 점차적으로 완화해 나가야 한다. 끝으로 교수와 대학원생 사이의 관계도 재정립되어야 하며, 과도한 격차를 보이는 교수와 강사 사이의 간극을 좁혀 나갈 수 있는 교육계의 보다 전향적이고 과감한 대책이 마련되어야 한다.

제 3 장

독일의 주거문화

독일에서는 왜 2년마다 이사 다니지 않아도 되는가?

1

독일인은 아파트에 살지 않는다
- 독일 주택의 특징

무작정 오른 유학길

1990년대 중반, 여의도에서 직장생활을 하던 중 우연히 독일 관련 기사를 보다가 눈이 번쩍 뜨였다. 독일 통일이 동독 대변인의 실수로 앞당겨졌다는 뜻밖의 분석 기사를 보면서였다. 한반도에서도 갑자기 통일이 찾아올 수도 있겠다는 생각이 머리를 스쳤다. 동시에 '통일에 대한 준비를 하게 되면 앞으로 할 일이 많지 않을까?'하는 조금 막연하지만 뭔가 알 수 없는 희망에 부풀어 올랐다.

그래서 통일의 경험이 있는 독일에 가서 공부를 더하면 좋겠다는 생각이 들었고, 이를 알아보기 위해 조금 길게 잡은 여름휴가를 이용하여 집사람과 함께 유럽 배낭여행을 떠났다. 당시 보름씩 휴가를 내는 것은 어쩌면 책상을 뺄 각오를 해야 하는 일이기도 했다. 원래는 한 달을 신청했으나, 절반으로 깎였다. 베를린에서 공부 중인 친구도 만나보고, 그림 같은 독일의 도시를 직접 돌아보면서 유학을 결심하게 되었다.

돌이켜 생각해보면 그 결정은 여러 가지 면에서 대단히 무모한 것이었다. 10년 가까운 직장 생활에 나이는 이미 30대 중반에 이르렀고, 그렇다고 경제적으로 여유가 있는 형편도 아니었고, 또 오랫동안 차분하게 준비해 온 일도 아니었다. 그것은 막연한 희망 하나를 붙들고 잘 알지 못하는 불확실한 세계에 뛰어드는 일이었다.

추석 보너스를 받고 그만두는 게 유리하다는 상사의 조언대로 1997년 9월 말 월급과 상여금을 받고, 회사를 그만둔 지 미처 2주일이 안되어 베를린 행 비행기에 올랐다. 흔히 유학준비를 위해 찾는다는 남산에 있는 독일문화원(괴테 인스티튜트/Goethe-Institut)에 한 번 가보지 못하고 바로 독일로 날아갔다. 고추장, 밑반찬 등 무거운 짐을 들고 프랑크푸르트(Frankfurt am Main) 공항에서 갈아타는 곳을 찾아 헤매던 기억이 바로 엊그제 같다. 흔히 비행기 표에서 보듯이 프랑크푸르트 뒤에 반드시 '마인 강변(am Main)'을 붙이는 이유는 독일의 북동쪽 오데르 강변에 있는 또 다른 프랑크푸르트(Frankfurt/Oder)와 구분하기 위해서이다.

다른 사람이 빌린 집을 재임차

1997년 10월 중순, 베를린 생활이 시작되었다. 날씨는 썰렁하고 거리는 낙엽으로 가득하여 한국에서 온 초행자의 마음을 더욱 스산하게 하였다. 독일은 서머타임을 실시하여 여름에는 낮 시간이 한 시간 늘어나고, 겨울에는 반대로 줄어든다. 이 제도를 실시하게 되면 매년 3월 마지막 일요일의 새벽 2시를 3시로 바꾸고, 10월 마지막 일요일의 새벽 3시를 2시로 바꾸게 된다. 그러면 11월에는 오후 4~5시쯤이면 어둑해지고 깜깜해졌다.

독일 베를린 중앙지역 거리의 주택. ⓒ조성복

조금 게으름을 피워 늦게 일어나면 잠깐 사이에 사방이 어두워졌다.

　베를린에 도착한 다음 날, 남쪽에 위치한 한 대학 기숙사의 운터미테(Untermiete, 재임차)로 들어갔다. 이는 누군가 자신이 빌린 집을 개인적인 사정으로 몇 개월에서 1년 정도 재임대하는 것으로, 대학가에서는 아주 흔한 일이다. 다른 학교에서 한 학기 공부를 한다든가 장기간 아르바이트를 위해 비울 때, 또는 방학에 고향이나 여행을 가거나 할 때 등 다시 돌아올 예정이지만 비교적 오랫동안 집을 비울 때 그렇게 한다. 미리 대학 당국과 이야기가 된 경우 우선적으로 기숙사를 배정받을 수 있지만, 그것이 여의치 않을 경우 보통 운터미테로 있으면서 정식으로 살 집을 구하게 된다.

　제대로 된 집을 구하기 위해 친구의 도움을 받아 베를린의 여러 집을 구경하게 되었다. 독일에서 일반적인 주거 형태는 5층 미만의 건물에 여러 가구가 함께 사는 것으로 우리의 연립주택과 유사하다. 집에 대해 이야기할 때 보통 '오래전에 지은 집(Altbauwohnung)'과 '새로 지은 집(Neubauwohnung)'으로 구분하는데, 흔히 2차 대전 이전에 지었느냐 또는 그 이후에 지었느냐가 그 기준이 된다.

대부분의 집들은 돌로 지어졌기 때문에 오래되더라도 그 골격은 그대로였다. 그렇기 때문에 집이나 건물을 완전히 허물어 내는 경우는 드물었고, 적당한 때에 내부만 개조하여 수리하는 것이 일반적이었다. 그래서 외관은 오랜 역사를 보여주듯이 중후한 맛이 나고, 내부는 새로이 정비하여 아주 편리하였다.

건물에 '0층'이 존재

집들을 구분하는 좀 더 실용적인 기준은 그 건물에 엘리베이터가 있는지를 확인하는 것이다. 승강기가 없는 오래된 집의 경우, 노인은 주로 아래층을 선호하고 젊은이일수록 위로 올라가게 된다. 독일에서는 모든 건물에 0층이 존재하는데, 이를 지면에 맞닿아 있다고 해서 쉽게 '지면층(Erdgeschoss)'이라고 부르기도 한다. 그래서 독일의 1층은 우리의 2층을 의미하며, 2층은 3층을, 3층은 4층을 의미한다. 이런 식으로 층 구분에 차이가 있다. 그리고 오래된 집이지만 보수를 하여 승강기를 추가로 설치한 곳도 많았다.

일반적으로 생각하기에 대부분 새집을 선호할 것 같은데, 의외로 반드시 그렇지만도 않았다. 눈썰미가 있는 사람은 간혹 오래된 건물

일반주택의 안쪽 공간. ⓒ조성복

이 나오는 유럽영화를 감상하다가 벌써 알아챘을 수도 있을 터인데, 그러한 옛날 집은 층간 높이가 굉장히 높은 특징(대개 3미터 이상)이 있다. 그래서 장식을 잘 하면 나름대로 운치가 있고, 공기도 쾌적해서 이를 좋아하는 사람이 많기 때문이다.

이런 집이 우리의 연립주택과 형태는 유사하지만, 약간 다른 점은 집의 방향을 고려치 않고 지어졌다는 것이다. 대부분의 집은 서로 거리를 마주하고 길 양옆으로 나란히 줄지어 들어서 있으며, 건물 사이가 모두 붙어 있어서 사람이 지나다닐 공간이 없다. 각 건물의 입구로 들어가면 안쪽으로 건물에 둘러싸인 공간이 있는데, 그곳은 보통 거주자만의 공간이 된다. 즉, 건물의 방향을 생각하여 집을 지은 것이 아니라 길을 마주보며 지은 것이다. 어차피 해가 많지 않은 날씨 때문인지 우리처럼 남향집을 따지는 경우는 많지 않은 것 같았다. 물론 도시의 외곽에 새로이 건설된 주택단지는 대체로 햇볕을 고려하여 남향으로 지어졌다.

주거와 관련하여 우리와 다른 또 한 가지 특징은 대부분의 집이 전체 바닥에 양탄자를 깔고 집안에서도 신발을 신고 생활한다는 점이다. 바닥에 카펫을 까는 것은 아마도 과거 바닥난방의 부재, 여름은 건조하고 겨울은 습한 기후, 아래층에 소리가 나지 않게 하는 방음 효과 등이 주요 이유인 것으로 보인다. 그래서인지 일반적으로 이 양탄자를 청소하기 위한 진공청소기의 출력이 아주 막강하였다.

부자는 보통 커다란 정원을 가진 단독주택에 사는 것 같은데, 어느 도시를 가든지 그런 지역을 쉽게 찾아볼 수 있었다. 우리에게 익숙한 고층아파트는 독일에서는 일반적인 주거지가 아니었다. 2017년 6월, 화재로 인해 수십 명이 사망한 영국 런던의 그렌펠 타워(Grenfell Tower)가 그 예이다. 그 건물은 24층으로 공공임대아파트였다. 그런 고층 건물은 주로 집단 거주나 난민 수용, 학생이나 노인을 위한 기숙사, 양로원 등 예외적인 주거 형태로 독일을 포함하여 유럽에서는 그렇게 많이 눈에 띄지 않는다. 과거 서독에 비해 경제적으로 어려웠던 동독은 충분한 주택공급을 위해 아파트를 많이 지었다. 실제로 동베를린 지역에 가면 지금도 대규모의 고층아파트를 많이 볼 수 있다.

고민 끝에 선택한 집은 기숙사!

우리 부부는 베를린의 여러 집을 구경했지만 쉽사리 결정을 하지 못했다. 대체로 가격 대비 살만한 곳이었지만, 집사람이 다른 것에 비해 집을 고르는 데는 신경을 많이 써서 아주 까다로웠기 때문이다. 결국 먼저 유학 왔던 후배의 소개로 아직 대학에 등록하지 않아도 입주가 가능한 사설 기숙사에 들어가게 되었다.

'에른스트-로이터-하우스(Ernst-Reuter-Haus, ERH)'라는 기숙사였다. 비록 전용면적이 28제곱미터로 매우 작은 집이었지만 깨끗하면서 깔끔하였고, 조그만 냉장고, 전자레인지 등이 갖추어져 있어서 바로 생활이 가능했다. 월세도 542마르크(당시에는 독일 마르크화를 사용, 1DM = 약 500~600원)로 그동안 보았던 집보다 저렴하였다. 이 기숙사는 2차 대전 후 베를린 시장이었던 '에른스트 로이터(Ernst Reuter)'를 기념하는 재단에서 운영하는 것이었다. 이 재단은 ERH 외에도 여러 동의 유사한 기숙사를 운영·관리하고 있었다. 독일에는 이처럼 공공성을 띠는 재단이 많이 있었다.

이 기숙사를 고른 것은 결과적으로 탁월한 선택이었다. 왜냐하면 여기에 들어가던 시점에 한국에서 아이엠에프(IMF) 외환위기 사태가 발생하여 환율이 2배까지 급등하였고, 이에 따라 한국에서 받는 돈이 반 토막으로 줄어들었기 때문이다. 또 이렇게 경제적으로 어려워지면서 얼마 후에는 도시를 옮겨가는 이사가 필요하게 되었다. 그래서 그나마 기숙사에 머문 것은 다행이었는데, 그것은 일반주택에 비해 기숙사는 들고나는 것이 간단하였고, 그에 따른 경제적 손실이 적었기 때문이다.

2

가족 수가 많아지면 주거공간도 넓어져야
- 독일의 자전거 문화, 사회주택

1997년 말 한국의 아이엠에프(IMF) 사태로 환율이 급등하면서 경제적 문제가 궁핍한 수준을 넘어서 고통을 가져다주었다. 장을 보지 못해 제대로 된 식사를 하지 못하고, 거의 거저라고 할 수 있는 밀가루를 가지고 일주일가량 수제비만 만들어 먹기도 했다. 주변에서 돈을 빌리기도 했지만, 한 번은 그마저도 똑 떨어져 끼니를 거르기도 하였다.

그래서 베를린을 떠나 독일 서쪽에 있는 뮌스터(Münster)라는 도시로 옮겨가기로 결정했다. 베를린에서는 매월 상당한 비용을 내야하는 사설 어학원을 다녀야 했는데, 뮌스터에서는 무료로 대학 내 어학코스를 다닐 수 있었기 때문이다. 또 그곳에서는 대학에서 운영하는 상대적으로 저렴한 기숙사를 이용할 수 있다는 점도 중요한 이유였다.

베를린은 비록 수도이기는 했지만 주로 정치와 문화의 도시라서 재정 사정이 좋지는 않았다. 그런 까닭에 대학에 외국 학생을 위한 독일어 초급과정이 아예 없었고, 중급과정만 개설했다. 하지만 경제적 형편이 나은 노르트라인-베스트팔렌(Nordrhein-Westfalen) 주(州)의 뮌스터 대학에서는 초급과정부터 개설하고 있었다. 독일에서는 교육 관련 사항이 획일적으로 똑같지 않았고, 16개 주 정부의 자치 권한에 속했다. 덕분에 교과과정이나 교육정책 등을 각 주별로 자율적으로 시행하고 있었다.

독일에서는 자동차보다 자전거가 우선!

뮌스터는 종교적으로 유서 깊은 역사를 가진 인구 30만 정도의 대학 도시로 약 4만 5,000명의 학생이 재학 중이었다. 특히 신학이 유명하여 신학을 공부하는 한국유학생이 많았다. 도시 중앙에는 둘레 길이가 2킬로미터가 넘는 아제(Aasee)라는 큰 호수가 있었다. 이곳은 독일에서 자전거를 많이 타는 도시로도 유명한데, 실제로 구석구석까지 자전거 도로가 잘 정비되어 있었다. 기숙사 주변에는 학생이 다른 도시로 옮겨가면서 버리고 간 소위 '자전거 무덤'이라는 곳도 있었다. 우리 부부도 거기서 쓸 만한 것을 찾아내 조립하여 도시 전체를 누비고 다녔다. 친환경 도시가 무엇인지를 제대로 느낄 수 있었다.

통상적으로 거리에서 보행자, 자전거 및 자동차가 동시에 움직일 때 누가 우선권을 갖는 게 가장 합리적일까? 독일의 거리를 관찰한 바에 따르면 자전거, 보행자, 자동차 순서라고 할 수 있다. 왜 그럴까 고민을 했었는데, 세 주체가 움직이다가 멈추었을 때 가장 불편한 측이 바로 자전거이기 때문에 그럴 것이라는 생각이 들었다. 그 다음은 당연히 보행자, 자동차 순이다. 그래서인지 자동차 운전자는 보행자보다 속도가 빠른 자전거의 움직임에 항상 주의를 기울이고, 대부분 반드시 양보했다.

쾰른의 한 숲에서 자전거를 타는 가족. ⓒ조성복

예를 들어 자동차와 자전거가 동시에 달리다가 자동차가 우회전하려는 경우, 자동차는 십중팔구 기다렸다가 달려오는 자전거를 보내고 지나간다. 그런데 어쩌다가 한 번씩 자전거보다 먼저 지나가려고 거꾸로 달려오는 자전거를 세우는 경우가 있는데, 이것은 독일 사회에서 대단히 몰염치한 처사이다. 이럴 때 다혈질의 자전거 이용자는 가운뎃손가락을 높이 치켜세우며 지나가는 운전자를 쏘아본다. 아마도 "x 먹어라!"는 뜻일 게다.

몇 해 전부터 한국에서도 자전거 열풍이 불어 많은 사람이 이용하고 있다. 한국에서는 자전거와 자동차의 우선순위가 어떨까 궁금했는데, 한동안 자전거를 많이 타면서 바로 현실을 알게 되었다. 만일 독일의 자전거 이용자가 우리 거리를 달린다면, 아마도 짐작하건대 어쩌다 한번이 아니라 계속해서 가운뎃손가락을 높이 치켜들고 다니게 될 것 같다.

독일에서는 일반도로에 자전거 도로가 따로 없을 경우, 자전거는 반드시 차도를 이용하도록 되어있다. 차도에 차량이 많아 자전거를 타기 어려울 경우에는 자전거에서 내려 보도에서 끌고 가면 된다. 예외적으로 아이들은 보도에서 자전거 타고 가는 것이 허용된다. 아마도 보행자의 안전을 생각해서 그렇게 한 것 같다. 실제로 베를린에 살 때 차도가 혼잡하여 자전거로 보도를 달리다가 경찰을 만난 적이 있었다. 이경우 10유로 정도의 벌금을 내야 한다고 했다. 다행히 그는 우리가 외국인이라 잘 몰라서 그랬을 거라며 주의만 주고 보내주었다.

공공임대주택도 너무 좁으면 안 돼

뮌스터에서는 12제곱미터 크기의 작은 기숙사 방을 하나 받았는데, 한 달에 265마르크(약 13만 원)를 냈다. 주방과 화장실은 같은 층의 여러 학생과 공동으로 사용하였고, 방에는 침대 겸용 소파, 책상, 책꽂이, 개수대가 구비되어 있었다. 또 대학에서 무료로 운영하는 어학코스에 다니게 되었고, 학생 신분이 되면서 교통비가 저절로 해결되어 한 달 비용이 베를린과 비교해 절반 이하로 줄어들었다.

대학생은 학교에 등록하면 '학기티켓(Semesterticket)'을 받았는데, 그러면 한 학기 동안 버스나 전철, 그리고 주변 도시까지 일정 범위 내의 기차 등의 대중교통을 무한정으로 이용할 수 있었다. 이것은 특권을 주는 것이 아니라 대학생을 사회적 약자로 보기 때문이다. 이에 대한 비용으로 해당 지역의 크기와 재학생 수 등을 감안하여 학교에 등록한 모든 학생이 매 학기 약 100~150유로를 냈으니 아주 공짜는 아니었다.

이사를 하면 구청에 신고해야 하는데, 불가피하게 집사람의 주거지

퀼른대학의 학생증 겸 학기티켓(Semesterticket).
ⓒ조성복

를 다른 곳에 두어야 했다. 그 기숙사 방에는 한 사람만 살 수 있고, 그래서 한 사람밖에 등록할 수 없다고 했기 때문이었다. 처음에는 무슨 이런 규정이 있나 의아했지만, 나중에 그것이 옳다는 것을 절감했다. 왜냐하면 이곳에 사는 몇 개월 동안 독일에 살던 다른 기간과 비교하여 집사람과 가장 많이 다투었기 때문이다. 결국 인간이 적당한 공간을 확보하지 못하면 스트레스가 많이 생긴다는 것을 직접 체험한 셈이었다. 실험을 해보면 알겠지만, 좁은 공간에 많은 사람이 같이 있으면 반드시 싸우게 되어있다.

나중에 사회적 약자가 사회주택(Sozialwohnung, 우리의 공공임대주택과 유사함)에 들어갈 때에도 일정한 제한이 있다는 사실을 알게 되었다. 예를 들어 면적이 40제곱미터 이하인 집에는 독신인 경우에만 입주가 가능했다. 가족의 수가 많아지면 들어갈 집의 면적도 당연히 커졌다. 즉, 돈이 없으니 좁더라도 싼 집에서 살겠다는 것이 사회적으로 허용되지 않는다는 것이다. 가난한 사람이라 하더라도 인간의 존엄성을 헤칠 수 있는 상황에 내몰아서는 안 된다는 취지이리라.

그런데 한국에서는 공공임대주택의 입주자를 선정할 때, '다자녀 우선'이라는 기준에 따라 5~6명의 가족을 49~59제곱미터의 조그만 집에 우선적으로 배정하고 있다. 그것조차도 감지덕지 하라는 뜻일까? 우리는 왜 독일과 같은 기준을 갖지 못하는지, 그러한 결정은 누가 하는 것인지 궁금하다. 최소한 다자녀 우선을 기준으로 작은 집에 많은 식구를 배정하는 것은 반드시 재고되어야 한다.

3

전세제도 없는 독일에서의 월세 체험
- 독일의 월세제도

독일인에게 전세제도 설명했더니... 고개만 갸우뚱

뮌스터에서 어학을 마치고, 쾰른에 정착하여 기숙사에 살다가 공공임대주택(사회주택)을 받아 독일에 와서 처음으로 일반 집에 살게 되었다. 나중에 학업을 마치고 베를린의 대사관에서 근무할 때에는 정상적인 급여를 받았기 때문에 더 이상 사회주택 신청자격이 없어서 보통 주택을 얻어 살았다.

독일에서는 재산이 없고 소득이 많지 않거나, 장애가 있거나 또는 실업자인 경우, 독일 국적이 아니더라도 누구나 공공임대주택을 신청하여 받을 수 있다. 여기에 들어가기 위해서는 간단히 말해 사회적 약자임을 증명하는 WBS(거주권 증명서)가 있어야 한다. 이것은 해당 구청에 소득증명서 등 10여 가지가 넘는 서류를 제출하여 심사를 거친 후에 받을 수 있다. 대신 이것을 받아 사회주택에 들어가면 일반주택과 똑같은 집인데도 불구하고 훨씬 적은 월세를 내고 살 수 있다.

이외에도 가난한 사람을 위한 주거정책으로 소득이 부족한 사람을 위해 매월 집세의 일부를 지원해주는 '집세보조금(Wohngeld)' 제도가 있다. 과거 서독 지역에서는 1965년부터, 동독 지역은 통일 후 1991년 부터 이 제도를 시행하고 있는데, 다만 이 지원을 받기 위해서는 법에 규정된 조건을 충족해야 한다.

독일에는 전세제도가 아예 없다. 모든 임대방식은 월세로만 존재한다. 가끔 독일 친구를 비롯하여 외국인 친구에게 우리의 전세제도를 설명하면 아주 희한하게 생각하였다. 특히 전세를 살다가 나갈 때 전세금을 모두 돌려받는 것에 대해서는 다들 도저히 이해할 수 없다는 표정을 짓곤 하였다. 이런 점을 본다면, 전세제도는 우리나라에만 있는 아주 예외적인 것이라고 할 수 있겠다.

과거 급속한 경제성장과 인플레를 경험하면서 집값이 계속해서 오르고, 전반적으로 자본이 부족하여 이자율이 높았을 때에는 전세제도가 가능하였고, 나름대로 잘 작동하였다. 그러나 부동산 가격이 계속 내려가고 있고, 자본이 풍족하여 저금리 현상이 지속되면서 이 제도는 이제 한국에서도 더 이상 지탱하기 어려워 보인다.

월세가 불쌍하다고? 독일에선 일반적!

독일에서 집을 구하는 방법을 소개하면 다음과 같다. 먼저 여러 가지 지역신문의 임대광고나 인터넷 임대사이트를 이용해서 원하는 장소와 가격대의 집을 찾는다. 물론 부동산 중개업소를 찾을 수도 있겠지만, 중개업소가 우리처럼 많이 눈에 띄지는 않았다. 괜찮아 보이는 집을 발견하면 미리 약속을 하고, 직접 방문하여 둘러볼 수 있다. 집이 마음에 들면 계약 의사를 밝히면 된다. 가끔 내놓은 집의 조건이 좋아 희망자가 많을 경우에는, 거꾸로 임대인이나 임대회사가 입주자를 선택하기도 한다.

집의 규모가 크고 월세가 비싼 집은 주로 부동산 중개업자를 통하는 데, 일반주택의 경우에는 보통 그 주택을 관리하는 회사가 임대 절차도 맡아서 한다. 또는 드물게 집주인이 직접 광고를 내기도 한다. 부동산 중개수수료는 대개 2~3개월 치의 월세에 해당하는 금액을 요구한다. 이것이 부담스러울 경우, 사전에 수수료가 없는 집을 고르면 된다. 일반적으로 이런 내용이 부동산 광고에 들어있기 때문에 자신이 선택할 수 있다. 그밖에 임대차 계약서를 쓰기 전에 임대회사는 세입자의 소득증명을 요구하기도 한다.

임차인은 계약서를 쓰고 입주하면서 임대 회사에

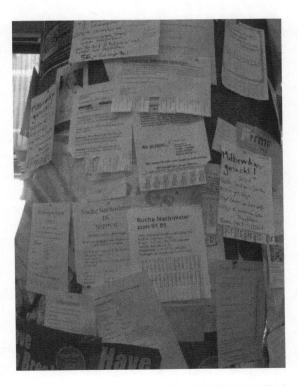

대학가에서 쉽게 볼 수 있는 집이나 기숙사의 임대차 광고. 보통 몇 일자로 '후계 임차인(Nachmieter)'을 구한다는 광고가 제일 많다.
ⓒ조성복

Suche Nachmieter zum 01.05.

Helle Zweizimmeraltbauwohnung mit
KDB in Zollstock, 47qm,
€ 452,- + € 100,- NK; WG geeignet.
10 Minuten bis zur Uni.
Nachmieter zum 01.05. gesucht.
Anfragen sehr gern auch per Email!

0221-3508295 Zangl@gmx.de

5월 1일자로 후계 임차인을 구한다는 임대차 광고인데, 쫄스톡
(Zollstock)에 위치한 집으로 방 2개, 넓이 47제곱미터, 월세 552유
로, 대학까지 10분 거리, 주거공동체(WG)에 적당하다는 등 주요 조
건을 소개하고, 전화번호와 이메일 주소가 들어 있다. ⓒ조성복

통상적으로 월세 2~3개월 치에 해당하는 '임대보증금(Kaution)'을 내야 한다. 이것은 우리의 보증금과 비슷한 것이나, 그 성격은 조금 다르다. 이 돈은 주로 세입자가 나갈 때 집의 상태가 들어올 때와 다를 경우, 그것에 대한 수리비용으로 쓰인다. 집에 하자가 없으면 당연히 전액을 돌려받는다. WBS를 받은 공공임대주택의 경우에는 이 임대보증금을 구청에서 대신 부담하도록 신청할 수 있다.

세입자는 나갈 때 집의 상태를 처음 집을 받았을 때와 똑같이 해놓아야 한다. 반대로 손보지 않은 상태의 집을 받았을 때는 스스로 정리하여 살고, 나갈 때는 그냥 부담 없이 가면 된다. 또 "몇 년에 한 번씩 벽을 칠해야 한다, 무엇을 교체해야 한다." 등의 내용이 계약서나 집

2005년 여름, 유학생활에 많은 도움을 주었던 미하엘(Michael) 및 그의 부모와 한 식당에서.
ⓒ조성복

관리 규정집에 들어있다. 대부분의 집이 이런 방식으로 엄격하게 관리
되기 때문에 쉽게 낡지 않고 항상 새집처럼 유지되는 것 같았다.

쾰른에서 집을 받았을 때는 후자의 경우였다. 방의 벽지는 낡았고,
거실 벽도 오랫동안 방치해서 심란했으며, 부엌에는 싱크대조차도 없
었고, 심지어 전구도 달리지 않아서 전반적으로 손을 봐야 하는 그런
상황이었다. 인건비가 비싸서 이를 어쩌나 엄두가 나지 않았었는데,
미하엘(Michael)이라는 친구가 자기 아버지와 함께 여러 가지 도구와
장비를 가지고 와서 모든 것을 해결해 주었다. 임대관리회사가 화장
실이 오래되어 보수를 해준다고 했는데, 입주 전에 공사가 끝나지 않
아 입주한 후에도 2주일가량 고생을 했다. 대신 첫 달치 월세는 절반
만 청구되었다.

반대로 베를린에서 집을 얻었을 때는 모든 것이 완벽하여 청소조차
도 크게 필요치 않았다. 대신 그 집에서 나올 때는 다시 완벽하게 해

놓느라고 상당한 비용을 부담해야 하였다.

  우리의 경우 옛날 사글세의 경험 때문인지 모르겠으나, 월세를 산다고 하면 아직도 측은하게 보는 사회적 시선이 남아있는 것 같다. 물론 최근에 보이는 고가 월세의 경우는 예외로 해야겠지만. 하지만 요즘같이 아파트 가격의 거품이 꺼지면서 전세금을 날리는 경우가 종종 생겨나는 것을 보면, 전세보다 월세가 훨씬 더 합리적인 제도라는 것을 알 수 있다. 물론 월세가 크게 오르지 않아야 하고, 자주 이사 다니는 번거로움이 없어야 한다는 전제가 필요하겠지만 말이다. 독일에서는 그러한 걱정이 없다.

집 살 필요 없는 독일

- 독일의 세입자 보호대책

계약서에 임대기간이 없다

쾰른과 베를린에서 집을 구하고 각각 임대차 계약서에 서명을 하면서 가장 놀라웠던 점은 바로 계약서에 임대기간이 없다는 사실이었다. 따라서 임대인은 기간만료를 이유로 세입자를 내보낼 수 없다. 다시 말해, 세입자는 본인이 원한다면 언제까지라도 그곳에 살 수 있다는 말이다. 매월 월세만 제대로 내면 내 집이나 다름이 없었다. 우리처럼 2년에 한 번씩 불필요하거나 원치 않는 이사를 하지 않아도 된다는 얘기다. 그 집에서 나가고 싶으면, 통상적으로 이사 나가기 3개월 전에 통보하면 된다.

우리와 너무 달라 관련된 내용을 찾아보았더니, 세입자의 권리를 보다 강화하기 위해 계약서에 임대기간을 쓰지 못하도록 2001년에 민법을 개정한 것이었다. 계약서에 임대기간을 쓸 경우에는 반드시 그 이유(예를 들어, 세입자의 요구에 의해)를 명시하도록 하였다. 그렇지 않을 경우 임대차 계약은 자동으로 무기한으로 연장되었다. 따라서 일반 서민은 굳이 무리해서 집을 사야 할 필요성을 느끼지 않게 되었다.

임대인은 세입자를 함부로 내보내지 못하는 대신, 경제 변동이나 주변 시세에 따라 월세를 인상할 수 있다. 하지만 이것도 법으로 명시된 규정의 경우에만 가능하다. 가장 흔한 인상의 이유는 집을 보수하여 비용이 들어갔을 때인데, 보통 이를 다음 연도 월세에 반영하였다. 또한 그동안 인상의

독일의 일반적 임대차 계약서. 첫째 쪽 § 2. Mietzeit(임대기간) 항목의 첫줄에 "임대관계는 계약한 특정일에 시작하여 무한정으로(auf unbestimmte Zeit) 한다."고 되어 있다. ⓒ조성복

주요 근거가 되었던 관리비용의 상승은 2001년의 법 개정으로 이제 더 이상 인상 요인이 될 수 없게 되었다.

월세 인상을 법으로 제한, 5년간 5유로 올라

독일의 민법 558조에 따르면, 임대인은 월세를 3년간 20퍼센트 이상 올리지 못하도록 하였고, 동시에 도심과 같이 집이 부족한 인구과밀지역

의 경우에는 3년간 15퍼센트 이상 인상하지 못하도록 했다. 2013년 18대 총선 후 대연정 협상에서도 이러한 월세 인상 관련 사항은 보다 강화되었다.

집주인이 새로이 임대할 경우, 월세를 주변 시세보다 10퍼센트 이상 올리지 못하도록 제한하였다. 집의 보수비용을 임대료에 부담시킬 경우에도 그 인상분이 월세의 10퍼센트가 넘지 않도록 하고, 또 그 보수비용을 다 상쇄했으면 월세는 다시 이전으로 되돌리도록 했다. 그리고 부동산 중개수수료는 주로 집주인이 부담하도록 하였다. 그 밖에도 공공임대주택에 2019년까지 연간 5억 1,800만 유로씩 투자하기로 결정했으며, 집세보조금도 인상하기로 합의하였다.

실제로 쾰른에 살 때 월세가 2003년에 386유로, 2년 후에 389유로, 다시 391유로로 인상되었는데, 5년 동안 5유로가 오른 셈이었다. 이는 무엇보다 물가가 안정되어 있기 때문에 가능한 일이라고 볼 수 있다. 독일에서는 특별한 일이 없는 한 물가인상률이 연간 1~2퍼센트에 불과하였고, 그 인상 요인도 유가 상승이 그 주된 이유였다. 어떤 해에는 0퍼센트를 기록하기도 하였다.

세입자 보호를 위한 2001년 독일의 법 개정은 대체로 옳은 방향이며, 우리도 그러한 제도의 도입을 적극적으로 검토해야 한다고 본다. 다만 월세 인상의 억제와 관련해서는 좀 더 많은 논의가 필요한 것 같다. 우리의 경우에는 아직 물가상승률이 독일에 비해 높은 상황인데, 다른 부분은 그대로 방치한 채 월세만 오르지 못하도록 하는 법을 만든다면, 상대적으로 많은 빚을 떠안고 집을 산 사람은 일방적으로 손해를 볼 수도 있기 때문이다. 따라서 각 임대인의 재산상태를 감안하여 임대소득에 대한 세금을 강화하고, 이를 토대로 형편이 어려운 임차인에게는 '집세보조금' 지급 등 지원제도를 활성화하는 것이 합리적이라고 생각된다.

부동산, 투기대상 아니다

2006년 기준 독일에는 약 3,600만 채의 집이 있다. 그중에 자가소유주택은 약 1,500만 채로 42퍼센트를 차지하였으며, 임대주택은 약 2,100만 채로 58퍼센트에 달하는 것으로 나타났다. 이 가운데 공공임대주택(사회주택)은 1987년까지만 해도 약 390만 채(전체 주택의 약 11%, 임대주택의 18.5%)에 이르렀으나, 매년 조금씩 감소하여 2001년 말에는 약 180만 채(전체 주택의 5%, 임대주택의 8.5%)로 줄어들었다. 2006년 기준 베를린의 사회주택 비율은 서베를린 지역이 9퍼센트, 동베를린 지역은 24퍼센트를 기록하였다.

독일에서는 부동산을 투기대상으로 보지 않는다. 물가가 안정되어 있어서 부동산 가격이 오를 것이라고 생각하지 않기 때문이다. 예를 들어 산별 노조의 본부가 여러 도시에 나누어 위치하듯이 연방의 주요 기관, 대학, 기업, 사회단체가 나라 전체에 골고루 분산되어 자리하고 있어서 인구가 한곳으로 몰리지 않는다. 특히 대학에 서열이 존재하지 않고, 고등학교도 평준화되어 있어서 우리처럼 자녀교육을 위해 이사할 필요가 없다. 따라서 특정 지역의 집값이나 월세가 특별히 오를 이유가 없는 것이다.

실제로 독일 통일 이후 수도를 본(Bonn)에서 베를린으로 다시 옮겼

동베를린 지역에 있는 낡은 건물들을 활용한 갤러리. ⓒ조성복

음에도 불구하고 베를린의 집값은 처음에는 크게 오르지 않았다.[*] 그
것은 국가 전체가 고르게 발전되고 있기 때문이다. 이처럼 낮은 월세
와 저렴한 물가는 세계의 젊은이를 이곳으로 불러들이는 역할을 하고
있다. 특히 젊은 예술인이 과거 동베를린 지역으로 몰려들고 있다고
한다. 문화의 도시로서 베를린의 면모가 그 역동성을 확보한 것이다.
그래서 수많은 전시회, 연주회 등이 넘쳐나고, 더불어 해마다 찾아오
는 여행객의 수가 늘고 있어서 관광도시로서의 명성이 급격하게 올라
가고 있다.

　어쩌면 '창조경제란 바로 이런 것이 아닐까?'하는 생각이 든다. 그
런데 우리는 해외의 유능한 젊은이를 불러들이는 것은 고사하고, 비
싼 월세와 높은 물가 때문에 이 땅에 사는 젊은이에게조차도 그 어떤
'창조의 기회'를 주지 못하고 있다. 오히려 값싼 아르바이트의 고통만
안기고 있는 상황이다. 무엇인가 정책의 방향이, 자원의 배분이 크게

---

[*] 2017년 독일 출장 중 대사관의 옛 동료로부터 들은 바에 의하면, 최근에는 베를
린의 집값이 가파르게 오르는 중이라고 한다.

잘못되고 있음이 분명하다.

부동산 가격의 안정화 방안

결론적으로 부동산 가격을 안정시키는 방법은 우리나라처럼 정부가 수시로 내놓는 단기적 처방에 있는 것이 아니라, 장기적으로 독일과 같이 인구와 자원을 골고루 분산시키는 분권형 시스템을 구축하는 것이다. 이를 위해 가장 시급한 일은 교육, 경찰, 조세 징수 등의 분야에 대한 중앙정부의 권한을 대폭 지방으로 이전하여 각 지방자치단체의 권한을 강화하는 데에 있다고 생각한다.

이와 더불어 '보유세'를 인상하여 부동산에서 발생하는 과도한 불로소득에 제재를 가하는 방법도 가격 안정에 도움이 될 것이다. 또 양도소득세를 완화하여 매매를 활성화함으로써 부동산을 사고자 하는 사람과 팔고자 하는 사람의 욕구에 부응해야 한다. 이는 흔히 생각하는 것처럼 투기를 조장하는 것이 아니라 시장의 활성화에 도움이 될 것이다. 즉, 보유세는 올리고, 양도세는 내리는 방향으로 부동산 정책이 집행되어야 한다. 이러한 정책은 기업이 소유하고 있는 부동산에도 똑같이 적용되어야 한다. 그래야 기업이 자신의 부동산을 투기 목적으로 사들여 방치하지 않고, 그것을 어떻게든 활용하려고 함으로써 경제 활성화에도 도움이 될 것이기 때문이다.

시민 단체 '토지정의시민연대'의 〈토지+자유 연구소〉의 조사결과에 따르면, 2015년 기준 한국에서 극소수 재벌과 부자가 부동산의 매매와 임대를 통해 연간 300조 원 이상의 돈을 번다고 한다. 돈이 돈을 버는 이 불로소득의 규모는 국내총생산(GDP)의 약 25퍼센트에 육박하고 있다. 일반 노동자 수입의 전체 규모가 GDP의 약 44퍼센트인 점을 감안한다면 이 부동산 불로소득의 규모는 실로 엄청난 것이다.

우리의 보유세 실효세율은 0.15퍼센트로 선진국의 1/6 ~ 1/7 수준에 불과하다. 국내총생산 대비 보유세 규모도 우리가 0.78퍼센트에 불과한데 반해, 미국은 2.62%, 프랑스 2.60%, 영국 3.13%, 캐나다 3.20%이고, OECD 국가의 평균은 1.10%에 달한다고 한다. 이와 같이 부동산과 관련된 문제는 우리 사회의 양극화 현상을 심화시키는 가장 중요한 원인이 되고 있다.

5

베를린 한복판의 공공임대주택 보고 놀란 사연
- 독일의 주택정책

퀼른대학에서 박사학위를 받고, 2008년 초부터 베를린에 있는 한국 대사관에서 일하게 되었다. 베를린 중앙지역에 운터미테(재임차)로 머물면서 입주할 집을 찾았다. 집을 고르는 데 까다로운 집사람 때문에 이번에도 역시 여러 곳의 집을 구경했다. 그러다가 결국 주거공간은 크지 않지만 깨끗하고 주변 환경이 좋은 곳을 선택하였다.

다양한 크기의 집이 섞여 있는 5층 연립주택의 3층이었는데, 49제곱미터인 면적에 비해 월세가 648유로(약 90만 원)로 상당히 비싼 편이었다. 하지만 집이 깔끔했고, 무엇보다도 그 위치가 그동안 살아본 가운데 가장 훌륭하였다.

베를린에 마련한 새집... 출근길에 만난 장관과 인사도

미국 뉴욕 맨해튼의 '센트럴 파크(Central Park)'와 유사하게 베를린 한가운데에도 '티어가르텐(Tiergarten: 원래 동물원 또는 사냥터라는 뜻임)'이라는

베를린 티어가르텐 지역에 있는 저자가 살았던 집. 사진의 왼편이 숲의 끝자락이다. ⓒ조성복

여의도 면적의 4분의 1 정도 되는 커다란 숲이 있다. 우리 집은 그 숲의 남서쪽 끝자락에 붙어 있었다. 집을 나서면 바로 그 숲으로 들어갈 수 있었고, 매일 출퇴근하는 한국대사관은 걸어서 5분 거리에 있었다.

그 대사관이 위치한 길을 따라 이 숲의 남쪽 도로변으로 '콘라드 아데나워' 재단, 이태리, 일본, 인도, 스칸디나비아 3국 등의 대사관이 줄지어 있었다. 아데나워 재단에서 조금 떨어진 곳에는 커다란 배 형상을 한 기민당(CDU) 당사가 위치하고 있는데, 슈퍼마켓에 장 보러 갈 때마다 매번 그곳을 지나다녔다.

티어가르텐의 끝자락에서 조금 남쪽으로는 과거 베를린의 동서 분단 현장이었지만 지금은 '소니센터' 등으로 관광의 명소가 된 포츠담 광장이 있다. 그곳에서 다시 숲을 따라 조금 더 올라가면 상당히 넓은

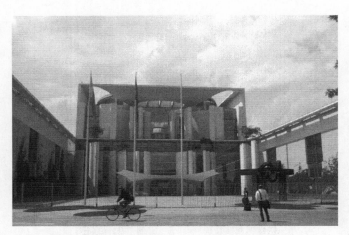

베를린 연방총리실 전경. ⓒ조성복

공간에 2차 대전 때 학살당한 600만 유대인을 추모하기 위한 '홀로코스트(Holocaust)' 기념 조형물과 지하 박물관이 있다.

그 옆에는 미국 대사관이 있고, 그 건물 앞에는 독일의 상징으로 불리는 '브란덴부르크 토어(Brandenburg Tor)'가 있는데, 파리의 개선문과 유사하다. 이 자리가 티어가르텐의 북동쪽 끝인데, 그 주변에 영국, 프랑스, 러시아 대사관 등이 자리하고 있다.

그 토어와 조금 떨어진 곳에는 과거 제국의회(Reichtag) 건물이 지금은 연방하원(Bundestag/분데스탁)으로 바뀌어 자리하고 있다. 그 앞은 상당히 넓은 잔디밭이 펼쳐져 있는데, 평일에는 이 건물을 견학하려는 관광객의 줄이 길게 늘어서 있고, 주말에는 시민의 휴식처가 된다.

이 광장과 이어져 있는 반대편에는 우리 청와대와 같은 기능을 하는 연방총리관저(Bundeskanzleramt)가 있는데, 한 가지 눈에 띄는 점은 그 주변에 특별히 경비원이 보이지 않는다는 것이다. 이따금 제복을 입은 경찰이 순찰을 위해 지나다니는 것을 보았을 뿐이다. 그런데 그것도 순찰이라기보다는 그냥 그곳을 지나는 관광객에게 길을 안내하는 정도였다. 군중이 모여 시위를 하기에 적당할 것 같은데, 거기서 데모하는 모습을 본 적은 없다.

이곳과 멀지 않은 곳에는 통일 후 새로 건설한 베를린 중앙역이 보인다. 이 티어가르텐의 북쪽으로는 슈프레(Spree) 강이 흐르고 있는데, 본에서 수도를 옮겨 오면서 그 강가에 연방총리관저를 새로 지은 것이었다. 이 강은 한강에 비하면 정말 보잘것없이 작았지만 여름에는 유람선이 다녔다. 이 강을 따라 쭉 내려오다 보면 이 숲의 중앙 북쪽에 연방대통령의 관저가 있다. 이 관저 앞 도로 건너편 숲에서는 여름철에 고기를 구워먹을 수 있다. 여기는 티어가르텐에서 그릴이 허용되는 유일한 곳이었다.

이 숲의 남서쪽 끝에는 베를린 동물원이 있는데, 그 동물원의 끝자락이 우리 집과 조그만 길 하나 건너에 있었다. 창문으로 말, 타조 등 몇몇 동물이 보이고 여름에는 간간이 그 녀석들의 오물 냄새를 맡아야 했다. 그 동물원 옆 한쪽 편으로는 스페인 대사관이 자리하고 있다. 그 앞에는 제법 커다란 호수가 있어서 뱃놀이를 할 수 있고, 여름에는 비어가르텐(Biergarten, 야외 맥줏집)이 만들어진다. 여기와 반대편인 동물원의 입구 쪽에는 같은 이름의 기차역이 있는데, 통일 이전에는 서베를린에서 제일 큰 역이었다.

이곳은 베를린의 중심부이며, 주변에 각국의 대사관 및 연방부처도 많이 자리하고 있어서 교통의 요지라고 할 수 있다. 그래서인지 한번은 대사관에 걸어서 출근하다가 집에서 나오던 슈타인브뤽(P. Steinbrück, 18대 총선에서 사민당 총리후보) 당시 연방재무장관을 만나 인사를 나누기도 하였다. 그는 원래 독일 중서부에 위치한 노르트라인-

베스트팔렌 주 총리 출신으로 그의 가족은 여전히 그쪽에 살고 있는데, 연방장관직을 수행하기 위해 베를린에 집을 얻어 혼자 머물고 있었다.

2008년 말 오바마가 대통령이 되기 직전, 선거 유세차 베를린을 방문했을 때 연설을 했던 곳이 우리 집에서 걸어서 10분 거리에 있는 티어가르텐의 좌측 중앙에 위치한 '승리의 탑(Siegessäule)'이라는 곳이었다. 당시 그 연설을 직접 보기 위해 집을 나섰으나, 미리 찾아온 수많은 인파 때문에 도저히 접근할 수가 없었다. 결국 집으로 되돌아와서 텔레비전으로 보았던 기억이 있다.

베를린 중심부 공공임대주택... 겉으로 표시 안 나

겨울철을 제외하고는 특별한 일이 없으면 거의 매일같이 브란덴부르크 토어까지 조깅이나 산책을 했다. 베를린 살던 집에 대해서 길게 이야기했는데, 한마디로 요약하면 월세가 비싸고 좋은 집이 모여 있는 괜찮은 동네라는 말이다.

그러던 어느 날, 산책을 위해 집을 나서다가 현관 앞 게시판에서 우연히 단지 내 임대공고를 보게 되었다. 그러지 않아도 집이 약간 좁은 듯하여 좀 더 큰 집으로 옮겼으면 하는 바람이 있었는데, 마침 우리 집의 2배도 넘는 집이 아주 헐값에 나온 것이었다. 우리 부부는 눈을 반짝이며 이게 웬 떡이냐는 표정으로 기뻐하였다. 그런데 아무래도 월세가 너무 싼 것 같아서 좀 더 자세히 읽어보자고 들여다보다가, 이 집에 들어가려면 WBS(거주권 증명서)가 필요하다는 것을 발견하였다.

그 집은 바로 사회주택이었던 것이다. 이처럼 좋은 환경에 그런 주택이 있으리라고는 전혀 상상하지 못했는데, 그 생각은 틀린 것이었다. 이처럼 독일의 공공임대주택은 겉으로 전혀 표시가 나지 않았다. 대체로 일반주택 사이에 똑같이 섞여 자리하고 있어서, 당사자가 굳이 말하기 전에는 알 수 없게끔 되어있었다.

그런데 우리의 경우에는 확실하게 한 눈에 공공임대주택임을 알아볼 수 있도록 짓는다. 그래서 아파트 사이에 철조망이 쳐지기도 하고, 아이들 사이에 같이 놀지 말라는 말이 나오기도 한다. 또 큰 평수는 짓지도 않는다. 아직 33평형 공공임대주택이란 말을 들어보지 못한 것 같다. 언제쯤 이런 점이 개선될 수 있을 것인지, 또 강남 한복판이나 부자 동네에도 공공임대주택이 섞여 있게 될는지 궁금하다.

안정적 주거가 가능한 이유

독일에서 안정적인 주거가 가능한 이유는 물가가 안정되어 있어서 부동산 가격에 거품이 없고, 투기대상이 되지 않아 집값이 안정되어 있기 때문이다. 또 세입자를 보호하기 위하여 임대차 계약서에서 아예 임대기간을 없애서 원하는 만큼 살 수 있도록 한 점과 월세의 인상을 엄격하게 제한하고 있다는 점도 누구나 안정적인 주거가 가능하도록 하는 중요한 요인이다.

그밖에 사회적 약자를 위해 정부를 비롯한 많은 사회 및 종교단체, 협동조합 등이 다양한 형태의 사회주택(공공임대주택)을 짓고 운영하고 있는 것, 그리고 수입이 적은 사람을 위해서는 '집세보조금'을 지원하여 집을 줄여 가거나 조건이 안 좋은 집으로 옮겨가야 하는 것을 사전에 예방하는 것도 구성원 모두에게 안정적인 삶을 보장하는 장치라고 할 수 있겠다.

끝으로 건물마다 반드시 하우스마이스터(건물관리인)를 두어 모든 시설물을 제대로 관리하고 보수하는 점도 항상 쾌적한 주거를 가능케 하는 중요한 요인이라고 생각한다.

보다 정확한 것은 자료를 좀 더 찾아보아야겠지만, 그냥 대충 보기에는 재산과 소득 등을 감안할 때 전반적으로 한국의 집값이 독일보다 많이 비싸다는 느낌을 받는다. 만약에 우리의 집값이 적절한 것이라고 가정한다면, 그렇다면 우리는 무엇인가 크게 손해를 보고 있는 것이다. 왜냐하면 같은 비용으로 우리는 독일보다 훨씬 더 열악한 집이나 환경에서 살고 있기 때문이다.

예를 들어 서울에서는 10억~20억을 가지고 겨우 강남의 조그만 아파트에서 사는 정도인데, 그 돈이면 베를린에서는 아주 근사한 저택을 하나 장만할 수 있다. 그리고 거기서 만들어지는 삶의 질 차이는 도저히 비교가 불가능한 것이기 때문이다.

제 4 장

독일의 복지제도

어떤 경우에도 최소한의 인간다운 삶이 보장되는 사회

1

복지사회란 무엇인가?
- 복지사회의 의미

혹시 어렸을 때 학교에서 서구 선진국은 이기심이 강한 '개인주의 사회'이고, 한국은 이웃과 정이 두터운 '공동체 사회'라고 배우지 않았었는가? 그때 배운 것에 대한 기억을 더듬어 보면, 그들은 공동체에는 관심이 많지 않고 개인만을 중시하는 반면, 우리는 옛날부터 계(契), 두레 등 서로 돕는 정신이 충만하여 개인보다 공동체를 중시한다고 했던 것 같다. 그런데 오랫동안 독일에서 살아보니 '이 말이 과연 맞는 것인가?' 하는 의문이 들었다. 이와 동시에 도대체 어떤 사회가 진정한 '공동체 사회'인지도 궁금해졌다.

장애인 문제

독일에 가서 그곳에 어느 정도 정착하면서 느낀 점 중의 하나는 거리에 장애인이 많이 보인다는 것이었다. 동시에 버스, 지하철, 기차 등의 대중교통이나 학교, 관청, 식당, 박물관 등 가는 곳마다 이들을 배려하는 시설이나 장치가 눈에 띄었다. 대부분의 장소는 그들이 이용하는 데 불편함이 없도록 되어있다는 것을 알 수 있었다. 그래서인지 장애인이 한국보다 훨씬 더 많다고 느껴졌다. 처음에는 '독일이 그래도 선진국인데 왜 이렇게 장애인이 많은 것일까?' 하고 의아해하기도 하였다.

그러다가 시간이 지나면서 스스로 그 이유를 깨닫게 되었다. 아, 독일에서는 장애인이 자유롭게 나다니는 것이구나! 이 사회에 장애인이 특별히 많은 것이 아니라 그들이 일반인과 별 차이 없이 생활한다는 사실이었다. 그래서 눈에 많이 뜨였던 것이다. 반대로 한국의 거리에서 장애인을 자주 볼 수 없었던 것은 특별히 그들의 수가 적어서 그런 것이 아니라 주로 집안에만 있기 때문이다.

노인 문제

이와 비슷하게 한 가지 더 눈에 띈 점은 가는 곳마다 노인이 많다는 것이었다. 이들을 위한 주택, 옷가게, 레스토랑, 공연, 여행상품 등을 곳곳에서 볼 수 있었다. 이것은 노인이 경제적으로 여유가 있고, 소비계층으로서의 역할이 크다는 방증일 것이다. 우리보다 일찍이 연금제도가 발달한 덕분에 독일의 노인은 상대적으로 훨씬 더 풍요로운 삶을 누리고 있었다. 그 증거는 독일 사회 어디를 가든지 노인이 일하는 모습을 찾아보기가 쉽지 않았기 때문이다.

특히 기차역이나 전철역 앞, 또는 대형마트 주변이나 주요 거리의 도로변 등에서 먹을거리나 소소한 물건을 파는 노인이 눈에 띄지 않았다. 동네 가게에서 폐지를 줍거나 빈 병을 모으기 위해 손수레를 끄는 노인을 본 적도 없다. 간혹 일하는 노인이 있기는 하지만, 그것은 예외적인 경우였다.

의료 문제

우리의 경우 멀쩡하게 잘 살다가도 본인 자신이나 식구 중에 누군가 '암'과 같은 큰 병에 걸리면 가족 전체가 나락의 길로 떨어진다. 갑자기 큰돈이 들어가기 때문에 빈곤층은 말할 것도 없고, 웬만큼 사는 사람도 살던 집을 내놓든지 하여 정상적인 삶이 무너진다. 그래서 아파도 병원에 가지 않고 참거나, 돈이 많이 들 경우에는 치료를 포기하기도 한다. 점차 건강보험이나 복지체계의 보강으로 조금씩 나아지고 있기는 하지만, 아직도 어디가 크게 아플 경우 우리의 삶은 곤경에 빠지게 되는 것이 현실이다.

하지만 독일에서는 어디가 아프다는 이유로 자신이나 가족의 삶이 망가지는 일은 없다. 갑자기 병에 걸리더라도 돈이 없어서 참아야 하거나 치료를 포기하는 경우는 드물다. 건강보험에 가입했을 경우, 암을 비롯하여 아무리 큰 병에 걸리더라도 병원에서 치료를 받는데 거의 돈이 들지 않기 때문이다. 비록 우리와는 달리 대부분이 비싼 보험료를 부담해야 하지만, 그 대신에 아프기 때문에 정상적인 삶이 몰락하는 경우는 없다.

실업 문제

일자리를 잃는 것은 누구에게나 감당하기 어려운 커다란 시련이다. 우리의 경우, 구조조정에 의한 대량해고를 반대하는 노동자의 데모는 마치 사활을 건 투쟁처럼 대단히 치열하고 격렬하다. 그런데 독일에서는 과거에는 그랬을지 모르지만 이제는 그와 같은 상황에서도 그렇게까지 과격하지는 않다. 시위문화에 차이가 존재함을 분명히 느낄 수 있다.

그러나 이를 단순히 국민성이나 노사관계 문화의 차이 때문에 그렇다고 할 수는 없다. 그런 해석은 잘못하면 본질을 호도할 수도 있기 때문이다. 독일에서 노동자의 시위가 극단적이지 않은 가장 중요한 이유는, 설사 실업자가 되더라도 당장 생계의 위협을 받는 일은 일어나지 않는다는 데에 있다. 즉, 실업급여 및 사회보조금 등으로 어떠한 경우에도 최소한의 생활을 유지하는 것이 가능하기 때문이다.

청소년 문제

예를 들어 여고생이 혼전 임신을 했다고 가정해보자. 그러면 우리 사회는 어떤 반응을 보일까? 라는 공부는 안 하고 못된 짓을 했다고 주변의 비난이 빗발칠 것이고, 그녀의 의사와는 무관하게 아이를 지우라는 부모의 성화가 있을 것이다. 또 애를 낳는다고 하더라도 부유한 집안에서는 그것이 가능하겠지만, 가난한 집안일 경우에는 어려움이 많고, 사정에 따라서는 가출을 해야 할지도 모른다. 그 여학생이 어떤 범죄를 저지른 것도 아닌데, 우리 사회는 그녀를 범죄자로 취급할 가능성이 크다.

독일에서는 그와 같은 일이 일어날 경우, 그런 처지의 여학생을 보호하는 공공시설이 준비되어 있다. 비슷한 상황의 다른 학생과 같이 생활할 수 있도록 해주고, 계속해서 학교에 다닐 수 있도록 도와준다. 또 애를 낳은 다음에도 학업을 지속할 수 있도록 아이를 돌보아 주고 함께 살 수 있도록 배려한다. 당연히 범죄자 취급을 하지 않고, 그밖에 다른 사회적 불이익을 받지 않도록 보호한다. 그와 동시에 살아가면서 어려움을 겪지 않도록 제도적으로 다양한 장치를 마련하고 있다.

공동체 사회란?

독일에 살면서 알게 된 그들의 개인주의란 자신의 자유가 소중한 만큼 다른 사람의 자유를 방해하지 않고 존중한다는 것이다. 예를 들어 버스나 지하철, 거리 등에서 지나가다가 상대방과 신체적으로 접촉할 경우 반드시 '미안하다'고 사과를 하는데, 사소한 것 같지만 이런 것이 상대방을 배려하고 존중하는 행동의 시작이라고 생각한다.

그들은 또한 사회구성원으로서의 연대의식을 가지고 약자에 대한 충분한 배려를 아끼지 않는다. 바로 이러한 정신이 그들로 하여금 많은 세금과 사회보험료를 기꺼이 부담하도록 만들었다고 할 수 있겠다. 이를 바탕으로 국가는 다양한 지원시스템을 구축하고, 이를 통해 누가 아프거나 장애가 있거나, 나이가 들거나 또는 실업자가 되는 등의 어려움에 처할 경우 적절한 도움을 제공하게 된다. 바로 이런 사회가 진정한 의미의 '공동체 사회'가 아닐까?

　반면에 우리는 그러한 어려움에 처할 경우, 각각의 개인은 스스로 알아서 그 난관을 헤쳐 나가야 한다. 물론 사회적 약자에 대한 지원방안이 조금씩 나아지고 있기는 하지만, 경제규모에 비해 우리의 복지 시스템은 아직 크게 미흡한 실정이다. 세계 최고의 자살률이 그 증거이다. 그럼에도 불구하고 정부의 공익광고나 기업의 홍보영상 등을 보면, 우리 사회는 구성원을 서로 위하고 돌보는 공동체 사회라고 끊임없이 자랑하고 강조한다. 도대체 무슨 근거로 우리 사회가 공동체 사회라고 말하는 것인지 궁금하다.

2

사회국가를 '빨갱이' 로 매도하면
복지국가도 없다
- 사회국가의 의미

독일은 '사회국가' 천명, 우리도 '사회'를 논해야

우리 사회에서 사회적 가치, 사회정책 등 그 '사회적'의미를 강조할 경우, 까딱 잘못하면 바로 '빨갱이' 소리를 듣게 되거나 공공의 적이 되어 버린다. 유럽의 여러 나라, 특히 독일에서는 전혀 문제가 되지 않을 일이, 오히려 당연한 것이, 우리에게서는 평생 벗어나기 어려운 굴레인 '주홍글씨'가 되어 버린다. 그것은 해방과 분단, 이어진 6·25 전쟁의 참화, 이후 휴전상태의 지속 등을 통해 형성된 상호 적대관계가 아직까지 해소되지 않고 있기 때문이다.

우리 사회에서는 '사회주의'는 물론이고, '사회민주주의'나 사회적 측면을 강조하면, 일부에서는 이를 북한과 동일시하며 무조건 적대시하는 경향이 있다. 이런 까닭에 우리는 인간의 삶을 논하면서 반드시 필요한 두 가지 요소, 즉 개인과 사회 가운데 '사회' 부분을 잃어버린 채 60년 넘게 살아왔다. 그것은 우리 사회의 커다란 비극이었다.

해방 이후 한국 사회는 주로 미국의 문물을 도입함에 따라 약탈적 자본주의의 영향으로 개인을 중시하는 분위기가 만연해 있다. 그 결과, 아이엠에프(IMF) 사태 이후 공동체 삶이 계속해서 무너져 내리고 있다. 그럼에도 불구하고 '사회적'인 것을 논의하고 주장하는 것이 어렵다는 사실은 매우 안타까운 일이다. 이제 그만 우리도 그와 같은 '사회적인 것에 대한 강조'를 반대하거나 불온시하는 것에서 벗어날 때가 되었다고 본다.

반면에 독일의 경우, 개인의 자유를 중시하는 만큼 개인의 사회적 책임을 강조함으로써 나름대로 공동체 가치를 지켜왔다고 할 수 있다. 독일의 기본법(헌법)에 들어있는 사회국가가 무엇인지 살펴보겠다. 그것이 그동안 우리 사회에서 실종되었던 '사회적인 것'을 되찾아 오는 데 도움이 되었으면 한다.

사회적 안정, 평등 및 정의의 원칙에 따른 법적·사회적 질서를 구체적으로 실현하는데 정책의 초점을 두는 국가를 흔히 '사회국가(Sozialstaat)'라고 한다. 이 사회국가의 원리는 대다수 서유럽 국가의 주요 특징이다.

독일 기본법 20조 1항은 "독일연방공화국(독일)은 민주주의 국가이며, 동시에 사회국가이다."라고 규정하고 있다. 사회국가는 스스로 자신을 도울 수 없는 약자를 지원하고, 국민의 다수를 빈곤이나 최저 생계의 위협으로부터 보호하는 목표를 가진다. 또 극단적 사회 격차, 즉 양극화를 해소하기 위해 노력한다. 여기서는 소득이나 재산의 격차를 줄이기 위한 재분배 정책이 중시된다. 이런 방식으로 사회갈등을 예방하고 상호 적대감을 해소하며, 사회적 평화를 유지한다.

사회국가의 목표와 과제

사회국가의 목표는 각 국가의 서로 다른 시스템에 따라 조금씩 차이가 있기는 하지만, 대체로 다음 세 가지로 구분할 수 있다. 첫째, 모든 국민에게 일정한 기준의 최저생활을 법적으로 보장함으로써 사회적 안전망을 구축한다. 둘째, 질병이나 근무불능, 실업, 고령화 등에 대비한 보험시스템을 통해 안정된 생활수준을 보장한다. 셋째, 사회적 약자에 대한 다양한 후원제도를 통해 최소한의 사회적 기회균등을 유지한다.

이러한 목표를 현실에서 구체화하는 것이 바로 '사회정책(Sozialpolitik)'이다. 이 정책의 목적은 사회에서 불이익을 받는 약자 그룹의 최저생활을 보장하고, 삶의 기회를 일반인과 같게 함으로써 그들의 경제적·사회적 상황을 개선하는 것이다. 이와 같은 정책의 정치적 목적은 사회적 약자 그룹을 공동체에 통합시키는 것이며, 이를 통해 사회질서의 안정을 확보하는 것이다. 이를 위해 질병, 실업, 사고, 고령화, 요양 등과 관련한 사회보험제도를 구축하는 것이 이 정책의 핵심 과제이다.

사회정책을 책임지고 수행하는 기관은 주로 국가이며, 그밖에 기업, 노조, 종교기관, 비정부기구(NGO) 등도 포함된다. 이 정책은 국가가 가장 오래전부터 수행해 온 정책 분야 중의 하나이다. 그런데 우리나라에서는 지난 수십 년간 이 부분이 간과되어 왔다. 비록 늦었지만 이제부터라도 이를 제대로 되찾아야 할 것이다.

사회국가의 과제에는 의료체계의 확대, 최저생활의 보장, 완전고용의 모색, 노동세계의 인간화, 질병·고령화·사고·실업에 대한 대비

1999년 뮌스터(Münster)의 한 신문인쇄공장에서 몇 개월간 아르바이트를
했을 뿐인데, 위와 같이 사회보험번호(Sozialversicherungsnummer)가 발급되
었다. ©조성복

등이 포함된다. 그 밖에도 충분한 시설을 마련하여 누구나 교육을 받을 수 있게 하고, 이를 통해 기회의 평등을 보장하는 것이 현대 사회국가의 주요 과제이다.

여기서 기회의 평등과 관련하여 우리와 다른 점은 이런 것이다. 우리도 교육기회의 평등을 강조하여 누구나 똑같은 조건에서 시험을 본다고 얘기하지만, 실제 현실은 그렇지 않다. 예를 들어 한 달에 수백만 원씩 과외를 받는 학생과 그렇지 못한 학생에게, 또 집안이 넉넉하여 전혀 일하지 않는 대학생과 반드시 편의점에서 아르바이트를 해야 하는 가난한 대학생에게 주어지는 시험의 기회가 과연 평등한 것일까?

우리와 교육시스템이 다소 다르긴 하지만 독일의 대학생은 시험을 보겠다고 신청할 경우, 그 준비기간 동안의 생활비 등을 지원받을 수 있다. 이 비용은 나중에 졸업한 후에 이자 없이 원금만 분할 상환하면 된다. 이처럼 공부하는 시간이나 방법에서도 동일한 기회를 줄 수 있어야 실질적인 기회의 평등이라고 할 수 있을 것이다. 한편, 시민들은 높은 세금과 사회보험료를 부담함으로써 국가의 이와 같은 활동에 기여한다.

사회국가의 원칙

사회국가는 다음과 같은 원칙에 의해 작동된다. 먼저 '국민부양의 원칙'은 국가가 공동체의 모든 구성원에게 사회적 안정을 제공하는 것을 말한다. 이런 안정은 그 사회에서 개인의 직업이나 지위와 무관하게 누구에게나 보장된다. 빈곤층은 정부로부터 재정적 지원을 받음으로써 최저생활을 보장받는다. 또한 건강보험이나 무상교육과 같은 사회적 서비스를 통해 사회적 격차를 줄이게 된다.

'사회보험의 원칙'은 질병, 고령화, 실업 등의 위험으로부터 시민을 지켜주는 것이다. 구성원이 각각의 보험료를 부담하고 유사시 도움을 받는 이 제도는 독일 사회가 확실한 연대 공동체임을 보여준다. 이 사회보험은 사회구성원의 일부 또는 전체를 그 대상으로 한다. 보험료의 납부와 보험급여의 수령은 개인의 소득에 따라 달라진다.

'연대의 원칙'은 여러 그룹이 공동의 가치 지향과 이해관계에 의해 묶여있음을 전제로 하는데, 강한 쪽이 약한 그룹을 돕고 자신의 이해관계를 뒤로 미룸으로써 서로가 상생하는 길을 찾는 것을 말한다. 이 원칙은 법적 건강보험에서 찾아볼 수 있다. 보험자의 가족 구성원에게도 보험이 적용되도록 한 것이 그런 사례이다.

'공공복지의 원칙'은 가족이나 사회보험 등으로부터 도움을 받을 수 없을 경우에만 적용된다. 그 지원의 필요성을 검토하여 다른 수단이 존재하지 않을 때, 국가가 나서서 세금으로 지원하는 것을 말한다. 여기서는 사전에 보험에 가입하고 보험료를 납부했느냐, 또는 그와 같은 상황을 초래한 원인이 무엇이냐 등은 중요하지 않다. 지원의 형식과 방법은 개별 사례의 특성에 따라 달라진다. 다만 이 경우에는 지원을 결정하기에 앞서 복지 수령자에 대한 엄격한 심사가 이루어진다.

'보충성의 원칙'이란 모든 사회적·국가적 행위는 '보조하는 또는 지원하는' 형태로 수행된다는 것을 말한다. 즉, 하위단체인 가족이나 자치기구의 자구능력이 충분치 않을 경우, 상위단체인 국가가 이들을 지원하는 것을 의미한다.

3

큰 병 걸리면 집 파는 한국, 독일은?
- 독일의 건강보험

독일 유학 초기에 있었던 일이다. 어학 시험을 통과하여 정식으로 대학생이 된 후에 가장 시급한 과제는 건강보험에 가입하는 것이었다. 유학 생활이 단기간에 끝나는 것이 아니고 언제 아플지 모르며, 보험 없이 병원에 갈 경우에는 그 비용을 감당하기 어렵다고 들었기 때문이다. 그래서 독일 정부는 자국민은 물론 유학생 등 장기체류 외국인에게도 가급적 보험을 들도록 권장하였다. 실제로 비자를 연장하기 위해 '외국인 관청'을 방문하면, 반드시 건강보험의 가입 여부를 체크하였다.

건강보험료 20만 원에 놀란 사연

독일의 건강보험은 크게 공공보험(법적 건강보험)과 민영보험(사적 건강보험)으로 구분된다. 공공보험은 비스마르크 시대인 1883년 처음 도입되었으며, 이를 위한 보험회사가 1970년대 약 1,800개, 1990년대

GEK 건강보험카드 ⓒ조성복

까지만 해도 1,000개를 훌쩍 넘었다. 이후 합병 등을 통해 2015년 기준 123개로 줄어들었다. 일반인 대다수는 보험료가 상대적으로 저렴한 공공보험을 이용한다. 여기에는 2012년 기준 의무가입자 약 3,000만 명(37%), 연금수급자 약 1,800만 명(22%), 가족가입자 약 1,660만 명(20%), 자발적 가입자 약 500만 명(6%) 등 전체인구의 약 85퍼센트가 가입되어 있다.

의무가입자는 평균소득이 건강보험 의무가입한도를 초과하지 않아야 하며, 그 한도는 2019년 기준 연간 60,750유로(약 8,200만 원)이다. 이를 초과하는 사람은 공공보험 가입의무가 해제되어 민영보험을 들수 있으며, 본인이 원할 경우 공공보험에 가입할 수도 있다(자발적 가입자). 가족가입자는 의무가입자나 자발적 가입자의 배우자(동거자 포함), 자녀(기본적으로 18세까지이지만, 사정에 따라 25세까지 가능함) 등인데, 이들은 보험료를 내지 않고 가입이 가능하다. 다만 이들이 일정한 수입이 있을 경우(예를 들어 월 450유로 이상)에는 가족보험에서 제외된다.

민영보험에도 수십 곳의 회사가 있는데, 여기에는 공공보험에 가입할 수 없는 공무원, 자영업자, 전문직 종사자 또는 고소득자가 가입한다. 2012년 기준 약 900만 명이 가입되어 있으며, 이는 전체 인구의 약 11퍼센트에 달하는 것이다.

연방통계청에 의하면 건강보험 미가입자 수는 2003년 약 19만 명, 경제적인 압박 때문에 2005년 30만, 2007년 40만 명으로 증가했다가, 2011년에는 다시 약 14만 명으로 줄어들었다. 이는 전체 국민의 0.2퍼센트에 불과한 것으로, 건강보험이 없는 사람이 거의 5,000만 명(전체인구의 약 15%)에 달한다는 미국과는 아주 대조적인 모습이다.

여러 보험사를 찾아갔으나 30세가 넘었다고 선뜻 받아주는 곳이 없었다. TK, AOK, BKK, IKK 등 공공보험회사에서 나이가 많다는 이유로, 또 유학 초기에 보험을 들지 않았다는 이유로 차례로 거절을 당했다. 이런 경우 민영보험을 들어야 하는데, 그것은 부담스럽다. 가족보험이 안되어 개인별로 따로 들어야 해서 보험료 부담이 훨씬 더 커지기 때문이다. 그래서 발품을 팔아 공공보험회사를 계속 더 찾아다닌 결과, GEK라는 곳에서 운 좋게 받아주었다. 그런데 매달 보험료가 만만치 않았다. 30세 미만의 경우에는 보험료가 40~50유로이고 이후 조금씩 인상되지만, 30세가 넘어 처음 가입할 경우에는 금액이 많이 비싸지기 때문이다.

처음에는 110유로 정도로 시작했지만 나중에는 150유로에 달해 우리 부부의 한 달 식비에 육박하였다. 건강보험료를 내지 않는다면 훨씬 더 풍족하게 먹고 살 수 있겠다고 가끔 푸념을 하곤 하였다. 한번은 보험사에 우리의 형편을 설명하고 보험료를 좀 낮추어 달라는 편지를 보낸 적이 있었는데, 이미 가장 낮은 요금표를 적용받고 있으니 군소리 말라는 답장을 받았다.

여러 곳에서 혜택을 받고 있는, 즉 사회적 약자 대우를 받는 대학생이었음에도 불구하고 건강보험료에서는 예외가 인정되지 않았다. 일반적으로 일하는 사람은 자신의 소득에 따라 우리보다 훨씬 더 많은 보험료를 부담하고 있었다. 당시 자신의 집에서 운전교습소를 운영한다던 한 독일 친구의 부모는 한 달에 60만 원을 넘게 낸다는 말을 듣고 깜짝 놀라기도 했다.

간호사와 간병인의 구분이 없다

이렇게 비싼 보험료를 내는 대신에 병원에 갈 경우, 아무리 큰 병일지라도 돈이 거의 들지 않는다. 치과에서도 치료를 받는 것은 비용이 들지 않았고, 미성년자의 경우에는 치아 교정도 무료였다. 가끔 병원을 찾았을 때 의사의 친절함이나 환자를 대하는 태도, 사생활을 존중하는 치료실 등 여러 가지 점에서 한국과 다르다는 것을 느낄 수 있었다. 치료를 위해 정기적으로 병원을 찾기도 하고, 또 수술을 받은 적도 있었지만 돈이 든 적은 없었다.

우리와 다른 몇 가지 인상적인 모습은 다음과 같다. 먼저 의사가 환자를 처음 맞이할 때의 모습이다. 진료 과목에 상관없이 어떤 의사든지 의자에서 일어나 출입문으로 다가와 악수를 건네며 환자의 이름을 불러주고, 이어서 자신을 소개하였다. 또 환자의 사생활이 철저하게 보호되었다. 상담실이나 진료실에 들어가면 외부와 완전히 차단되었다. 게다가 여간해서는 함부로 항생제를 처방해 주지 않았다. 그 밖에도 정형외과나 치과 등 분야를 가리지 않고 의사도 자주 휴가를 가는 것 같았다. 치료를 했던 의사가 다시 자기에게 상담을 받으려면 2주 후에 진료약속을 잡으라는 경우가 종종 있었기 때문이다. 그렇게 교대가 가능할 만큼 의사나 간호사 수가 충분한 모양이었다.

OECD 자료에 따르면 2013년 기준 독일의 의사 수는 약 33만 명이다. 이는 인구 1,000명당 4.1명으로 우리보다 2배가량 많은 것이다(한국 2.2명/1,000명당, 한의사 포함). 이는 회원국 가운데 꼴찌로 의사 수가 많이 부족하다고 할 수 있다. 그런데도 기존 의사의 기득권에 따른 반발이 거세 의대 정원을 늘리지 못하고 있다. 이해하기 힘든 일이다. 독일의 간호사 수도 약 88만 명에 인구 1,000명당 13.0명으로 우리보다 2.5배 많았다(한국 5.2명/1,000명당).

실제로 집사람은 두 차례에 걸쳐 독일의 응급의료체계를 시험해 보기도 했다. 한 번은 독일 북부에 위치한 킬(Kiel)이라는 도시에서, 또 한 번은 쾰른의 기숙사에 살 때였다. 모두 저녁식사 후 밤늦은 시간이었는데, 특별한 이유 없이 갑자기 심한 복통을 호소하였다. 다른 일 같으면 어떻게 해볼 수도 있었겠지만 몸이 아픈 것이라 상황이 긴박했다. 잠시 망설이다가 바로 응급번호를 찾아 전화를 걸었다.

그러면 정말 순식간에 의사가 구급차를 타고 찾아왔다. 그는 현장에서 바로 환자의 상태를 체크한 후 병원으로 가자고 하였고, 집사람의 통증은 매번 구급차로 병원으로 가는 도중에 잦아들었다. 그래도 일단 입원을 시키고 하루 이틀 경과를 보면서 종합검사를 했고, 이후 별다른 이상이 없음을 확인한 후에야 비로소 퇴원을 허락하였다. 물론 검사비나 입원비, 구급차 비용을 낸 적은 없었다. 아픈데도 불구하고 돈이 들까봐 참아야 하는 상황은 없었다. 또한 그런 걱정을 하지 않아도 된다는 것이 얼마나 소중한 것인지도 깨닫게 되었다.

집사람이 그렇게 병원에 실려 가서 입원을 하면, 나는 그 곁에 머물지 못하고 매번 집으로 돌아와야만 했다. 병원에 같이 있겠다고 하면, 간호사는 그것은 규정상 허용되지 않는다고 했다. 실제로 병실에는 환자만 남아있었다. 베를린에서는 내가 입원한 적이 있었는데, 당시에는 민영보험을 들고 있어서 그랬는지 1인실을 주었다. 소파가 구비되어 있을 뿐만 아니라 공간도 넓고, 화장실과 욕실이 딸려 있어서 고급 호텔처럼 편안했다. 하지만 마찬가지로 면회만 허용되었을 뿐, 집사람도 저녁 시간에는 반드시 귀가해야 하였다.

이처럼 병원에 입원할 경우, 면회는 가능했지만 간병은 일체 허용되지 않았다. 그것은 철저하게 간호사의 몫이었다. 독일에서는 간호사와 간병인이 따로 구분되지 않았다. 이점이 우리와 달라서 처음에는 이상했지만, 시간이 지나면서 그것은 매우 합리적인 결정이라는 생각이 들었다. 아픈 사람을 치료하고 돌보는 것은 의사와 간호사의 업무이지, 환자의 가족이 할 일은 아니다. 가족 중의 누군가가 아프다고 다른 식구가 자기 일을 중단하거나 또는 환자를 돌보다 아프게 되는 상황이 발생해서는 곤란하기 때문이다. 우리나라 병원에서도 가족 대신 간병인을 쓰는 경우가 많은데, 왜 간호사와 간병인을 구분하여 따로 운영하는지 모르겠다.

소득에 비례하는 건강보험료

그러고 보니 저자도 쾰른 기숙사에 살 때, 한밤중에 구급차를 부른 적이 한 번 있었다. 이 사건은 집사람이 가끔 나를 놀릴 때마다 꺼내는 단골 소재이기도 하다. 그 당시 집사람과 나는 서로 다른 약을 동시에 복용하고 있었는데, 그 날은 내가 착각하여 실수로 집사람의 약을 먹은 경우였다. 약을 삼킨 다음에야 바뀐 사실을 알게 되었다. 시간이 지나자 열이 나면서 두통이 점점 심해졌다.

처음에는 그냥 참고 넘어갈까 했는데, 평소에 그런 적이 없었기 때문에 아무래도 걱정이 되어서 잠시 망설이다가 집사람이 긴급 전화를 걸었다. 이번에도 역시 의사와 구급차가 금방 도착하였다. 의사가 내 상태를 살펴보고 약병을 확인하더니 괜찮을 거라고 하면서 이번에는 병원으로 데려가지 않고 그냥 갔다. 그가 나가면서 집사람에게 웃으며 한 마디 했단다. "그거 2알 먹어서는 죽지 않는다!"고.

퀼른에서 공부를 마치고 베를린에 소재한 한국대사관에 근무할 때는 체류 목적이 바뀌면서 새로이 건강보험을 들게 되었다. 이렇게 직업을 갖게 되면 학생 때와는 달리 사업주와 근로자가 보험료를 절반씩 부담한다. '인터(Inter)'라는 민영보험에 가입했는데, 당시 집사람 몫까지 한 달에 361유로를 냈다. 이 경우 대사관에서도 똑같이 절반을 부담했기 때문에 보험사에 내는 돈은 총 722유로(약 90~100만 원)나 되었다. 이렇게 민영보험을 들어서인지 베를린에서 병원을 찾았을 때는 환자로서의 대우가 예전보다 나아짐을 느낄 수 있었다.

한동안 집에서 가까운 치과를 다녔었는데, 우리 부부는 대단한 환대를 받았다. 아마도 저자가 대사관에 근무하면서 민영보험을 들었던 까닭일 것이다. 병원에 가면 원장님(오른쪽 사진의 가운데)이 '프리바트(privat, 민영보험 환자라는 뜻)!'라고 외치시며 간호사를 독려하셨다. 민영보험 환자는 공공보험에 비해 병원의 수익에 유리하기 때문이다. 병원 규모에 비해 직원 수가 많아 보이는 것은 근무시간이나 충분한 휴가

베를린의 한 치과. 이곳을 떠나면서 그동안의 치료에 감사를 표시하고자 치과에 들렀는데, 동료 의사와 간호사까지 모이게 하여 성대한 환송을 해줬다. ⓒ조성복

와 관련이 있다. 특히 집사람은 여기서 여러 가지 치료는 물론 임플란트 시술까지 받았는데, 추가적으로 개인적인 비용은 한 푼도 들지 않았다.

독일에서는 가난한 대학생은 물론이고, 소득이 늘어남에 따라 더 많은 건강보험료를 납부한다. 일정 소득 이상의 경우에는 공공보험 대신에 더 비싼 민영보험을 들도록 한다. 그렇게 비싼 보험료를 내고도 전혀 병원을 찾지 않는 사람은 조금 억울할 것 같기도 하다. 그러나 모두가 자신의 소득에 비례하여 비싼 보험료를 부담한 덕분에, 그 사회에 사는 누구나 제때 올바른 치료를 받을 수 있다. 돈이 없어서 아픈 것을 참아야 한다든가, 큰 병에 걸리면 목돈이 들어 온 가족의 삶이 망가지는 경우는 없다. 우리는 언제쯤 이렇게 될 수 있을지 궁금하다.

일하는 노인을 보기 어려운 이유
- 독일의 연금보험

1889년, 연금제도의 도입

독일 어디를 가든지 눈에 띄는 점 중의 하나는 거리에 노인이 많이 보인다는 것이다. 세계적인 고령화 추세에서 자연스러운 현상이겠지만, 그만큼 노인 활동이 많다는 뜻이기도 하다. 하지만 그들이 일하는 모습을 보는 것은 쉽지 않았다. 노인은 소비자이지 생산자가 아니라는 사실을 확실하게 느낄 수 있었다.

한동안 쾰른의 대규모 '메세(Messe, 박람회장)'에서 아르바이트를 할 때 은퇴한 노인과 함께 한 적이 있었는데, 그것은 예외적인 경우였다. 그 일거리는 박람회 기간 중에만 발생하였다. 메세에 참여한 각 기업 스탠드의 주요 상품이나 기기를 관람객이 없는 저녁과 밤 시간에 지켜보는 것으로, 대학생이나 노인에게 적합한 아르바이트였다. 다른 일에 비해 보수가 조금 적기는 했으나, 노인은 힘 안 들이고 소일거리삼아, 대학생은 공부하면서 돈을 벌 수 있는 장점이 있었다.

어쨌든 독일에서는 대다수 노인이 일을 하지 않고도 여생을 보내

2004년, 쾰른 메세(Messe)에서 아르바이트할 때의 한 장면. ©조성복

는 데 큰 문제가 없는 것 같았다. 동시에 경제적으로도 제법 여유 있는 생활을 하고 있었다. 이것이 가능한 이유는 바로 '공적 또는 법적 연금보험(gesetzliche Rentenversicherung)'이 일찍부터 도입되었기 때문이다. 이 제도는 1889년 비스마르크 시대 제국의회에서 「근무불능 및 노후 보장에 관한 법률」의 제정으로 처음 시작되었다.

이 법에 따라 16세 이후 모든 근로자는 자신의 소득에 따라 일정액을 '연금보험료'로 납부해야 하였다. 그러면 나중에 70세가 됐을 때 매월 연금을 받게 되었다. 당시에는 이 연금을 생활비로 보지 않고 노인의 용돈 정도로 생각하였다. 또한 사고 등으로 근무불능상태가 되면, 평균임금의 3분의 1을 받았다.

1980년대 후반 이후 노인은 이제 더 이상 가난하지 않게 되었다. 한 연구기관의 조사에 따르면, 60세 이상 노인의 약 90퍼센트가 자신의 상황에 대해 만족스럽거나 아주 좋다고 응답하였다. 당시 서독 지역 65세 이상의 약 절반 정도가, 동독 지역에서는 약 20퍼센트가 자기 집을 소유하고 있는 것으로 나타났다. 한 세대 전만 하더라도 그러한 응답은 70퍼센트에 불과했다.

연금보험의 4가지 원리 및 연금 수령 실태

공적 연금보험은 다음 네 가지 원리를 지향하고 있다. '보험 원리'는 소득활동이 없거나 취업능력의 부재 또는 정년에 이르러 임금소득이 중단되었을 때, 소득을 보장해주는 것을 의미한다. 이는 일반적으로 일정 기간 보험료를 납부하고, 수령시기에 도달한 사람만이 연금을 받을 수 있음을 말하는 것이다. 하지만 일부 비평가는 좁은 의미에서 보면 연금은 보험이 아니라고 지적한다. 건강보험이나 자동차보험은 가입자가 보험료를 내고, 나중에 환자나 사고자 등으로 해당될 경우에만 보험금을 수령하는데 반해, 연금은 가입자 누구나 이를 수령하기 때문이다.

'등가성 원리'는 연금이 각 가입자가 평생 일한 실적과 비례한다는 의미이다. 누군가 더 많이 벌고 더 오랫동안 일을 했다면, 더 많은 보험료를 납부했을 것이다. 그러면 더 많은 연금을 받게 된다는 것이다.

'연대 원리'는 연금의 사회적 성격을 감안하여 사정에 따라 보험료를 납부할 수 없었던 기간도 필요한 경우 연금가입기간에 포함한다는 내용이다. 예를 들어 직업교육, 대학학업, 자녀보육 등의 기간이 이에 해당한다.

'연동화 원리'는 연금의 인상을 임금 수준에 연계한다는 의미이다. 이는 1957년 연금개혁의 일환으로 도입되었다. 이전에는 정치적 역학관계나 국가의 재정상황에 따라 연금의 인상이 이루어졌었다. 이 개혁은 1992년 다시 한 번 수정되었는데, 임금 수준의 기준을 그동안 총소득(Brutto)에서 순소득(Netto)의 변화와 연동하기로 조정하였다.

평균소득에 따른 연금보험료를 45년간 내고 연금수령시기에 도달해서 받는 연금을 보통 '표준연금'이라고 한다. 이는 2011년 기준 월 1,236유로(약 160~180만 원)이다. 하지만 이것이 평균연금을 뜻하는 것은 아니다. 같은 해 기준 평균연금은 구서독 지역의 경우 남자가 1,052유로, 여자는 521유로였다. 구동독 지역은 남자 1,006유로, 여자 705유로로 조금 다른 양상을 보이는데, 이는 과거에 동독 지역의 여성들이 서독 지역보다 일을 더 많이 했다는 증거이기도 하다.

2012년 기준 약 370만 명의 연금생활자가 월 300유로 미만을, 600만 명은 500유로 미만, 1,300만 명은 1,000유로 정도를 받고 있는 것으로 나타났다. 정해진 수령 시점보다 미리 연금을 받고자 한다면, 그 액수는 월 0.3퍼센트씩 줄어들게 된다. 예를 들어 1년 먼저 연금생활에 들어간다면, 원래 받을 액수의 3.6퍼센트(0.3%×12개월) 줄어든 연금을 매월 받게 된다. 하지만 연금의 감소분이 수령액의 최대 10.8퍼센트를 넘지는 않도록 하였다.

27세 이상으로 5년(60개월) 이상 연금보험료를 낸 모든 가입자는 1년에 한 번씩 연금에 대한 정보를 받을 수 있도록 되어있다. 55세 이후에는 3년마다 한 번씩 조기 연금수령 시 줄어드는 연금액 등 수급에 대한 자세한 정보를 제공받도록 하고 있다.

기초연금 강화하고, 공무원·군인·교사연금 개혁해야

연금제도가 처음 도입된 1891년에는 월 보험료의 비중이 월급의

1.7퍼센트에 불과했지만, 〈표3〉에서 보듯이 매우 급속하게 증가하였다. 아래 표에는 없지만 1990년대 후반에는 20.3퍼센트로 최고치를 기록했다가, 이후 등락을 거듭하며 2017년에는 18.7퍼센트로 조정되었다. 이 연금보험료는 근로자(근로자 기여금)와 사업주(사용자 부담금)가 각각 절반씩 부담한다. 한국은 2014년 현재 월급의 9퍼센트이고, 마찬가지로 근로자(4.5%)와 사업주(4.5%)가 각각 절반씩 부담한다. 단순히 보험료 비율만 가지고 비교한다면, 현재 우리 상황은 독일의 1950년대와 비슷하다고 할 수 있겠다.

〈표3〉 급여에서 차지하는 연금보험료의 비중

연도	비중
1891	1,7 %
1924	3,5 %
1928	5,5 %
1950	10,0 %
1960	14,0 %
1970	17,0 %
1980	18,0 %
1990	18,7 %
2000	19,3 %
2010	19,9 %
2017	18,7 %

▲ 독일연금공사 자료에서 재작성 ⓒ조성복

연금제도의 실시 초기부터 연금지급과 관련하여 세금을 투입하는 것은 항상 논란거리였다. 1964년에는 연금지급액 가운데 연방예산의 비중이 거의 25퍼센트나 되었고, 1970년대에는 약 15퍼센트, 80년대에는 16퍼센트를 기록하였다. 1990년대에는 재정적인 어려움이 더욱 커졌는데, 그 주요 원인은 독일이 통일되면서 동독 지역의 연금제도를 흡수하였기 때문이다. 이를 지원하기 위한 연방정부의 보조금은 1991년부터 규칙적으로 증가하였다.

2000년 기준, 연금 관련 총지출은 2,146억 유로(약 290조 원)였다. 이 가운데 약 76퍼센트는 근로자와 사업주의 연금보험료로 충당되었고, 나머지 약 23퍼센트는 연방정부의 예산으로 보충되었다. 2010년에는 2,513억 유로를 기록했는데, 이 가운데 보험료가 약 74퍼센트, 정부예산이 약 26퍼센트를 차지하였다.

인간의 수명이 지속적으로 늘어나는 추세인 반면, 실업률은 증가하고 경제인구가 감소하면서 연금은 그 기금의 운영에 상당한 압박을 받고 있다. 특히 연금보험료의 산정에서 그 상한액을 설정해 놓았고, 또 자영업자 등에게는 연금가입을 강제하지 않았기 때문에 어려움을 겪고 있다.

월 연금보험료를 계산할 때 그 상한소득을 2013년 기준 구서독 지역은 5,800유로, 구동독 지역은 4,900유로로 제한하였다. 이 금액보다 많은 소득에 대해서는 상한소득을 적용한다. 예를 들어 월 소득이 5,800유로를 넘더라도 월 연금보험료는 상한선인 5,800유로의 18.9퍼센트인 1,096유로이고, 이를 근로자와 사업주가 각각 그 절반인 548유로씩 부담한다.

공적 연금제도는 항상 사회경제적 여건에 맞춰야 한다. 그렇지 않으면 존속하기 어렵기 때문이다. 고령화 현상과 함께 독일에서도 '노인빈곤'의 문제가 정치권의 화두로 떠오르면서 연금제도를 개선하는 방안에 대한 논의가 계속되고 있다.

그밖에 사회보험제도 전반에 대한 어려움도 가중되고 있는데, 그 이유는 다음과 같다. 첫째, 저임금 직업의 증가이다. 이는 '사회보험 가입의무 근로자(sozialversicherungspflichtige Beschäftigte)' 수를 현저하게 감소시키고 있다. 둘째, 지난 20년 동안 근로자의 소득 인상이 급속한 생산성 향상이나 1인당 GDP 증가분에 미치지 못하고 있다는 점이다. 이에 따라 사회보험료 납부액도 아주 더디게 증가하고 있다.

과거 독일 연방정부는 연금제도를 안정적으로 유지하기 위해 기금이 부족했던 2차 대전 후에는 연금지급액의 50퍼센트에 이르기까지를 세금에 의한 정부예산으로 보조하기도 하였다. 2015년 우리나라의 '노인빈곤율'은 거의 50퍼센트에 육박하고 있다. 과거 연금제도의 미비로 인해 현재 어려움을 겪고 있는 노인을 위해 독일의 사례를 참조하여 기초연금 지급액을 증액하는 방향으로 정부가 좀 더 적극적으로 나섰으면 한다. 그러한 인상은 바로 소비지출로 이어질 가능성이 높아서 경제 활성화에도 도움이 될 것이기 때문이다.

또한 앞에서 살펴본 바와 같이 독일 은퇴자의 연금수령액(약 2,000만 명이 500~1,000유로)을 감안할 때, 현재 우리의 공무원, 군인, 교사가 퇴직 후 받고 있는 연금은 그 액수가 과도하게 많은 것을 알 수 있다. 그들은 대부분 현직에 있을 때에도 상대적으로 고임금을 안정적으로 받았는데, 은퇴 후에도 혜택이 지나치게 큰 것은 공정성 차원에서 문제가 있다. 그들이 연금보험료를 스스로 많이 내고, 그렇게 낸 것을 나중에 받아가는 것이라면 별 문제가 아니지만, 이들에 대한 연금은 지금도 큰 폭의 적자를 보고 있으며, 그것은 모두 세금으로 보전되고 있는 형편이다. 사회적 논의를 통해 이를 적절하게 조정하는 일이 시급한 상황이다.

5

실업자도 사람답게 살려면 '이것'이 필요하다

- 독일의 실업보험, 사회보조금

한국과 독일의 노동자 파업을 보면서 가장 눈에 띄는 차이점은 바로 그 격렬함이다. 우리의 파업이 머리띠를 두르고 마치 사생결단을 하듯이 비장하게 싸우는 모습이라면, 그들의 파업은 정해진 절차에 따라 행사를 치르는 듯한 모습이다. 독일의 노동자가 특별히 착하고 온순하기 때문에 그런 것은 아니다. 그들은 그렇게 강경하게 하지 않더라도 협의를 통해 원하는 바를 얻을 수 있고, 또 무엇보다도 끝내 직장을 잃게 되더라도 다양한 지원시스템이 갖추어져 있어서 굳이 그렇게 극단적인 투쟁의 필요성을 느끼지 않기 때문이다. 그 시스템 중의 하나가 바로 '실업보험'과 '실업급여II(하르츠IV)' 제도이다.

1920년대 시작된 실업보험

독일에서 실업보험이 처음 생겨난 것은 1927년 「고용알선과 실업보험에 관한 법률」을 제정하면서부터이다. 그 이전에 도움이 필요했던 실업자는 1918년부터 관할 지역에서 의무적으로 지원하는 실업구호금을 받을 수 있었다. 이를 위해 1923년부터 근로자와 사업주는 이 구호금의 재원을 마련하기 위해 반드시 일정액의 보험료를 내야 했다. 2차 대전 이후 1952년부터 실업보험은 연방정부 차원에서 관리하게 되었다. 참고로 한국에서 실업보험이 도입된 것은 1995년이었다.

실업보험(또는 고용보험)은 의무적 가입자와 자발적 가입자로 구성된다. 의무 가입자에는 사업장에 고용된 근로자(저임금 근로자의 경우 예외를 인정함), 직업교육을 받는 청소년, 공익근무 중인 군인(병역의무자), 교도소에서 노동하는 수감자, 예비수녀나 신부 등이 해당되고, 자발적 가입자에는 자영업자, 양로원의 간병인 등이 속한다. 일반적으로 가입기간이 최소 12개월은 지나야 실업급여의 청구권이 생긴다.

실업자가 받는 실업급여는 주로 실업보험료에 의해 충당된다. 개별 보험료는 2011년부터 총소득의 3.0퍼센트이며, 이를 근로자(1.5%)와 사업주(1.5%)가 각각 절반씩 부담한다. 2006년까지는 보험료가 6.5퍼센트였는데, 2007년 4.2퍼센트, 2008년 3.3퍼센트, 2009~2010년에는 2.8퍼센트로 계속 줄어들다가 다시 인상되었다. 2009년에 보험료를 인하한 까닭은 세계금융위기의 여파로 경기가 침체되면서 기업의 경영상태가 어려워지고, 조업단축 등으로 근로자의 소득이 감소하자, 경기부양책의 일환으로 실업보험료를 낮췄기 때문이었다. 참고로 한국의 실업보험료는 2013년 7월 기준 1.3퍼센트로, 근로자와 사업주가 각각 0.65퍼센트씩 부담하고 있다.

연금보험과 마찬가지로 실업보험료 산정에서도 근로자의 소득에 그 상한선을 두고 있다. 2013년부터 구서독 지역은 월 5,800유로를 최대치로 보고, 그 이상의 소득에 대해서는 이 최대치와 동일하게 취급

한다. 따라서 최대 월 보험료는 174유로(5,800유로의 3%)이고, 개인 부담
액은 그 절반인 87유로(약 11만 원)이다. 구동독 지역은 월 4,900유로가
최대치이다. 5,800유로와 비슷한 금액인 750만 원 월급에 대해 한국
의 고용보험 비율을 적용하면, 개인 부담액은 4만 8,800원이다.

실업보험은 연방노동복지부 산하의 연방노동청(뉘른베르크 소재)이 관
리한다. 이 노동청은 실업급여를 지급하는 것 외에도 다양한 고용지
원 활동을 적극적으로 하고 있다. 각종 직업 및 노동시장에 대한 상
담, 수습생 및 일자리의 알선, 새로운 직업에 대한 편입의 지원, 직업
선택 및 직업교육의 지원, 조업단축 지원금을 통한 고용유지의 지원,
장애노동의 지원 등이 그것이다.

〈표4〉 2017년 월 급여에서 차지하는 독일 사회보험료의 비율

	노동자 부담(%)	사용자 부담(%)	합계(%)
공적 연금보험	9.35	9.35	18.7
공적 건강보험	7.3	7.3	14.6
공적 실업보험	1.5	1.5	3.0
사회적 요양보험	1.275	1.275	2.55
합계	19.425	19.425	38.85

▲ 독일 각 보험공사의 자료에서 재작성. ⓒ조성복

'하르츠 IV(실업급여 II)'의 도입

실업급여 액수의 산정은 대단히 복잡한 계산과정을 거친다. 일반적
으로 각 실업자의 최근 1년간 평균 월 급여의 약 40퍼센트 정도이다.

지급기간은 나이와 보험가입기간에 따라 차이가 난다. 50세 미만이고 가입기간이 24개월 미만일 때, 실업급여의 지급은 최대 1년이다. 24개월 이상 보험료를 납부하였고, 50세 이상일 경우에는 규정된 조건에 따라 14~32개월까지 실업급여를 받을 수 있다.

사민당(SPD)의 슈뢰더 총리 이전에는 실업 관련 3단계 지원시스템이었다. 실직하면 먼저 실업보험에 따른 '실업급여(Arbeitslosengeld)'를 받고, 그 기간이 끝나도록 재취업이 안 될 경우 세금에 의한 이보다 조금 줄어든 액수의 '실업보조금(Arbeitslosenhilfe)'을 받았다. 이후에도 여전히 취업이 안 될 경우에는 역시 세금에 의한 다시 그보다 조금 더 줄어든 '사회보조금(Sozialhilfe)'을 받아 생활하였다.

그런데 사회복지비 부담이 늘어나면서 독일 경제가 지속적으로 어려움을 겪게 되자, 2003년 당시 '적녹연정'을 이끌던 슈뢰더 총리가 그러한 문제점을 개선하기 위해 '아젠다 2010'이란 개혁 프로그램을 발표하였다. 이는 노동 진영과 사민당 내의 반대에도 불구하고 추진되었다. 이에 따라 과거의 실업보조금과 사회보조금을 통합한 '실업급여 II (Arbeitslosengeld II)' 제도가 2005년부터 시행되었다. 여러 위원회 가운데 폭스바겐의 인사담당 임원이었던 하르츠(P. Hartz)가 위원장을 맡았던 IV번 위원회에서 이 개혁을 주도하여 '실업급여 II'를 보통 '하르츠 IV'라고도 한다. 이 급여의 수급자는 2000년대 후반 약 500만 명에 이르렀다.

'실업급여 II'의 액수는 다음과 같은 내용을 고려하여 책정된다. 먼저 재화 및 서비스의 가격 변화와 평균 노동자의 순소득 변화를 반영하여 생활에 반드시 필요한 기본적인 금액을 산정한다. 이를 '기본필요액(Regelbedarf)'이라고 하는데, 이는 2013년 기준 월 382유로이다. 여기에 6세 미만의 아이가 있을 경우 224유로, 6~13세 사이일 경우에는 255유로, 또는 14~17세일 경우에는 289유로가 추가된다.

다음으로 주거비인 월세를 더하는데, 베를린의 경우 혼자일 때는 378유로, 2명이면 444유로, 3명이면 542유로, 4명이면 619유로, 5명이면 705유로이고, 이후 가족이 한 명씩 늘어날 때마다 50유로씩 증가한다. 난방 비용은 식구 한 명당 위에 언급한 기본필요액의 2.3퍼센트 정도를 추가로 계산한다. 이사를 하여 월세가 오를 경우, 사전에 구청에서 확인을 받으면 그 인상분도 지급된다.

또 임신하거나 장애가 있는 경우 또는 혼자 아이를 키우는 경우에는 그에 필요한 추가적인 금액이 포함된다. 이를 '추가필요액(Mehrbedarfe)'이라고 하는데, 각각의 경우에 따라 기본필요액의 12~36퍼센트를 별도로 받게 된다. 그 밖에도 일할 능력이 안 되는 경우 등에는 '사회급여(Sozialgeld)'가 지급된다. 건강보험료는 공공보험의 경우에는 전액을, 민영보험의 경우에는 공공보험에 해당하는 액수까지만 지원한다.

이외에 희소한 질병에 대한 치료약이나 보조기구에 대한 비용 등 특수한 경우에 대해서도 지원규정을 촘촘히 만들어 놓았다. 이것들이 모두 체계적으로 운영되어 실업이 되더라도 누구나 기본적인 생활은 어려움이 없도록 보장하고 있다. 만일 우리가 독일과 같은 시스템을 갖출 경우, 그래도 우리의 파업이 '해고는 살인이다!'와 같이 사생결단 식으로 격렬할 것인지 궁금하다.

'아젠다 2010' 개혁 프로그램

1990년대 독일은 낮은 경제성장, 높은 실업률과 그에 따른 고 복지비용, 통일비용 부담 등으로 상당한 어려움을 겪었다. 소위 말하는 '유럽의 병자'가 된 것이었다. 이런 상황에서 기민당 헬무트 콜의 장기집권을 무너뜨리고 1998년 정권을 잡게 된 사민당 슈뢰더 총리는 2002년도 재선에 성공하자, 개혁 프로그램을 추진했는데 그것이 바로 '아젠다 2010'이었다.

그 주요 내용은 고용과 복지 분야의 개혁이었다. 바로 앞에서 살펴본 '하르츠 IV(실업급여 II)'가 대표적인 개혁사례이고, 그 밖에도 5인 이상 기업에 적용되던 해고보호법을 10인 이상 기업으로 완화하였고, 실업급여의 기간을 3년에서 1년~1년 6개월로 축소하였다.

이러한 개혁에 힘입어 실업률은 2005년 11.3퍼센트에서 2012년 5.5퍼센트로 떨어졌고, 25세 이하 청년실업률도 2005년 15.6퍼센트에서 2012년 8.1퍼센트로 낮아졌다. 일자리는 1995년 3,410만 개에서 2015년 3,820만 개로 증가했는데, 정규직은 2,460만 개에서 2,350만 개로 다소 감소했고, 파트타임은 770만 개에서 1,470만 개로 크게 증가했다. 중산층의 비율은 83퍼센트에서 78퍼센트로 줄어들었는데, 그 이유는 노동유연화가 진행된 결과로 분석된다. 이는 세계화 현상에 따른 다소 불가피한 결과라고 할 수 있을 것이다.

독일의 경제전문가인 한스 쿤드나니(Hans Kundnani)가 쓴 '독일의 역습 (The Paradox of German Power)'에 따르면, 이처럼 독일이 유럽의 병자에서 벗어나게 된 까닭은 우선적으로 독일 기업의 경쟁력이 강화되었기 때문이다. 여기에는 유럽연합(EU)이 동유럽으로 점진적으로 확산되면서 시장이 확대된 것이 중요한 역할을 하였다. 2000년대 초반 유로화(Euro)가 도입되면서 독일은 과거 마르크화(DM)의 강세에 힘입어 가격경쟁력이 향상된 점도 도움이 되었다. 또한 임금삭감과 유연한 고용형태를 수용하면서 기업과 노동자가 타협한 점도 중요하였다. 그밖에 EU 회원국의 경제상황 악화와 그에 따른 실업률의 증가도 독일 경제의 부흥에 영향을 미쳤다고 볼 수 있다.

자녀수당(Kindergeld), 월 194유로(약 26만 원)

그밖에 아이들을 위해 정부에서 부모에게 지급하는 '자녀수당'이 있다. 이 제도는 원래 나치시대에 처음 도입된 것으로 원래 1회성 지원금이었으나, 이후 월정액으로 발전하였다. 이 월정액 지급도 초기에는 5번째 아이부터만 해당하던 것을 점차로 확대하여 1954년부터는 3번째, 1961년부터는 2번째, 1975년부터는 첫 아이부터 지급하게 되었다. 또한 1955년부터는 실업자도 똑같이 자녀수당을 받게 되었다. 수당의 지급과 관련하여 부모의 소득상한선 등 제약요소가 점차로 사라졌다.

독일에 거주하는 거의 대부분의 부모는 이 수당을 받을 수 있다. 외국인의 경우에도 세금을 내고 있으면 똑같이 받는다. 이 수당의 지급 기간은 아이가 태어나서부터 18~25세까지이다. 자세한 조건은 「연방 자녀수당법(Bundeskindergeldgesetz)」에 규정되어 있으며, 월 지급액은 경제상황에 따라 조금씩 인상되어 왔다. 2018년부터 첫째와 둘째 아이에 대해서는 각각 월 194유로(약 26만 원), 셋째 아이는 월 200유로, 넷째 아이부터는 월 225유로(약 30만 원)를 받는다. 그래서 유학생 사이에 독일에서는 아이를 많이 낳으면 일을 안 해도 먹고 살 수 있겠다는 농담이 유행하기도 했다. 한국에서는 2018년 하반기에 월 10만 원의 자녀수당 제도를 도입했는데, 독일과 비교하여 아직은 많이 미흡한 상황이다.

유학 중에 들은 이야기를 한 가지 소개하겠다. 독일에서 음악이나 미술 등 예술을 공부한 한국 유학생은 귀국하기를 꺼린다는 것이다. 그 이유는 한국에 돌아가면 적당한 일자리를 찾기 어렵고, 그러면 생계를 위해 일을 해야 하기 때문에 예술 활동을 지속하기가 곤란하다는 것이다. 하지만 독일에서는 일자리가 없더라도 생계비를 지원받을 수 있기 때문에 자신의 예술에 전념할 수 있다는 것이다. 창조 활동을 위해 중요한 것이 무엇인지를 분명하게 드러내 준 사례라고 생각한다. 이제는 '어떠한 경우에도 사회구성원의 최저생활은 보장되어야 한다.'는 생각을 우리 모두가 공유할 시점이 되었다고 본다.

제 5 장

독일의 일자리 문제

안정적 일자리는 어떻게 만들어지는가?

1

인건비가 세계 최고 수준인 나라
- 독일의 인건비

열쇠공 한 번 불렀더니 11만 원

유학을 위해 독일에 처음 갔을 때 한국과 다르다고 느낀 점 중의 하나는 항상 열쇠꾸러미를 지니게 된다는 것이었다. 집의 현관문 열쇠를 시작으로 기숙사나 공동주택의 경우에는 보통 건물의 현관 열쇠가 따로 있고, 우편함 열쇠는 기본이고, 그밖에 지하창고, 자동차, 자전거, 사무실, 학교나 스포츠클럽의 사물함 등 최소한 9~10개의 열쇠는 기본이다. 우리와 달리 우편함 열쇠는 대단히 소중하게 취급된다. 중요한 일의 처리를 대부분 문서로 주고받고, 또 개인의 사생활을 중시하기 때문이다. 주변 사람을 보면 보통 한 묶음씩 열쇠뭉치를 지니고 다녔다. 우리 부부는 이를 '쇳대문화(열쇠문화)'라고 부르기도 했다.

이와 관련하여 한 가지 더 눈에 띄는 점은 대부분의 출입문 손잡이가 안에서만 문을 열 수 있도록 되어있다는 것이다. 굳이 문을 잠그지 않더라도 문이 닫히면 밖에서는 열고 들어갈 수가 없다. 이것도 역시 개인의 사생활과 안전을 도모하기 위해 그런 게 아닌가 싶다. 하지만

독일에서 보통 사람이 일반적으로 사용하는 열쇠꾸러미. ⓒ조성복

이 문에 익숙하지 않은 사람은 '아차' 하는 사이에 낭패를 볼 수 있다. 집안에 사람이 없는 상황에서 열쇠를 지니지 않은 채 집 밖으로 나왔는데 문이 닫힌다면, 꼼짝없이 자물쇠 따는 사람을 불러야 하기 때문이다. 그러나 이런 문에 익숙하지 않은 사람이라도 독일에서 살다 보면, 누구든지 한 번만 그런 일을 겪게 되면 바로 조심성이 생겨난다. 그 이유는 다음과 같다.

2001년 쾰른의 기숙사에 살 때인데, 모처럼 한국에서 손님이 찾아와 들뜬 분위기로 외출을 하면서 미처 열쇠를 챙기지 못하고 방을 나서게 되었다. 문이 닫힌 후에야 그 사실을 알았다. 아차 싶었으나, '나중에 방법이 있겠지' 하고 나갔다가 일을 마치고 귀가했다. 직접 문을 열어보려고 애를 썼지만, 또 기숙사 친구들이 문을 따는 데 도움이 될 만한 카드, 송곳, 젓가락 등을 가져다주는 성원에도 불구하고 끝내 문은 열리지 않았다. 어쩔 수 없이 열쇠공에게 연락했고, 오자마자 1분도 안 걸려 문을 열어 주었다. 그러고 나서 내미는 청구서 겸 영수증에는 186마르크(약 11만 원)가 적혀 있었다. 당시 한 달 식비의 절반이 넘는 거금이었다. 안타까웠지만 어쩔 수 없었다. 상황이 이러하니 어찌 조심하지 않을 수 있겠는가?

이후 집을 나설 때면 항상 신경을 썼지만, 나중에 기숙사를 나와 아파트로 옮겨가서도 다시 한 번 그런 일이 있었다. 2007년 여름의 어느 날, 정확히 기억할 수는 없지만 아마도 고대하던 박사학위를 받고 약간 들떠 있을 때였던 것 같다. 깜박하는 사이에 문이 닫혀 버렸다. 이번에는 먼저 아파트 단지에 같이 살고 있는 하우스마이스터(건물관리인)를 찾아가 "혹시 마스터키 같은 거 없나요?"라고 물었다. 그런 건 없고 마침 아파트 보수업체에서 다른 작업으로 나와 있으니 거기 가서 이야기해 보란다.

옆 라인에서 작업복을 입은 아주 어려 보이는 작업자 2명을 발견해 자초지종을 설명했다. 친절하게도 바로 와서 순식간에 문을 따 주었다. 돈 달라는 소리를 안 하기에 이건 서비스인가 싶어 냉장고에서 시원한 맥주를 꺼내다 주며 고마움을 표시했다. 그리고 이 일을 잊어버릴 만한 즈음에 94유로(약 13만 원)가 적힌 청구서가 날아들었다.

독일에서는 슈퍼마켓도 안정적인 직장

길게 이야기했지만 한마디로 요약하면, 독일에서는 인건비가 아주 비싸다는 것이다. 특히 사람의 시간과 손이 가는 것은 뭐든지 비싸다고 보면 된다. 스웨덴에 본사를 둔 '이케아(IKEA)'라는 가구점이 독일에서 인기

베를린 중심가의 한 바우하우스(Bauhaus) 전경. ⓒ조성복

가 많은데, 그 이유는 소비자가 가구의 운반과 조립을 직접 하도록 하여
가격이 상대적으로 저렴하기 때문이다. 이것 역시 인건비 문제라고 볼
수 있다. 또 식당에 가더라도 레스토랑에서 종업원의 서빙을 받느냐, 또
는 간이식당 같은 곳처럼 서빙을 받지 않느냐에 따라 팁을 포함하여 가격
차이가 심하다.

　독일에서 가장 저렴하게 생필품을 파는 슈퍼마켓은 '알디(ALDI)'이다.
그곳에 가면 카트에 물건을 담은 후, 거의 매번 계산대에서 길게 줄을 서
서 기다려야 한다. 검증된 중소업체의 물건을 저렴한 가격에 최소한의
인원으로 판매하기 때문에 그렇다. 이렇게 기다리는 것이 싫으면 '카이
져(Kaiser)'와 같은 조금 비싼 슈퍼에 가면 된다. 거기서는 대체로 기다리지
않고 바로 계산을 할 수 있기 때문이다. 대신 몇 가지 이유로 물건 값을
조금 더 지불해야 하는데, 인건비가 비싼 종업원을 더 많이 고용한 것도
중요한 이유가 될 것이다.

　슈퍼마켓의 종업원은 안정된 직장을 가진 사람이다. ALDI의 경우, 업

계 최고의 대우를 하여 우수한 젊은이가 많이 몰린다고 한다. 우리나라 마트에서 일하는 노동자는 얼마나 받고 있는지 궁금하다.

사회 전반적으로 이렇게 인건비가 비싸기 때문에 많은 사람이 도배, 페인트칠, 가구 보수, 선반 제작, 사소한 고장 수리 등과 같은 집안의 잡다한 일은 스스로 해결하는 경우가 다반사이다. 이를 위해 공구나 기구, 장비, 페인트, 자재 등을 파는 '바우하우스(Bauhaus)'나 '오비(OBI)' 같은 건재상이 성업 중이다. 그곳에 가보면 정말 손수 집이라도 지을 수 있을 정도로 집안일이나 건축 관련 온갖 것이 잘 갖춰져 있다. 마치 우리도 옛날에 청계천 상가에 가면 없는 게 없어서 탱크도 만들 수 있다고 했던 것처럼.

2000년 10월, 쾰른대학에서 정식으로 학업을 시작하였다. 사법(私法 / Privatrecht) 과목 첫 강의시간에 미하엘(Michael)이란 독일 친구를 사귀게 되었다. 독일에서는 대학에 가면 독립하는 게 일반적인데, 그는 부모 집이 학교와 멀지 않아서 졸업 때까지 계속해서 함께 살았다. 서로 친해지면서 가끔 집으로 불러 한국요리를 함께 먹으며 대화를 나누곤 하였다.

그러고 나면 그 부모님이 거꾸로 우리 부부를 초대하여 독일요리와 함께 우리 같은 외국 유학생이 평소에 접하기 어려운 괜찮은 포도주나 샴페인 등을 내놓곤 하였다. 그러면 우리 부부는 정작 미하엘 보다도 그 부모와 더 많은 이야기를 나누며 즐거워했던 것 같다. 조금 우습지만 우리의 연배가 미하엘 보다는 그의 부모에 더 가까웠기 때문이다.

초대를 받아 찾아간 그 부모의 집은 쾰른 근교의 바일러스비스트(Weilerswist)라는 조그만 게마인데(Gemeinde, 우리의 읍/면)에 있는 2층짜리 아담한 단독주택이었다. 그곳을 몇 차례 방문했는데, 적당한 크기의

퀼른 근교 바일러스비스트의 한 산책로에서 미하엘과 함께. ⓒ조성복

정원을 갖추고 있어서 여름철에 그릴을 하면 마치 고급별장에 온 기분이었다. 그런데 그 집을 미하엘의 아버지가 몇 년에 걸쳐 주말과 공휴일, 휴가기간 등을 이용하여 혼자서 지었다는 이야기를 듣고는 입이 벌어지지 않을 수 없었다. 도저히 믿기지 않아 정말이냐고 몇 번을 되물었던 기억이 난다. 아마도 인건비가 비싸서 그랬을 것이다.

그 부자(父子)는 우리 부부가 기숙사를 나와서 아파트로 이사할 때, 여러 가지 장비와 공구를 챙겨 와서 하자 보수, 도배, 페인트칠, 전기 공사 등을 직접 시공하여 새 아파트로 만들어 주었다. 만약 이들이 도와주지 않았다면, 그 집을 수리하기 위해 막대한 비용을 들여야 했으리라. 그런 공사를 왜 세입자가 직접 해야 하는지에 대해서는 앞에 있는 〈제3장 독일의 주거문화〉편에 자세히 소개되어 있다.

독일 인건비, 세계 최고 수준

실제로 독일의 인건비는 세계 최고 수준이다. 미국 노동통계국이 발표한 자료를 보면, 2011년 기준 독일의 제조업 부문 노동자의 시간당 임금은 47.38달러로 노르웨이, 스위스 등 일부 소국을 제외하고는 가장 높았다. 대략의 순서를 살펴보면 프랑스 42.12달러, 이태리 36.17달러, 일본 35.71달러, 미국 35.53달러, 영국 28.44달러, 스페인 28.44달러, 그리스가 21.78달러를 기록하였고, 한국은 18.91달러였다.

이처럼 인건비가 비싸면 가난한 사람은 살기 힘들지 않을까 궁금할 것이다. 물론 다른 사람의 노동력을 사야 하는 입장에서는 높은 인건비가 다소 부담스러울 수도 있겠지만, 반대로 일을 하는 사람의 입장에서는 그것은 아주 신나는 일이다. 자신의 노동이 값어치가 있다는 증거이니까. 물론 독일에도 시간당 2~3유로를 받고 일하는 '불법노동자'가 건설현장 등에 존재한다. 이들은 대개 동유럽이나 아프리카 등에서 몰래 넘어온 노동자이다.

하지만 대부분의 경우에는 위의 여러 사례에서 보듯이 노동의 가치가, 노동자의 존재가 충분히 존중되고 있음을 알 수 있다. 그렇다면 독일에서는 보통 사람이 어떻게 자신의 직업을 갖게 되는 것일까?

2

독일인은 왜 대학입시에 목매지 않을까?

- 독일의 직업교육

수습생도 근로계약서 작성

독일에서 직업을 갖기 위해서는 반드시 '아우스빌둥(Ausbildung, 직업교육)'을 받아야 한다. 이는 일부 예외를 제외하고는 수공업, 농업, 상업, 공업, 공무원, 간호 또는 사회사업, 기타 서비스업 등 거의 모든 직업에 해당한다. 현재 약 460개에 달하는 공인된 직종이 있으며, 이 교육을 받는 사람을 '수습생 또는 도제(徒弟)(Lehrling 또는 Auszubildende, 이를 줄여서 아쭈비/Azubi 라고도 함)'라고 한다.

수습생은 근무시간, 급여, 수습기간 등 근로조건이 명시된 계약서를 의무적으로 작성해야 하며, 교육 기간은 보통 2~3년 정도이다. 이 기간에는 아직 100퍼센트 월급을 받지는 못하지만, 각 직업별 임금협약에 따라 약 400~1,200유로의 일정한 급여를 받게 된다. 또한 만 18세 미만의 경우에는 「청소년노동보호법(Jugendarbeitsschutzgesetz)」에 따라 특별한 보호를 받는다.

직업교육은 대개 학교와 현장에서 동시에 진행되는데, 현장교육은 해

퀼른 메세에서 아르바이트할 때 맺은 근로계약서. 임시고용인(Aushilfe)에 불과했지만 계약서를 썼을 뿐만 아니라, 계약서에는 임금협약에 따른 시간 당 임금이 명시되어 있었다. ⓒ조성복

당 분야의 마이스터(Meister, 장인)가 실시한다. 이 교육을 받고 공인된 시험을 통과하면 해당 분야의 정식 노동자로 일하게 된다. 이후 그 분야에서 일정 기간의 경력을 쌓게 되면 장인이 되기 위한 자격시험의 기회가 주어진다.

자격시험은 전문실습, 전문이론, 경영·상법·법률, 도제교육 방법론의 4가지 분야로 구성된다. 보통 3번의 기회가 주어지는 이 시험을 통과하면 누구나 마이스터가 될 수 있고, 그렇게 되면 자신의 도제를 받을 수도 있게 된다. 이런 장인이 되기 위한 첫걸음이 바로 수습생이다. 그런데 인기 있는 도제자리는 통상 배정된 것보다 희망자가 더 많기 때문에 이 자리를 놓고도 치열한 경쟁이 벌어진다.

공정하고 투명한 평가 방식

한번은 텔레비전에서 미용사의 수습생을 뽑는 프로그램을 보여주었다. 한 미용실에서 마이스터가 3명의 지원자 가운데 1명을 자신의 도제로 선발하는 내용이었다. 이를 위해 1주일가량 그 미용실에서 현장교육과 실습이 이루어졌다. 먼저 3명의 후보를 소개하고, 이들이 미용사가 되려는 이유와 이를 위해 그동안 어떻게 준비해 왔는지 등을 각각의 현장 인터뷰를 통해 보여주었다. 마이스터는 이들을 지켜보면서 고객을 대하는 태도, 미용 기술, 직업에 대한 적합성, 개인적 장단점 등을 지적해주고 최종적으로 1명을 선발하였다.

수습생으로 뽑힌 이는 기쁨을 감추지 못하고 감격의 눈물을 흘렸다. 처음에는 겨우 미용사의 도제가 됐을 뿐인데 저렇게 좋을까 조금 의아했었다. 그러나 독일 사회에 대해 좀 더 알게 되면서 충분히 공감이 갔다. 그 자리를 얻게 된 사람은 이제 그 사회에서 별다른 어려움 없이 자립적으로 살아갈 기회를 잡은 것이다. 한마디로 자신이 원하는 안정된 직장을 얻은 것이나 다름없기 때문에 그렇게 기쁜 것이었다.

이와 유사한 프로그램이 방송되면 관심을 가지고 지켜보았다. 무엇보다도 그들의 평가방식이 궁금했기 때문이다. 물론 1~2시간의 다큐멘터리 프로에서 1주일의 모습을 전부 다 보여줄 수는 없지만 중간중간에 마이스터가 각각의 지원자에 대한 짧은 평가를 통해 개선할 점을 지적하는 것이 신선했다.

마지막에 가서 그는 최종 합격자를 지명하고, 그 선정 이유를 명확하게 밝혔다. 덧붙여 탈락자에 대해서도 왜 합격이 안 되었는지, 앞으로 보완해야 할 점은 무엇인지 등을 친절하게 설명해 주었다. 그것은 좋은 말로만 얼버무리는 겉치레가 아니었다. 일을 진행하는 과정이 공정하고 투명하여 시청자로서도 쉽게 이해할 수 있었다.

이런 모습은 대학이나 관청 등 공적 분야에서는 더욱 두드러졌다. 유학 당시 디플롬 과정에서 특정 주제를 주고 정확하게 72시간 후에 보는 구두시험이 있었는데, 교수와의 질의응답 과정을 비서가 동석하여 기록하였다. 디플롬 학위논문 제출 후에 가진 인터뷰에서도 마찬가지였다. 박사학위논문 제출 후에 치러진 구두시험(Disputation)에서는 심사위원인 3명의 교수 이외에 다수의 박사과정 학생이 참석하여 지켜보았기 때문이다.

직업의 귀천 없는 독일, 직업 간 임금 격차도 크지 않다

독일에서는 일부 좋은 일자리를 가진 사람만 잘살지 않는다. 아무리 사소해 보이더라도 하나의 직업을 갖게 된 사람은 남부럽지 않게 충분히 잘 살아갈 수 있다. 미용사를 하더라도, 슈퍼에서 일을 하더라도, 청소를 하더라도, 열쇠공, 도배공, 미장공, 페인트공, 운전기사, 경비원, 서비스 종사자 등 고등교육이 필요하지 않은 단순한 직업을 갖더라도 그 사회에서 살아가는 데 별 어려움이 없는 것이다.

따라서 어떤 직업의 수습생이 되는 것은 대단히 중요한 일이다. 누구나 특정한 직업을 가지면 잘 살 수 있는 시스템이 갖춰져 있기 때문이다. 하기야 직업이 없는 사람도 최소한의 안정적인 삶을 보장하는 시스템을 구축하고 있는데 무슨 말이 더 필요하겠는가.

또한 직업에 따른 보수의 격차가 우리처럼 심하지 않다. 한국일보 2011년 10월 12일자 보도에 따르면, 독일과 한국의 의사 월급은 서로 비슷하였다. 그러나 흔히 가장 낮은 임금을 받는다는 식당 웨이터의 월급을 비교했을 때는 그 차이가 아주 심했다. 독일의 웨이터는 의사의 32퍼센트인 반면, 한국은 19퍼센트에 불과했기 때문이다.

이처럼 독일에서는 좋은 직업에서 성공해야만 잘 사는 것이 아니다. 그래서 모두가 반드시 대학에 가기 위해 기를 쓰지 않는다. 꼭 대학을 가야 한다는 필요성을 느끼지 못하는 것이다. 이런 까닭에 공부하는 것을 좋아하지도 잘하지도 않는데, 무조건 대학에 가기 위해 우리처럼 막대한 돈을 들여 사교육을 받는 일은 거의 없다.

그 밖에도 각 분야에서 소수의 승리자가 많은 것을 독식해 버려서 나머지 사람은 무한 경쟁으로 내몰리는 그런 상황은 잘 일어나지 않는다. 정규직과 비정규직의 차이처럼 같은 일을 하고도 수입이 서로 다른 불합리한 경우가 없기 때문이다. 대다수 사람이 저마다 자기가 일한 몫을 제대로 받을 수 있고, 또 자기가 잘하는 일을 하면서 인생을 즐기고 있다.

예를 들어 독일에서 가장 흔한 직업의 하나인 베커(Bäcker, 빵 굽는 사람)의 경우, 꼭두새벽에 출근해야 하는 어려움이 있지만 보통 오전이면 일이 끝난다. 오후에는 축구를 하고 맥주를 마시며 시간을 보내다가 저녁에는 조금 일찍 잠자리에 들면 된다. 여름에는 긴 휴가를 다녀올 수도 있다. 그렇다면 이와 같이 누구나 안정된 일자리를 갖는 것이 가능한 이유는 무엇일까?

3

한국, 미용실 수습생 시급 3,000원
- 독일의 일자리 및 노동시장

적절하게 조절되는 수습생 자리

앞의 '미용사 되기' 프로그램을 보면서, 수습생을 왜 1명만 선발하는지 궁금했다. 시청자 입장에서는 그냥 3명을 모두 뽑아도 될 것 같았기 때문이다. 그런데 그러한 직업교육 자리가 그냥 만들어지는 것이 아니라 국가가 공인한 것이고, 또 노사정(관련 부처, 사용자와 노조)이 서로 협의를 통해 그 수를 적절하게 조절하고 있다는 사실을 알게 되자 이해가 되었다. 특히 연방정부는 직업의 종류를 인증하고, 각 직종에 대한 훈련과 시험요건을 규정하며, 직업교육을 둘러싼 각 이해 당사자의 역할과 권한 등을 조정한다.

만약 방송에 나온 미용실에서 수습생으로 3명을 모두 고용한다면 기존 고객 수는 일정한 상황에서 제대로 된 임금을 주기 어려울 것이다. 그래서 1명만 고용한 것이다. 그러면 자리를 얻지 못한 나머지 2명은 어떻게 되는가? 그들은 최악의 경우 복지시스템의 도움을 받아 생활하며 새로운 자리를 구하면 된다. 즉, 안정된 일자리가 나올 때까지 기다릴 수 있다는 말이다.

이는 2013년 2월 언론에 보도된 한국의 미용실 상황과는 매우 대비되는 모습이다. 청년노동의 질 향상을 위해 만든 단체인 '청년유니온'이 발표한 '미용실 보조노동자 근로조건 실태조사'에 따르면, 미용실 인턴의 월 급여가 평균 93만 원, 주당 근무시간은 약 65시간, 평균시급은 3,000원 미만이었다고 한다. 이는 2013년 기준 최저임금 4,860원에도 한참 못 미치는 수준이다. 조사대상이었던 전국 200여 개의 미용실 가운데 최저임금 이상으로 시급을 주는 곳은 단 한 곳도 없었다.

수습생이 일자리에 대한 수급 조절이 없이 무한 경쟁의 세계에 놓이기 때문에 미용실의 그런 횡포가 가능하다고 본다. 주먹구구식이 아닌 수요와 공급을 감안한 체계적인 일자리 대책이 시급하다. 주변에 과도하게 많은 치킨가게도 비슷한 맥락에서 피해자라고 볼 수 있다. 2016년 한 해 동안 약 4,000곳이 추가적으로 개업을 했고, 약 3,000곳이 폐업을 했기 때문이다. 커피숍도 마찬가지이다. 적절한 수급대책의 부재로 그 일을 하는 사업자의 고통과 사회적 낭비가 심각한 상황이다.

그런데 미용실 인턴으로 일했던 이들은 그와 같은 장시간 저임금 노동도 괜찮았던 것일까? 그들이 법으로 정해진 최저임금도 주지 않는 그 열악하고 부당한 근로조건을 감수한 이유는 무엇일까? 그것은 아무리 부당한 조건이라도 그것을 거부할 처지가 안 되기 때문일 것이다.

간혹 그렇게 적은 돈을 받고 어떻게 일을 하느냐는 말을 하는 사람도 있다. 그것은 현실을 잘 모르고 하는 말이다. 그들이 그 일을 하고 싶어서 하겠는가? 생계가 막막한데 어떻게 조건을 따질 수 있을 것인가? 집안이 부유한데 미용사가 되고 싶은 사람은 일단 열악한 조건의 자리는 거부할 수가 있다. 하지만 그렇지 못한 경우에는 아무리 열악한 조건이라도 거부할 수가 없는 것이다. 즉, 대등한 경제주체로서 거래할 수 있는 '경쟁의 자유'가 없다는 것이다. 쉽게 말해 '을'의 입장이라는 뜻이다.

갑의 부당한 조건을 거부하는 방안

그렇다면 갑이 제시하는 부당한 조건을 거부할 수 있는 권리를 을에게 줄 수 있는 방법은 무엇일까? 그것은 바로 국가가 을의 최저생활을 보장해 주는 것이다. 그러면 미용실이 최저생계비 이하의 급여를 제시할 경우에는 그 자리를 거부할 수 있다. 그러나 우리의 현실은 그렇지 않다. 복지제도가 부실하여 가난한 구직자는 갑의 횡포에 사실상 무방비로 노출되어 있기 때문이다.

따라서 안정된 일자리를 만들기 위해서는 무엇보다도 모든 사회구성원의 최저생활을 보장해 주는 복지시스템을 구축하는 것이 중요하다. 억지로 최저임금을 높이려는 노력보다도 국가가 개인의 최저생계를 보장한다면 최저임금은 저절로 올라갈 것이기 때문이다. 고용시장에 나오는 일자리는 자연스럽게 최저생계비 이상의 급여를 주는 자리가 될 수밖에 없다. 그렇지 않다면 아무도 그 일을 하려고 하지 않을 것이기 때문이다.

독일의 상황이 바로 그러하다. 실제로 독일에는 2015년 이전까지 법으로 정해진 최저임금이 아예 없었다. 통상적으로 임금의 결정은 정부의 개입을 배제한 체 노사 간 자율적 협상에 따라 이루어진다. 이렇게 정해진 임금은 각각의 해당 산업에서 최저임금의 역할을 한다. 이를 '임금협상의 자율성'이라고 하는데, 이는 독일 기본법 제9조 제3항(단체, 결사의 자유)에 보장되어 있다.

이 조항에는 누구든지, 어떤 직업이든지 근로조건이나 임금조건을 개선하고 지키기 위한 단체를 구성할 권리를 가진다고 명시되어 있다. 또 이 권리를 제한하거나 방해하기 위한 모든 행위는 무효이거나 불법이라고 규정하고 있다. 이처럼 노사 간 협의를 통한 임금의 결정과 부당한 일자리를 거부할 수 있는 복지제도의 발달은 독일에서 안정된 일자리를 만들어내는 기본적 배경이 된다.

한편, 독일에서도 신자유주의의 영향으로 불안정한 일자리가 늘어나면서 이를 보호하기 위해 2015년 처음으로 시간당 8.50유로의 최저임금제가 도입되었다.

노동 형태의 변화

최근 독일의 근로형태는 과거 20~30년 전에 비해 훨씬 더 다양해지고 있다. 삶의 모습이 변하고 있고, 그에 따라 노동시간을 유연하게 설정하는 모델이 선호되고 있기 때문이다.

누군가 15인 이상의 기업에서 최소 6개월 이상 근무를 한다면, 그는 자신의 주당 노동시간을 단축할 권리가 있다. 오늘날 약 1,500만 명의 독일인이 파트타임으로 일하고 있다(20년 전에는 그 숫자가 절반 정도였다.). 그 이유는 아이를 가진 여성이 점점 더 많이 파트타임 일자리에 뛰어들고 있기 때문이다. 이와 관련하여 중요한 문제점 중의 하나는 많은 이들이 그러한 파트타임 일자리에서 벗어나지 못하고 있다는 점이다. 그들은 아이가 자란 후에도 온전한 일자리를 얻지 못하고 있기 때문이다. 그래서 정규 일자리로 복귀를 가능케 하는 새로운 법이 2019년부터 발효되어 시행되고 있다.

'일자리 나누기(Jobsharing)'도 새로운 추세 중 하나이다. 2명의 동료가 1개의 일자리를 나누어 공유하는 것인데, 구체적으로 급여, 과제, 근무시간 등을 서로 협의하여 조정한다. 현재 이에 대한 정확한 통계는 존재하지 않지만 이와 관련한 설문조사의 결과를 보면, 응답한 기업의 약 85퍼센트가 이러한 모델을 긍정적으로 평가한 것으로 나타났다.

또한 독립적으로 일하는 프리랜서가 증가하고 있다. 독일에서는 이를 '자유직업인(Freiberufler)'이라고 하는데, 관련 협회에 따르면 그 숫자는 2017년 현재 약 140만 명에 달한다고 한다. 이는 1999년 이래 2배로 늘어난 것이다. 그밖에 여러 개의 직업을 동시에 갖는 이들도 증가하고 있다. 2014년에는 약 190만 명이었던 그와 같은 다중 직업인이 2017년에는 330만 명으로 늘어났다.

재택근무도 증가하는 추세이다. 많은 사무직 노동자가 긴 출퇴근시간을 피하거나, 집중도를 높이거나 또는 일과 양육을 병행하기 위해 경우에 따라 집에서 일하고 있다. '디지털연합회(Bitkom)'의 조사에 따르면 독일 기업의 약 39퍼센트가 재택근무를 허용하고 있다고 한다. 모든 고용자의 약 11퍼센트가 부분적으로 집에서 일하고 있는 것이다.

끝으로 많은 기업이 기존의 9시에서 17시까지의 근무시간 대신에 '자율선택 근무시간제'를 허용하고 있다. 보통 모든 종업원이 함께 하는 집중근무 시간대가 있기 때문에 업무협력에는 문제가 없다. 2018

퀼른 유스호스텔에서 새벽에 내다본 출근자 모습. ⓒ조성복

년 여름, 독일 퀼른을 방문하여 유스호스텔에 묵었을 때 호스텔 바로 앞에 커다란 오피스 건물이 있었다. 시차로 인하여 새벽 4~5시에 일어나 창밖을 보다가 출근자의 줄이 계속 이어지는 광경을 보며 놀란 적이 있는데, 바로 이 자율선택 근무시간제 때문이었다.

언제까지 '파이' 타령?

일부에서는 우리 상황을 선진국인 독일과 비교하는 것은 무리라고 주장한다. 그러면서 우리도 나중에 좀 더 잘 살게 되면 독일처럼 할 수 있을 것이라고 스스로 위안을 하기도 한다. 그러나 그것은 결단코 그렇지 않다. 지금 하지 못하는 일은 더 잘 살게 되더라도 하기가 쉽지 않기 때문이다. 옳은 일이라고 생각되면, 바로 해야 한다. 비록 처음부터 완벽하게 하지는 못하더라도 최소한 그 방향으로는 가야 한다. 보수 진영은 지난 수십 년간 끊임없이 파이를 좀 더 키워야 나눌 수 있다고 주장해 왔는데, 도대체 파이가 얼마만큼이 되어야 커졌다고 할 것인가?

현재 우리 상황은 파이가 커지는 것이 아니라 재산이나 소득의 양극화가 점점 더 커지고 있는 모습이다. 독일의 사회복지제도나 노조 문제 등에 대해서 살펴보면, 그들이 잘 살게 된 다음에 그런 제도를 만든 것이 아니라는 사실을 알게 된다. 예를 들어, 노동자를 함부로 해고하지 못하게 한 「해고방지법」이란 것이 있다. 과연 독일인이 이 법을 언제 만들었는지 다음에서 확인해 보기 바란다.

4

노동자 해고 어려운 독일의 국가경쟁력은?
- 독일의 고용보호, 동일노동 동일임금

해고방지법

독일에는 「해고방지법(Kündigungsschutzgesetz)」이 있어서 사용자가 노동자를 함부로 해고하지 못하도록 엄격하게 규제하고 있다. 이 법이 처음 만들어진 것은 1951년이다. 2차 대전의 후유증으로 거의 폐허가 된 상황에서 재건을 시작하는 시점이었다. 그런 상황에서도 노동자의 권익을 우선적으로 고려한 것은 바이마르 공화국 이전부터 이어져 온 사민주의 전통 때문이다. 이 법은 총 26개조로 구성되어 있는데, 그 핵심 내용은 사용자가 종업원을 해고할 경우 반드시 정당한 해고사유를 제시해야 한다는 것이다.

질병에 따른 업무수행 불가, 노동자의 잘못된 행위, 기업의 구조조정에 대한 객관적 사유 등과 같이 해고의 근거를 구체적으로 명시해 놓았다. 이 일반적인 규정 외에도 노사 간 단체협상에 따른 여러 가지 조건이나 예외규정을 충족해야만 해고가 가능하도록 되어있다. 따라서 직장을 갖게 된 노동자는 특별한 일이 없는 한 자신의 일자리를 안정되게 유지할 수 있다. 살아가는데 이것보다 더 중요한 일이 있을까?

이 법의 적용대상은 원래 5인 이상의 기업이었는데, 이로 인해 노동시장의 경직성이 지나치게 크다는 비판을 받아왔다. 사민당(SPD) 출신의 슈뢰더 총리는 이 문제점을 개선하고 노동의 유연성을 제고하기 위해 2003년 '아젠다 2010'이란 개혁 프로그램에서 해고방지법의 적용대상을 10인 이상의 기업으로 완화하였다. 그러나 이러한 노력에도 불구하고 독일 노동시장의 경직성 문제는 최근까지도 여전한 것으로 조사되었다.

노동시장 유연성 119위인 독일, 국가경쟁력은 세계 최고

매년 스위스에서 열리는 다보스 포럼으로 유명한 세계경제포럼(WEF)이 발표한 '2012~2013년 국가경쟁력 평가보고서'에서 독일은 국가경쟁력 부문에서 전체 144개국 가운데 6위를 차지했다. 그러나 노동시장의 유연성은 119위, 고용과 해고의 유연성은 127위, 임금결정의 유연성은 139위에 머물렀다. 참고로 한국은 국가경쟁력 19위, 고용과 해고의 유연성 109위, 임금결정의 유연성 63위를 기록하였다.

이처럼 고용과 해고가 쉽지 않고 임금결정 과정이 경직적이어서 노동시장의 유연성이 거의 꼴찌에 육박하고 있지만, 독일의 국가경쟁력은 거의 세계 최고 수준이다. WEF 조사결과에서 독일(인구 8,200만명)보다 앞선 경쟁력을 보인 국가는 스위스(780만명), 싱가포르(530만명), 핀란드(540만명), 스웨덴(950만명), 네덜란드(1,600만명)로 모두 상대적으로 규모가 작은 나라이다. 따라서 강대국 중에서는 독일의 경쟁력이 가장 높다고 할 수 있겠다.

이 조사결과는 노동시장의 유연성과 관련하여 매우 중요한 시사점을 주고 있다. 흔히 '노동시장의 경직성이 경제성장의 발목을 잡는다.'고 하는데, 위 결과는 이런 인식이나 주장이 항상 옳은 것은 아니라는 점을 보여주었기 때문이다. 이와 같은 인식은 우리에게도 광범위하게 퍼져 있는데, 이제 그런 생각을 바꿀 필요가 있다. 위의 독일사례가 그 증거이기 때문이다. 이 사례는 노동시장의 유연성을 강화하는 것보다 반대로 노동자에게 안정된 일자리를 보장하는 것이 국가경쟁력을 높이는데 훨씬 더 중요할 수도 있다는 사실을 잘 보여주었다.

'동일노동 동일임금' 원칙, '사회적 정의'이다

고용안정의 문제와 더불어 노동자에게 한 가지 더 중요한 사항은 동일한 일을 했을 때 동일한 임금을 받는 것이다.

2013년 6월 독일의 건설노조(IG Bau)와 사용자 단체는 임금협상을 통해 서독 지역 청소원의 임금을 현재 시간당 9유로에서 2014년부터 9.31유로, 2015년에는 9.55유로로 인상하기로 합의했다. 동독 지역에서는 현재 7.56유로에서 7.96유로를 거쳐 8.21유로로 인상하기로 하였다. 동독 지역은 서독 지역과의 격차 때문에 아직까지 가격이나 비용에서 매번 조금씩 낮게 책정되고 있다. 독일에는 약 55만 명의 청소노동자가 있는데, 이번 임금 인상의 결과는 청소 일을 하는 누구에게나 똑같이 적용된다. '동일노동 동일임금'의 원칙이 지켜지기 때문이다.

기업별 노조가 발달한 우리와 달리 독일에서는 산업별 노조가 임금협상을 한다. 각각의 산별 노조와 사용자 단체가 자율적 협상을 통해 임금을 결정하면, 해당 산업의 노동자는 그것을 따르게 된다. 이러한 산별 방식은 우리의 노사관계, 특히 노노관계의 갈등 해결을 위한 중요한 대안이 될 수 있다. 산업별 동일임금이 우리 사회의 양극화 문제를 해결하기 위한 첫걸음이 될 수 있기 때문이다.

이처럼 동일한 산업이라면 어디에서 일하든지 동일한 임금을 받기 때문에, 같은 업종이라면 중소기업의 노동자가 굳이 보다 큰 기업으로 옮겨갈 이유가 없다. 오히려 대기업으로 전직하는 것보다 더 중요한 일은 자신의 기술이나 능력을 향상하는 것이다. 숙련노동자가 될수록 급여 등 제반 조건이 나아지기 때문이다.

또한 동일노동 동일임금 원칙은 우리나라 교육 문제의 개선에도 중요한 시사점을 제공한다. 이 원칙이 정착된다면 많은 대학생이 대기업에 가기 위해 돈과 시간을 들여 소위 '스펙 쌓기'와 같은 불필요한 무한 경쟁을 벌이지 않아도 되기 때문이다. 현재는 대기업과 중소기업 사이에 임금, 근무환경, 복지 등 그 격차가 너무 크기 때문에 모두 대기업으로만 가려고 하는 것 아닌가. 2013년 삼성그룹은 채용과정에서 쓸데없이 과도하게 많은 비용이 들어서 문제라고 발표했다. 이러한 현상의 원인도 동일임금의 원칙이 무시되고 있기 때문이다.

한 사회에서 같은 일을 하는데 서로 다른 임금을 받는다면, 그것은 무엇인가 문제가 있는 것이다. 독일에서는 이런 것을 '사회적 정의'의 문제라고 하며, 이는 정치, 경제, 사회 등의 모든 논의에서 항상 가장 중요한 역할을 한다. 2010년대 한국의 여러 대학에서 있었던 청소 노동자의 시위가 생각난다. 그들이 하는 일은 시청 소속 청소원이 하는 일과 차이가 많은 것일까? 똑같이 청소 일을 하는데 왜 급여가 달라야 하는지, 또 독일처럼 시간당 7~9유로 정도의 임금을 받고 있는지 궁금하다.

2016년 국회사무처는 그동안 용역회사를 통해 간접 고용하던 청소원을 직접 고용하여 정규직화 하였다. 고용의 안정성과 급여 등 제반 조건이 나아졌을 것이다. 바람직한 일이다. 그러나 여전히 문제점은 남는다. 여의도의 여러 빌딩을 포함하여 전국의 수많은 비정규직 청소원은 상대적 박탈감에 빠질 것이기 때문이다. 그들은 자신이 국회에서 일하지 못함을 한탄할 것이다. 따라서 특정 노동자에게 혜택을 주는 것보다 어디에서 청소를 하던지 누구나 동일한 조건에 놓일 수 있도록 하는 방안을 찾는 것이 중요하다.

이와 같은 맥락에서 볼 때 2017년 문재인 정부가 인천공항공사, 정부청사관리 등 일부 공공부문 비정규직을 갑자기 정규직화한 조치도 문제가 있는 것이다. 그 자체가 나쁜 것이 아니라 또 다른 차별을 불러오기 때문이다. 그것은 근본적인 해결책이 아니라 임시방편일 뿐이다. 특정 비정규직을 정규직화 하는 것보다 훨씬 더 시급하고 중요한 일은 사회 전반에서 먼저 동일노동 동일임금의 원칙이 시행되도록 유도하는 것이기 때문이다.

5

'히든 챔피언', 독일이 위기에 강한 이유
- 독일의 중소기업 정책

제조업 선진국

독일은 자동차, 기계, 화학 산업 등의 비중이 2017년 기준 국내총생산(GDP)의 약 23퍼센트에 달하는 제조업 강국이다. 미국이나 영국의 2배에 이르기 때문이다. 아직 제조업 중심의 산업 구조를 지니고 있으며, 2000년대 이후 급속한 경제성장을 보이고 있는 중국과 세계 최대 수출국 자리를 놓고 경쟁하고 있다. 일반적으로 독일 제조업의 경쟁력은 체계적 직업교육에 따른 우수한 기술력의 확보와 연구개발에 대한 지속적인 투자에 있다.

장인정신에 입각한 직업교육은 철저하다 못해 지나칠 정도로 엄격하게 진행된다. 또한 연구개발에 대한 투자도 충분히 공감이 가는 부분이다. 2008년 세계금융위기의 여파로 독일 경제가 침체에 빠지자 연방정부는 두 차례에 걸쳐 경기부양책을 내놓았는데, 그 내용 가운데 '연구개발비의 증액'이 많은 비중을 차지했기 때문이다. 서둘러 경기회복을 해야 하는 시점에서 그 대책으로 나온 것이 '연구개발에 대한 투자 확대'였다. 당시 대사관에서 이를 지켜보면서 조금 뜻밖이라 생각되어 기억에 남는다. 하지만 바로 이런 점이 장기적 안목에서 일을 추진하는 독일 국가경쟁력의 원동력이라고 생각한다.

독일 중소기업 임금, 대기업 임금의 90%... 한국은?

독일을 생각하면 벤츠(Benz), 베엠베(BMW), 폭스바겐(Volkswagen), 지멘스(Siemens), 아스피린으로 유명한 바이엘(Bayer) 등의 대기업이 먼저 떠오를 것이다. 그러나 비록 우리에게 잘 알려져 있지는 않지만 각 분야에서 세계 수준의 경쟁력을 갖춘 중소기업도 많은 나라이다.

이러한 중소기업을 보통 '히든 챔피언(Hidden Champion)'이라고 하는데, 이는 1990년 독일 경영학자 헤르만 지몬(H. Simon)의 명명에 따른 것이다. 이들은 세계 틈새시장에서 1~3위 또는 각 대륙에서 1위의 시장 점유율을 보이는, 연간 매출액이 30억 유로(약 4조원) 미만이면서 잘 알려지지 않은 기업을 지칭한다. 2007년 기준으로 약 2,000개에 달하는 것으로 알려져 있다.

이러한 히든 챔피언 뒤에는 약 360만 개에 달하는 다양한 중소기업이 자리하고 있다. 이들은 2009년 기준 전체 기업의 99.7퍼센트, 사회보험료를 부담하는 양질의 일자리 가운데 약 66퍼센트를 차지하고 있고, 전체 직업훈련생의 약 83퍼센트가 이들 중소기업에서 교육을 받고 있다. 독일에서는 종업원 500인 이하, 연간 매출액 5,000만 유로(약 650억원) 미만인 회사를 '중소기업'으로 정의한다. 이 가운데 '소기업'은 보통 10인 미만의 종업원과 연 매출 100만 유로(약 13억원) 미만의 기

강아지를 키우는 집에는 대체로 위 상표(flexi)의 목줄이 하나씩 있을 것이다. 하지만 저 제품이 독일 북부에 위치한 인구 16,000명에 불과한 바그트하이데(Bargteheide)라는 소도시의 회사(Bogdahn International GmbH & Co. KG)에서 만들어지고 있다는 사실을 아는 사람은 거의 없을 것이다.
ⓒ조성복

업을 일컫는데, 전체의 약 6.7퍼센트 정도이다. 반면에 우리나라는 10인 미만의 기업이 약 43퍼센트를 자치할 정도로 많은 편이다.

독일의 중소기업은 약 95퍼센트가 가족 소유이며, 주식회사가 아닌 유한회사의 형태가 많다. 그래서 단기적인 성과에 연연하지 않고 중장기적인 투자와 경영을 할 수 있어 기술력 면에서 세계적인 경쟁력을 갖추게 된다. 이에 따라 대기업과의 거래에서도 '납품단가 후려치기'와 같은 일은 잘 일어나지 않으며, 상호 보완적 관계를 형성한다. 한번 거래관계를 맺으면 장기적인 관계를 유지하려는 경향이 있는데, 이러한 관행은 대기업과 중소기업 간 협력의 배경이 되고 있다. 또한 중소기업 사이에서도 가능한 한 가격경쟁은 서로 피하고, 시장의 분할을 통해 상호 이익을 추구하려는 경향이 있어서 '제살 깎아먹기' 식의 무한 경쟁은 발생하지 않는다.

베를린 대사관에 근무할 때, 한국중소기업연구원의 김승일 박사가 자료조사를 위해 방문하여 이에 대해 논의한 적이 있었다. 이후 발간된 그의 저서『독일 중소기업의 경쟁력 실태분석 및 정책적 시사점 연구』에 따르면, 독일에서는 2001~2007년 중소기업의 평균 영업이익률이 약 7.6~7.7퍼센트로 대기업의 약 5.8퍼센트보다 높았다.

미국, 프랑스 등 여러 선진국 가운데 유일하게 독일만 그런 결과를 보였다. 이는 우수한 기술력에 기반을 둔 중소기업의 차별화 경쟁전략 때문인 것으로 분석된다. 한국의 경우에는 같은 기간 평균 영업이익률이 대기업은 7.3퍼센트, 중소기업은 4.5~4.7퍼센트로 대기업이 2.6~2.8퍼센트 높았다.

또한 독일에서는 대기업과 중소기업 종업원 사이의 임금격차가 그렇게 크지 않으며, 주요 선진국과의 비교에서도 그 차이가 가장 작은 것으로 나타났다. 대기업 임금을 100으로 가정했을 때, 중소기업은 대략 90 정도에 달했다. 그래서 독일에서는 중소기업이 고급기술 인력을 확보하는 데에 어려움이 크지 않은 편이다. 반면에 미국, 영국, 프랑스는 70~80 수준, 한국은 50~60 정도에 불과했다. 특히 우리나라는 1996년 77.5, 2000년 70.8, 2010년 64.6 등으로 계속해서 격차가 더 벌어지고 있어서 대기업에 대한 선호도는 점점 더 커지고 있다.

경제위기 한파에도 강한 독일, 그 이유는?

중소기업에 대한 지원정책은 크게 연방정부와 주 정부로 나누어 볼 수 있다. 연방 차원에서는 전체적으로 통일적인 적용이 가능한 직업교육이나 금융 관련 정책이 주를 이룬다. 또 중소기업의 상속이나 증여 시, 기존 종업원의 일자리를 일정 기간(10~20년) 유지한다는 조건으로 상속세 및 증여세를 면제하는 등의 세제 지원을 하고 있다.

주(州) 차원에서는 중소기업의 경쟁력 강화를 위한 지역정책을 추진하고, 지역의 경제단체와 논의를 통해 필요한 입법 사항을 연방정부에 제안한다. 이처럼 주 정부가 중소기업 육성과 관련하여 중요한 역할을 하는 것은 오래된 지방분권적 전통에서 연유한 것이기도 하다. 그러나 보다 중요한 것은 주 정부가 직접 재원을 확보하여 중소기업 지원에 사용한다는 점이다. 즉, 국세를 연방정부와 주 정부가 공동으로 징수하는 것이다.

기본법(헌법) 106조 3항에 따라 연방정부와 주 정부는 소득세, 법인세, 부가가치세 등을 각각 절반씩 공동으로 징수하게 되어있다. 이를 '공동세'라고 하는데, 전체 조세수입의 약 70퍼센트를 차지한다. 순수한 연방세는 약 15퍼센트, 지방세는 약 4퍼센트 정도이다.

반면 우리의 경우에는 대부분이 국세로 징수되고 있어서 지방의 역할은 아주 제한적이다. 예를 들어 경기도 파주 LCD 단지의 경우, 기업 유치에 있어서 중앙정부보다 경기도의 역할이 더 컸음에도 불구하고 2011년의 조세수입 1,227억 원 가운데 1,040억 원(약 85%)이 국세로 귀속되었고, 지방세는 187억 원(약 15%)에 불과하였다. 지방정부의 조세 징수권이 강화되어야 지방자치가 활성화될 수 있음을 보여주는 좋은 사례이다.

독일에서도 일자리를 구하는 것은 쉽지 않다. 일반적으로 선진국으로 갈수록 각 산업이 안정되고, 개발도상국과 달리 경제성장률이 둔화되어 새로운 일자리를 만드는 것이 쉽지 않기 때문이다. 그럼에도 불구하고 독일은 튼튼한 복지제도, 체계적 직업교육, 해고방지법, 산업별 동일임금, 대기업과 중소기업의 격차 해소 등을 통해 지속적으로 안정된 일자리를 만들어 내고, 또 이를 유지하기 위해 노력하고 있다.

독일 통일을 달성하는 등 1982년부터 1997년까지 16년간이나 정권을 잡았던 기민당(CDU)의 헬무트 콜 수상도 늘어나는 실업문제를 해결하지 못해 결국은 사민당(SPD)의 슈뢰더에게 그 자리를 넘겨주었다. 슈뢰더 총리는 1998년부터 2005년까지 독일 역사상 처음으로 녹색당과의 연립정부를 구성하였고 재임에도 성공하였으나, 끝내 500만이 넘는 실업자 수를 감당하지 못하고 기민당의 메르켈 총리에게 정권을 이양하였다. 이처럼 독일에서 정권이 바뀌는 데에는 실업과 일자리 문제가 결정적 역할을 했음을 알 수 있다.

이런 관점에서 본다면 2013년 9월에 치러진 18대 독일 총선에서 메르켈 총리가 압도적으로 승리한 것은 이미 예견된 결과라고 할 수 있다. 대부분의 EU 회원국이 경제적으로 어려움을 겪고 있었던 데 비해 당시 독일 경제는 그 건재함을 과시하고 있었기 때문이다. 구체적으로 2013년 유로존의 실업률이 12퍼센트를 넘어서고 있었던 반면, 독일은 6.6퍼센트, 실업자 수는 약 285만 명(2013년 9월 기준)으로 지난 20년 이래 최저 수준을 보였다. 우리도 이제 과거로 회귀하는 듯한 왜곡된 이념적 논쟁에서 벗어나 '사회적 정의'나 '일자리 문제'가 선거의 핵심 쟁점이 되기를 기대한다.

독일 노동시장의 10가지 사실

1) 2017년 기준 약 4,430만 명이 일자리를 가지고 있다. 이는 전체 인구(약 8,200만명)의 절반을 조금 넘는 수준이다. 이 취업자 수는 지난 12년 이래 지속적으로 상승한 것이며, 여기에는 이주 노동력도 보탬이 되었다.

2) 유럽연합의 다른 회원국과 비교하여 독일에는 많은 여성이 일자리를 가지고 있는데, 2017년 기준 약 1,800만 명에 달한다. 이는 20~64세 여성의 75퍼센트에 이르는 수치이다. 이보다 높은 여성 취업률을 보이는 국가는 EU 내에서 스웨덴과 리투아니아뿐이다. 물론 독일의 여성취업은 많은 경우 파트타임 일자리라는 한계가 있다.

3) 독일에서 전체 일자리의 4분의 3은 수년 전부터 확대되고 있는 서비스 분야에 있다. 이에 반해 제조업 분야의 일자리는 계속해서 줄어들고 있다. 2017년에는 전체 일자리의 약 24퍼센트를 기록했다. 농업 분야의 일자리는 겨우 1퍼센트를 약간 상회하고 있다.

4) 서비스 분야에서는 비록 중소기업이라고 할지라도 수공업(Handwerk)이 중요한 역할을 하고 있다. 2017년 현재 약 100만개가 넘는 수공업기업에서 약 550만 명(전체 근로자의 약 12%)이

일하고 있다.

5) 은퇴 시점에 이른 고령자 가운데 점점 더 많은 사람이 일자리를 유지하고 있다. 그 숫자는 2016년 기준 65~69세 연령층의 약 15퍼센트에 달한다. 10년 전에는 7퍼센트에 불과했다.

6) 실업률이 감소하고 있다. 2017년 기준 5.7퍼센트이다. 이는 1990년 독일 통일이래 최저수준이다.

7) 독일의 청년실업률은 EU 내 최저수준이다. 2016년 기준 15~24세 연령층의 실업률은 7퍼센트를 기록했다. 같은 기간 EU 평균은 거의 19퍼센트에 달했다.

8) 디지털화(Digitalisierung)의 진행에 따라 독일에서 약 5분의 1에 달하는 일자리가 위기상황에 빠지고 있다. 이는 OECD가 추정한 것이다. 독일 전체 일자리의 18퍼센트는 현재 높은 자동화위기에 직면하고 있다.

9) 독일에서 논쟁적 이슈 가운데 하나는 심각한 전문인력의 부족문제이다. 경제전문가의 연구에 따르면 2030년까지 약 300만개 자리에 인력이 부족할 것으로 추산되며, 특히 의사와 간호사 등 의료인력의 부족이 예상된다.

10) 독일인은 매우 부지런하기로 정평이 나 있는 반면, 상대적으로 적은 시간 일을 하고 있다. 2017년 평균 노동시간은 1,356시간이었다. 이는 OECD 국가 가운데 최저수준이다. 이것이 가능한 이유는 상대적으로 많은 휴가와 휴일, 그리고 파트타임으로 일하는 여성이 많기 때문이다.

▲ 'Deutschland-Portal' 이란 독일 홍보사이트(www.deutschland.de) 참조

독일 경제의 7가지 성공 요인

1) 제조업(Industrie)의 역할

제조업의 비중이 2017년 기준 국내총생산(GDP)의 23퍼센트에 달하여 G7 국가 중 가장 높다. 제조업 가운데 주요 분야는 자동차, 전자, 기계, 화학 산업이다.

2) 높은 수출비중

독일은 중국과 미국 다음으로 수출을 많이 하는 나라이다. 2017년 독일의 수출량은 1조 2,789억 유로(약 1,727조 원)를 기록하였다. 이는 GDP의 40퍼센트에 달하는 것이며, 그 가운데 제조업의 비중은 50퍼센트를 넘는다.

3) 개방경제

GDP에서 차지하는 대외무역량의 비중을 고려할 때 독일은 G7 국가 가운데 가장 개방경제형 국가이다. 대외무역 비중은 GDP의 84.4퍼센트에 이르고 있다. 미국은 26.7퍼센트에 불과하다.

4) 중소기업의 경쟁력

독일 경제의 핵심에는 중소기업이 있다. 이들은 500명 이

하의 연간 매출액 5,000만 유로(약 675억 원) 미만 기업을 의미한다. 독일 기업의 99.6퍼센트는 이들 중소기업에 속한다. 이 가운데 외부에 잘 알려지지는 않았지만 세계적 기업에 해당하는 '히든 챔피언(hidden Champion)'이 1천개가 넘는다.

5) 최고의 박람회 장소

독일의 박람회장은 세계적으로 유명하며, 국제박람회 개최에서 1위에 꼽히고 있다. 글로벌 주요 행사의 3분의 2가 독일에서 열리고 있다. 약 150개의 국제박람회 및 전시회에 매년 1천만 명이 방문하고 있다.

6) 강력한 경제중심지

독일의 중요한 경제중심지에는 뮌헨(하이테크), 슈투트가르트(자동차조립), 라인-넥카지역(화학, IT), 프랑크푸르트(금융), 함부르크(항구, 비행기조립, 미디어) 등이 속하며, 베를린/브란덴부르크 지역은 최고의 벤처기업(Startup) 중심지이다.

7) 높은 취업률

독일은 완전고용을 향해 가고 있다. 2018년 6월 현재 실업자 수는 220만 명(5%)이다. 이는 1990년 독일통일 이후 최저 수준이다. 독일에서 고용을 많이 하는 기업은 폭스바겐(Volkswagen, 642,000명/해외포함), 독일우편(Deutsche Post, 519,000명), 로버트 보쉬(Robert Bosch, 402,000명), 슈바르츠-그룹(Schwarz-Gruppe, 400,000명), 지멘스(Siemens, 372,000명) 등이다.

▲ 'Deutschland-Portal'이란 독일 홍보사이트(www.deutschland.de) 참조

제 6 장

독일의 노사관계

그들은 왜 노사갈등이 심하지 않을까?

독일의 파업 뉴스 보다가 놀란 사연
- 독일의 시위문화

'노동자', '노조위원장', 독일에서는 어린이 그림책에 등장

독일에서 노동, 노동자, 노동조합, 노조지도자 등의 단어는 일상에서 흔히 접하는 아주 평범하고 자연스러운 말이다. 우리처럼 괜히 거부감을 주거나 왠지 모르게 깎아내리는 듯한 느낌을 주는, 즉 정치적 또는 이념적 색채를 띠는 그런 용어가 아니다. 여러 가지 직업을 소개하는 어린이 그림책에서도 각 분야의 노동자나 노조지도자가 대표적인 직업의 하나로 자연스럽게 등장한다.

또 이런 노조지도자의 사회적 지위와 대우도 상당히 높다. 매년 5월 1일 노동절에는 '독일노동조합총연맹(DGB, 줄여서 독일노총)'의 위원장이 연방총리와 거의 대등한 지위를 갖는 것처럼 보인다. 이들의 노동절 관련 연설을 방송에서 비슷한 비중으로 다루기 때문이다. 보통 총리에 이어서 바로 위원장의 인터뷰가 나오는데, 때로는 총리보다 더 길게 진행되기도 한다.

실제로 2013년 5월 슈타인브뤽(P. Steinbrück) 당시 사민당 총리후보는

독일에서 직업을 소개하는 아동용 그림책의 표지. "내가 크면, 나는 ....가 될거야!" 라는 부제가 달려있다. ⓒ조성복

그 해 9월에 있을 총선에 대비한 예비내각을 구성하는 과정에서, 산별 노조의 하나인 '건설-농업-환경노조(IG BAU)'의 비제휘겔(K. Wiesehügel) 위원장을 연방노동복지부 장관직에 내정했다. 이것을 보면 노조위원장이 고용이나 복지 등의 문제에도 상당한 전문성을 가지고 있다는 것을 알 수 있으며, 동시에 노조를 대하는 자세가 우리와는 사뭇 다르다는 것을 느낄 수 있다.

'노동'이나 '일'을 뜻하는 독일어 '아르바이트(Arbeit)'는 독일의 일상생활에서 가장 많이 듣는 단어 가운데 하나이다. 그런데 이 말이 한국으로 건너와서 수난을 겪고 있다. 그 의미가 정규 직업의 일과는 차별화된 '본래의 직업이 아닌 임시로 하는 일 또는 부업'을 뜻하는 것으로 변했고, 그 발음마저도 '알바'로 바뀌었기 때문이다.

독일에서의 아르바이트는 '정규나 임시를 구분하지 않는 모든 형태의 일이나 노동'을 의미한다. 사회 전반적으로 노동하는 행위를 대단히 중요하게 생각하고, 또 그와 같은 아르바이트를 하는 '아르바이터(Arbeiter, 노동자)'를 존중하는 풍토가 자리 잡고 있다.

그럼에도 불구하고 독일에도 노사갈등은 존재한다. 1950년대부터 노동자는 임금인상을 위해 몇 주일(週日)에 걸친 대규모 파업을 해왔다. 〈표5〉는 파업에 참여한 기업과 노동자의 수, 그리고 노동손실일

독일 프랑크푸르트 공항에서 루프트한자의 시위 모습. 노란색 조끼를 입은 행렬이 시위대이다.

을 10년 단위로 나타낸 것이다. 전체 파업노동자 수가 100만 명 미만이었던 1960년대를 제외하고는 대체로 비슷한 추세를 보이고 있다. 한 가지 눈에 띄는 점은 '평균파업일수'가 점점 줄어들고 있다는 사실이다. 아마도 과거보다 노사 간 협상의 타결이 빨라졌다는 증거가 아닐까 싶다.

〈표5〉 1950-1990년대 독일의 파업 현황

연도	참여기업	참여노동자	노동손실일	평균 파업일
1950년대	10,093	1,396,174	9,831,075	7.0
1960년대	2,256	815,925	3,154,283	3.9
1970년대	6,030	1,982,781	11,647,753	5.9
1980년대	2,309	1,395,903	6,098,410	4.4
1990년대[1]	5,642	1,963,758	3,299,480	1.7

[1] 1990년대는 1990~1998년까지의 수치임.

▲ 독일통계연감 1952 이하에서 재작성 ⓒ조성복

파업에 대한 시민의 반응, 한·독이 어떻게 다를까

2000년대 들어서도 주 35시간 근무, 임금인상 등을 주제로 종종 파업이 발생하였다. 독일에서 지내는 동안 간혹 노동자의 파업관련 뉴스를 들은 적이 있으나, 크게 기억에 남는 것은 없다. 보통 TV나 신문을 통해 이러한 소식을 접하게 되었는데, 그때마다 느꼈던 점은 대체로 다음 두 가지이다.

첫째는 반드시 사전에 언제 파업을 한다는 예고가 있고, 파업이 되더라도 우리와 같이 경찰과의 격렬한 충돌이나 극단적인 대치 등의 모습은 거의 없다는 점이다. 한자리에 모여 똑같은 모자를 쓰거나 목도리를 하고, 호루라기를 불며 노조 지도부의 발언에 동참하거나, 또는 일정 거리를 행진하는 정도가 대부분이다. 그런데 기억을 더듬어 보면 대체로 파업이 예고된 날이나 그 이전에 노사 간의 합의를 통해 문제가 해결되었다는 뉴스를 더 많이 보았던 것 같다. 예외적으로 매년 노동절의 시위는 베를린 등 일부 지역에서 상당히 전투적인 모습을 보이기도 했다.

두 번째는 그러한 파업에 대한 시민의 반응과 언론의 보도내용이 우리와는 상당한 차이가 있다는 점이다. 어쩌면 이것이 첫 번째보다 더 중요한 것인지도 모른다. 예를 들어 비행사/승무원 노조에 속하는 루프트한자(독일항공)나 철도/교통 노조에 속하는 도이체반(독일철도)의 파업에 대한 방송 보도를 보면, "어느 공항이나 또는 기차역에 파업이 예정되어 있어서 보통 때보다 시간이 더 길어질 수 있으니 이용에 참고하기 바란다."는 정도의 내용이 대부분이다.

또한 파업 현장에서 인터뷰하는 시민의 반응도 우리와는 아주 딴판이다. "기다리는 시간이 늘어나는 등 다소의 불편함은 있지만 노동자의 입장을 이해한다."는 정도이며, 이런 내용이 주로 뉴스에 보도된다. 방송에서는 매번 어떻게 그런 사람만 골라서 인터뷰를 하는 것인지 정말 궁금할 따름이다.

반면에 이와 유사한 우리나라 버스나 지하철 노조의 파업에 대한 시민의 반응을 보면, 대체로 "오늘 파업으로 지각하게 생겼다, 공익을 위해서 얼른 파업을 정리해야 한다, 집단 이기주의를 버려야 한다." 등의 내용이 주를 이룬다. 또 많은 기자가 시민의 불편이 어쩌고저쩌고하면서 파업 노동자나 노조를 '국민의 발을 인질로 자신의 이익만을 추구하는 이기적인 집단'으로 매도하기 일쑤다.

독일 사회는 노동이나 노동자를 존중하고, 또 그들의 파업에 대해서도 상당히 관대할 뿐만 아니라 당연한 것으로 받아들이는 경향이 있다. 마치 서로 연대의식을 가지고 있는 것 같다. 그런데 우리는 왜 그렇지 못한 것일까? 직업에 귀천이 없다고 하면서 왜 육체노동을 천시하는 분위기가 있는 것일까? 왜 우리 노동자는 독일의 노동자만큼 자신의 노동에 대해 충분한 보상을 받지 못하는 것일까? 또 우리 대부분이 노동자인데도 불구하고 우리는 왜 노동자의 파업에 대해 극단적 이기주의라고 몰아붙이는 것일까? 우리가 폄하하고 무시하는 그들의 육체노동 없이 우리 사회가 유지될 수 있을까? 독일의 노동자가 존중을 받는 것은 노조가 튼튼하기 때문일까?

2

독일의 파업손실시간이
스페인의 35분의 1인 이유
- 독일의 노동조합

단일노조원칙에 따른 독일의 노조

노동조합은 그 구성방식에 따라 크게 직업단체원칙(Berufs-verbandsprinzip)에 따른 '직업별 노조(Berufsgewerkschaft)', 산별단체원칙(Industrieverbandsprinzip)에 따른 '단일노조 또는 통합노조(Einheitsgewerkschaft)', 그리고 종교나 이념에 따른 '정파노조(Richtungsgewerkschaft)'로 구분된다. 직업별 노조는 '기관사노조'나 '전기기술자노조'처럼 직업별로 구성된 노조를 일컫는데, 영국이 그 대표적 사례이다. 단일노조는 정치적 문제에 엄격한 중립성을 전제로 하나로 통합된 노조를 의미하는데, 독일의 DGB 체제가 그 주요 사례이다. 정파노조는 세계관이나 정치적 방향에 따라 구성된 것인데, 주로 사회주의, 공산주의, 기독교, 자유주의 성격의 노조가 있다. 19세기 중반 이래 현재까지 유럽 대륙에서는 정파노조가 주도적인 형태이나 점점 그 의미가 축소되고 있으며, 프랑스나 이태리가 이에 해당한다.

독일에서 노동조합(Gewerkschaft)의 시작은 1848년 베를린에서 담배

독일 베를린 소재 독일노총(DGB) 전경. ⓒ조성복

노동자와 인쇄공이 조합을 만든 것이었다. 이어서 섬유, 금속, 광부, 재단사, 제화공, 건설 등의 분야에서 노조가 생겨났다. 독일도 바이마르 공화국(1918-1933)에서는 정파노조의 모습을 보였으나, 이어서 들어선 히틀러 시대에 모두 해체되었다. 관련 조직과 재산은 나치의 거대 조직인 '독일노동전선(Deutsche Arbeitsfront, 줄여서 DAF)'에 흡수되었다.

2차 대전이 끝나면서 산별단체원칙에 따라 차례로 각 산업별로 노조가 결성되었고, 1949년에는 그들의 집합체인 '독일노조총연맹(줄여서 독일노총; Deutscher Gewerkschaftsbund, 줄여서 DGB)'이 만들어졌다. DGB는 최초 16개 회원 노조로 구성되었으나, 이후 새로운 노조가 생겨나거나 기존의 회원 노조 사이에 이합집산이 일어나면서 현재는 8개의 산별 노조로 구성되어 있다.

패전 후 독일에서는 노조의 형태를 둘러싸고 활발한 논쟁이 진행되었으나, DGB를 정점으로 단일노조의 모습을 갖추게 되었다. 독일노총을 제외하고도 몇 개의 노조가 존재하지만 그 영향력은 아주 미미한

편이다. 이런 점을 모두 감안할 때 2차 대전 이후 독일노총(DGB)이나 오스트리아노총(Österreichischer Gewerkschaftsbund, 줄여서 ÖGB)과 같은 단일 노조의 모습은 매우 예외적인 것이다. 다만 ÖG-B는 세계관에 따른 정파가 반영되어 있기 때문에 혼합 형태로 볼 수 있다.

독일노총은 연방과 주, 자치단체 차원의 정치적 의사결정에서 주로 노조와 노동자의 이익을 대변하고, 전체 노조활동을 조정하는 역할을 한다. DGB 조직은 16개 주(州)로 구성된 행정구역과 달리 9개 대지역과 이를 다시 세분화한 60개 소지역으로 구성되어 있다. 대외적으로는 유럽노조연맹(EGB)이나 국제노조연맹(IGB)과 공조하면서 유럽연합(EU)이나 국제연합(UN)과 같은 국제기구에서 독일의 노조운동을 대표한다. 하지만 노조의 역할에서 가장 중요하다고 할 수 있는 사용자 측과의 임금협상 권한이 없기 때문에 그 영향력은 제한적이라 할 수 있다.

〈표6〉에서 보듯이 독일노총에 속하는 조합원 수는 1950년 545만 명으로 전체 노동자의 35.7퍼센트를 차지하였다. 이후 노동자 수의 증가에 따라 조합원 수는 약간씩 늘어났으나, 그 조직률은 조금씩 줄어들었다. 1990년 약 800만 명에서 독일통일 직후인 1991년에는 거의 1,200만 명에 육박하였으나, 2000년에는 다시 약 780만 명으로 줄어들었다. 그 후로도 지속적으로 감소하여 2012년 615만 명, 2017년에는 600만 명으로 줄어들어 1950년대 이후 최저 수준이다.

독일노총 이외에 2번째로 큰 '독일공무원노조연맹(DBB, 126만 조합원/2012년)', 또 '기독교노조연맹(CGB, 28만 조합원/2012년)', '항공노조' 등이 있다. '독일사무원노조(DAG)'는 1950년대 이후 독립 노조로 유지되어 왔으나, 2001년 독일노총의 회원 노조 가운데 하나인 통합서비스 노조에 편입됨으로써 DGB에 통합되었다. 2012년 기준 전체 임금노동자가 약 3,700만 명(자영업자 약 450만 명 제외)인데, 모든 노조의 조합원은 약 770만 명에 달하므로 노조가입률은 약 21퍼센트이다.

〈표6〉 1950~2000년대 독일의 노동조합원 수 및 노조조직률

(단위 : 천 명)

연도	독일 노총(DGB)		독일 공무원 노조 연맹 (DBB)	독일 기독교 노조 연맹 (CGB)	독일 사무원 노조 (DAG)	노조 전체	
	조합원 수	조직률	조합원 수	조합원 수	조합원 수	합계	조직률
1950[1]	5,450	35.7%	234	-	344	6,028	41.7%
1960	6,379	31.1%	650	200	450	7,679	37.5%
1970	6,713	30.0%	721	191	461	8,086	36.2%
1980	7,883	31.8%	821	288	495	9,487	38.3%
1990	7,938	29.0%	799	309	509	9,555	34.9%
1991	11,800	31.8%	1,053	311	585	13,749	37.1%
1995	9,355	25.6%	1,075	304	508	11,242	30.7%
2000	7,773	20.6%	1,205	305	450	9,733	25.8%
2012[2]	6,150	16.3%	1,280	280	-	7.710	20.8%

[1] 1950~1990년까지는 서독, 1991년부터는 동서독 통합자료임.

[2] 독일통계연감.

▲ 'Aus Politik und Zeitgeschichte', B47-48/2003, 18쪽에서 부분 인용함.

산별 노조와 종업원협의회

독일의 노동조합은 크게 '산별 노조'와 '종업원협의회(Betriebsrat)'의 두 가지 형태로 이원화되어 있다. 종업원협의회는 개별기업 내 노조를 가리킨다. 공공기관이나 공사(公社)에도 개별기업 노조와 비슷한 조직인 '인사협의회(Personalrat)'가 있다. 일반적으로 노동조합이라고 할 때는 주로 산별 노조를 가리킨다. 이들은 임금협상 권한을 가지고 사용자 단체와 임금협약을 체결한다. 임금협약서에는 협약 당사자의 권리와 의무가 들어 있는데, 임금이나 급여사항, 노동시간, 휴가기간, 노동조건, 협약기간 등이 명시되어 있다.

2010년 기준 300개가 넘는 경제 분야(지역 등을 포함할 경우 약 1,100개가 넘는 임금협상 분야)에서 '자율적 임금협상'을 통해 약 7만 3,000천 개의 유효한 임금협약서가 연방노동복지부에 등록되어 있다. 그밖에 약 1만 개의 기업은 자체의 임금협약서를 따르고 있다. 따라서 전체 기업의 62퍼센트, 전체 노동자의 81퍼센트가 직/간접적으로 임금협약의 적용을 받고 있는 것으로 나타났다.

보다 구체적으로 구서독 지역 노동자의 약 56퍼센트, 구동독 지역은 37퍼센트가 '산별 노조의 임금협약'을 따르고 있고, '기업의 임금협약'을 따르는 노동자 비율은 서독 지역이 7퍼센트, 동독 지역이 13퍼센트 정도로 상대적으로 미미한 수준이다. 이 통계에 따르면 서독 지역의 37퍼센트, 동독 지역의 50퍼센트에 이르는 노동자가 임금협약에 구속받지 않는 기업에서 일하고 있는 셈이다. 그러나 이들 기업 가운데에서도 절반 정도는 실질적으로 산별 노조의 임금협약을 따르고 있는 것으로 조사되었다.

이러한 노사 간 동반관계는 사회적 안정에 크게 기여하였을 뿐만 아니라, 파업에 의한 노동의 손실시간을 과거에 비해 크게 줄였다. 유럽 국가 가운데 파업에 의한 손실시간이 독일보다 적은 나라는 스위스에 불과하고, 반대로 영국은 독일에 비해 6배, 프랑스는 20배, 스페인은 35배 많은 것으로 나타났다.

독일의 산별 노조

독일노총의 회원노조에는 금속(IG Metall), 통합서비스(Ver.di), 광산업-화학-에너지(IG BCE), 건설-농업-환경(IG BAU), 음식료-숙박업(NGG), 철도-교통(EVG), 보육-교육(GEW), 경찰(GdP)의 총 8개 산별 노조가 있다.

이 가운데 2016년 기준 금속노조 조합원이 약 227만 명으로 전체의 38퍼센트를 차지하는 가장 큰 회원 노조이며, 통합서비스 노조가 약 200만 명, 33퍼센트로 그 뒤를 잇고 있다. Ver.di는 2001년 새로 결성된 것으로 사무원, 우체국, 무역/은행/보험, 언론, 공공서비스 노조 등이 결합한 것이다. 노조의 재정은 조합원의 회비로 운영되며, 조합비는 보통 개별 조합원 총수입의 1퍼센트이다.

한 가지 재미있는 것은 이러한 각 산별 노조의 본부가 여러 도시에 분산되어 있다는 점이다. 금속, 건설-농업-환경 및 보육-교육 노조는 프랑크푸르트(Frankfurt am Main)에, 광산업-화학-에너지 노조는 하노버(Hannover)에, 음식료-숙박업 노조는 함부르크(Hamburg)에, 통합서비스, 철도-교통 및 경찰 노조는 베를린(Berlin)에 있다.

한국의 노조와 유사한 종업원협의회

'종업원협의회'는 개별기업에서 종업원의 이익을 대변하는 제도적 장치로 복수로 설립이 가능하다. 또 각 기업의 크기나 성격에 따라 여러 개의 협의회를 대표하는 '전체 종업원협의회', '대기업 종업원협의회' 또는 'EU 종업원협의회' 등을 구성할 수 있다. 1990년에는 모든 기업 내 종업원협의회 위원들의 약 75퍼센트 이상이 독일노총에 속하는 회원 노조에 가입하였으나, 2010년에는 68퍼센트로 다소 감소하였다.

이 기구는 기업에 최소 5인 이상의 상근자가 있을 때 구성된다. 모든 종업원은 협의회 위원을 선출할 선거권을 가지며, 파견노동자도 3개월 이상 근무한 경우 선거권을 가진다. 선거권을 가진 직원 가운데 6개월 이상 근무한 사람은 누구나 피선거권을 가진다. 위원의 임기는 4년이며 무보수 명예직이다. 따라서 사용자는 위원의 활동을 방해하거나 급여를 깎아서는 안 된다.

협의회의 주요 과제는 임금, 노동시간, 잔업, 조업단축, 휴게실, 휴식시간, 휴가, 산재 등의 문제에서 노동자의 이익을 대변하는 것이다. 또 기계설비의 교체, 작업경로의 변경, 직업교육의 강화 등의 조치는 사용자가 이 기구에 단순히 알리는 것만으로는 충분하지 않고, 반드시 협의를 거쳐야 한다. 이처럼 협의의무가 있는 사안은 사용자가 이를 생략하거나 또는 협의회의 의견을 무시한 경우에는 그 효력이 인정되지 않는다. 이를 '경영상의 공동결정제'라고 하는데, 이는 뒤에 언급할 '기업차원의 공동결정제'와는 그 성격이 조금 다른 것이다.

이 공동결정제는 그 영향력의 정도에 따라 공동결정권, 공동협력권, 정보요구권으로 구분된다. 하지만 이 협의회가 기업경영이나 경영진의 의사결정에 직접적인 영향력을 행사하는 것은 아니다. 만약 경영진과 협의회가 공동결정제에 해당하는 사안에 대해 합의를 하지 못할 경우, 양측은 반드시 중립적인 조정위원회에 중재를 요청하여야 한다.

또 협의회는 사용자가 규정을 준수하는지 감시하고, 더 나은 근무환경의 조성을 위해 노력하며, 특히 불이익을 받는 노동자나 여성, 외국인, 고령의 노동자를 지원한다. 또한 사용자와 함께 전산, 고용모델, 경영분석 등 특수 분야의 전문가를 초빙하여 부족한 전문지식을 보강하기도 한다. 그 밖에도 필요할 경우 사용자에게 기업의 전체현황에 대한 정보를 요구할 권리가 있으며, 특히 고용, 구조조정, 전보, 해고 등 인사문제에 대한 종합적인 정보를 제시간에 받을 수 있다. 그 가운데 일부 경영상의 비밀을 제외하고는 전체 종업원에게 알리고 공개적인 토론을 할 수도 있다.

이처럼 체계적으로 잘 조직된 산업별 노조와 개별기업 내 종업원협의회의 역할, 노동자를 함부로 해고하지 못하도록 한 해고방지법, 그리고 구조조정으로 일자리를 잃더라도 생계를 걱정하지 않게 하는 복지제도 등이 노사의 극단적 대립이나 갈등을 사전에 방지하고 있다. 이런 것이 주로 노사갈등을 완화하는 소극적 요인이라면, 이를 예방하는 보다 적극적 요인으로 기업의 주요 사항을 노사가 함께 결정하는 '기업차원의 공동결정제' 제도가 있다.

독일 경영자가 '사회적 시장경제'의
핵심으로 꼽은 것은?
- 독일의 공동결정제

공동결정제, 노사 대표가 공동으로 감독이사회에 참여

노사가 함께하는 공동결정제(Mitbestimmung, co-determination)는 크게 두 가지 종류로 나누어 볼 수 있다. 먼저 앞에서 살펴본 '경영상의 공동결정제 (Betriebliche Mitbestimmung)'는 「경영조직법」에 근거한 것으로 독일뿐만 아니라 오스트리아, 네덜란드, 덴마크, 스웨덴에서도 시행되고 있다. 이보다 조금 완화된 중간 수준의 공동결정제를 실시하고 있는 나라는 벨기에, 핀란드, 프랑스, 노르웨이, 그리스이며, 보다 약한 수준의 공동결정제 형태는 스위스, 이태리, 스페인에서 시행되고 있다. 두 번째 '기업차원의 공동결정제(Unternehmensmitbestimmung)'는 아직 독일에만 존재하는 것으로 「몬탄-공동결정법」, 「공동결정법」, 「3자개입법」의 3가지 법률에 근거하고 있다.

독일에서는 기업의 이사회가 우리와 달리 감독이사회와 경영이사회로 나뉜다. '감독이사회(Aufsichtsrat)'는 주주총회에서 선임된 사용자 측 인사와 종업원 대표로 구성되는데, 해당 기업의 장기적 전략이나 다른 기업의 인수·합병 등 중요한 의사결정에 대해 사전 승인 또는 사후 보고를 받는다. 또 경영이사회 이사의 임명과 해임 등 경영진을 감독하고 견제하는 역할을 한다. 반면에 '경영이사회(Vorstand)'는 사내 이사로만 구성되며, 기업의 일상적인 업무를 주관하고 법적 또는 법외적인 문제에서 회사를 대표한다.

'기업차원의 공동결정제' 제도는 기업의 감독이사회에 대한 종업원 대표의 참여와 공동의 의사결정권을 보장한 것이다. 이 이사회는 기업의 규모에 따라 12명(종업원 2,000~10,000명), 16명(10,001~20,000명) 또는 20명(20,000명 이상)으로 구성되는데, 노사 양측이 각각 절반씩 차지한다. 종업원 대표는 해당 기업의 노동자, 사무직 종사자, 법으로 규정된 수의 노조대표자(2~3명) 등으로 구성된다. 감독이사회 의장은 주주 대표자 중 3분의 2의 지지를 받아 선출된다. 감독이사회에서 안건에 대한 의견이 노사 간에 동수로 맞설 때는 의장이 2표를 행사한다.

이 공동결정제의 뿌리는 1800년대 독일연합(1815~1871)이나 독일제국(1871~1918)까지 거슬러 올라간다. 이후 바이마르 공화국(1918~1933) 시대에는 이를 '공동결정권리'라 하여 1920년 헌법(165조)에까지 명시하였다. 종업원협의회 법도 이때 처음 제정되었다. 우리나라에서는 21세기에 들어와서도 제대로 논의조차 되지 않는 일이 독일에서는 이미 200년 전부터 가능했었다는 사실이 놀라울 따름이다.

나치 시대 중단되었던 이 제도는 2차 대전 후 1946년부터 노조 측의 요구로 논의가 다시 시작되었다. 1951년 광산 및 철강 분야에서 종업원 1,000명 이상의 기업을 대상으로 노사 동수가 감독이사회에 참여하도록 규정하는 「몬탄-공동결정법」이 제정되었다. 물론 종업원을 기업의 주요 의사결정에 참여시켜 독일이 재무장하는 것을 견제하고자 했던 당시 미국, 영국, 프랑스 등 점령국의 의도도 이 제도를 만드는 데 일조를 했다고 할 수 있다.

1952년에는 종업원 500명 이상 2,000명 이하의 기업을 대상으로 공동결정제를 도입하는 「경영조직법」이 제정되었다. 이 법의 주요 내용은 종업원협의회의 '경영상의 공동결정제' 도입과 함께 주식회사나 유한책임회사 등의 감독이사회 인원의 3분의 1을 종업원 대표로 구성하도록 규정하고 있다. 이후 1976년에 종업원 2,000명 이상의 회사에 대해서 '기업차원의 공동결정제'를 도입하는 「공동결정법」이 제정되었다.

독일 경영자들, 공동결정제에 호의적

이에 대해 사용자 측에서는 위헌 심판을 제기하였다. 그러나 연방헌법재판소는 1979년 이를 기각하고, 그 권리를 인정하는 판결을 하였다. 이처럼 공동결정제가 법으로 확실히 보장되자 노조는 그동안 추구해왔던 사회주의적 목표를 공식적으로 포기하였다.

2008년 기준 약 700개 기업이 이 공동결정법에 따라 감독이사회를 구성하고 있다. 그 가운데 3분의 2는 12명으로, 나머지는 16~20명으로 구성되었다. 2009년 말 현재 독일에 근거지를 둔 종업원 500명 이상의 회사 가운데 미국, 영국, 네덜란드계의 37개 기업에는 아직 공동결정제가 없는 것으로 조사되었다.

노사 동수가 기업의 주요 의사결정에 참여하도록 하는 이 제도는 소위 말하는 경제윤리적 시각에서 볼 때 '인간의 존엄성과 자주권 보호, 노사의 동등한 권리 보장, 민주주의 원리의 수호, 경제적 권력에 대한 통제'를 추구하는 것이다. 노조 측은 이 제도를 통해 노동조건, 일자리의 장기적 안정성, 경제민주화 등의 주제에 대해 영향력을 행사하여 자신의 이익을 보호하고 있다.

노동조합이나 노조연구소, 노조와 무관한 근로자 단체, 또 다양한 사회과학 분야의 학자들은 종업원의 그러한 권리를 인정하는 데 찬성하며, 이 제도에 대해서 사회적 안정을 가져다 준 성공적 모델이라고 평가하였다. 또한 공동결정제가 단순히 정보를 공유하거나 경제/사회 시스템을 통제하는 기구일 뿐만 아니라 독일의 민주주의를 지탱하는 하나의 중요한 기둥이라고 보았다. 동시에 이 제도가 가져다 준 '합의에 의한 구조조정, 고양된 기업 내 평화, 노사 간 협력 및 신뢰관계' 등을 통해 노동자의 계급투쟁 정신을 해체했다고 평가하였다.

독일화학산업연맹(BAVC)의 베닝(W. Wenning) 회장은 독일의 '사회적 시장경제'는 '사회적 파트너십'에 대한 강조를 통해 설명될 수 있으며, 이 사회적 파트너십의 핵심 요소 중 하나가 바로 '공동결정제'라고 보았다. 이 제도가 공동체의 사회적 안정을 유지하는 데 기여하고 있을 뿐만 아니라, 독일의 민주주의 문화에도 중요한 역할을 하고 있다고 보았다. 이처럼 사용자 측에서도 "공동결정제가 동기부여, 파업감소, 생산성 향상 등을 유도하여 경쟁력 강화의 수단이 될 수 있다."고 긍정적으로 평가하였다.

'경영자 매거진'의 카덴(W. Kaden) 편집자는 "주요 기업의 경영자들이 이 제도를 없애기보다 유지하는 것을 선호하고 있다."고 소개하였다. 그들은 공동결정제가 갖는 평화적으로 합의를 유도하는 효과에 주목하면서 그 가치를 높이 평가하고, 이 제도가 감사기관의 지위를 약화시켜 상대적으로 자신의 위상을 강화한다고 만족감을 표시하였다.

그 밖에도 일부의 연구결과는 이 제도를 수용하는 데 따른 '기업경영의 효율성 감소분'보다 해고, 파업, 경영상의 다툼 등에 따른 '갈등비용'이 훨씬 더 크다는 것을 보여 주었다. 실제로 1998년 독일 상장기업의 경영자를 대상으로 한 설문조사에서도 이 제도의 폐지에 대한 찬성은 23퍼센트에 불과하였다. 응답자의 53퍼센트가 이 제도를 제한하는 것에 대해 반대하는 경향을, 18퍼센트는 이 제도에 대한 어떠한 제약에도 반대한다는 입장을 보였다.

반면에 사용자 이익단체의 하나인 독일산업연맹(BDI)은 공동결정제가 다국적 기업의 유치나 자본시장에 타격을 줄 수 있다고 비판하고 있다. 2004년 BDI의 로고우스키(M. Rogowski) 전 회장은 이 제도를 '역사의 오류'라고 깎아내렸다. 또 일부 학자는 이 제도가 파레토 최적화를 이룰 수 없게 한다며, 경제적으로 비효율적인 조직구조라고 주장하고 있다.

4

제2의 동양그룹 사태 막으려면 '이것'이 필요하다

- 정치권 반응

공동결정제에 대한 정치권의 입장

독일의 정치권에서도 공동결정제에 대한 다양한 논의가 전개되었다. '사회적 시장경제'의 창시자라 할 수 있는 에르하르트(L. Erhard)와 뮐러-아르막(A. Müller-Armack)은 종업원협의회(개별기업 내 노조)에 의한 '경영상의 공동결정제'에는 찬성했으나, 감독이사회에 의한 '기업차원의 공동결정제'에는 반대하였다. 이들은 "자유시장경제의 요소인 '협력'과 계획경제의 요소인 '공동결정제'를 엄격히 구분해야 한다. 경영을 잘 모르는 노동자 대표가 기업의 주요 사항을 공동으로 결정하는 것은 곤란하다." 등을 이유로 내세웠다.

1960년대 후반 당시 기민당(CDU) 사무총장이었던 비덴코프(K. Biedenkopf)는 '기업차원의 공동결정제'를 헌법적 가치로 보고, 관련 위원회를 만들어 철강·석탄 산업에서뿐만 아니라 다른 거대기업에서도 이 제도가 필요하다는 논의를 전개하였다. 이 위원회의 제안으로 만들어진 공동결정법 초안은 1976년 연방의회에서 389대 22의 압도적인 표 차이로 가결되었다.

당시 자민당(FDP)조차도 "정부를 구성하는 연방하원을 뽑는 국가시민은 마찬가지로 경제시민으로서 기업의 경영자와 대등한 권한을 가질 수 있다."고 하면서 공동결정제의 도입에 찬성했다. 그러나 자민당은 나중에 입장을 바꾸어 이 제도가 외국 투자자의 독일 투자에 커다란 걸림돌이 될 것이라며 이 제도의 폐지를 강하게 주장하였다.

2005년 사민당(SPD)의 슈뢰더 총리는 공동결정제에 대한 검토를 위해 평가위원회를 구성하였다. 이 위원회는 논의를 거쳐 "이 제도가 노사 간 파트너십을 구축하여 지난 50년간 노사관계의 안정에 기여했다."고 긍정적으로 평가했다. 따라서 "이 제도에 대한 근본적인 수정이 필요한 것은 아니며, 단지 좀 더 현대화할 필요가 있다."는 입장을 밝혔다. 분권적 협상 타결의 수용, 대표 선출절차의 단순화, 해외종업원 대표의 필요성 등이 그것이다.

또한 2006년 기민당(CDU)의 메르켈 총리도 이 제도에 대해 '노사가 노력하여 얻은 위대한 결과물이며, 독일의 사회적 시장경제에서 빼놓을 수 없는 중요한 요소'라고 평가하였다. 다만 "이 제도에 좀 더 유연성을 부여하여 미래에도 경쟁력을 갖도록 해야 한다."고 주장했다. 그러나 '이 제도가 관료적이고 시간 낭비적이며 비용부담이 큰 유연하지 못한 법적인 제도라는 비판이나, 감독이사회가 너무 방대하다는 비판, 경영을 잘 모르는 사람이 이상한 결정을 한다는 비판' 등과 같은 사용자 측의 주장에는 동의하지 않는다는 입장을 분명히 하였다.

2010년 CDU의 폰 데어 라이언(U. von der Leyen) 연방노동복지부 장관도 해당 부처에서 펴낸 한 발간물의 서문에서 "공동결정제는 정말 좋은 아이디어로 독일에서 그 훌륭함이 입증되었으며, 독일의 노사 간 사회적 평화를 유지하는 기둥이다."라고 소개했다. 또한 "이 제도는 2008년 세계금융위기 시에도 성공적으로 작동하였다."고 설명하였다.

2013년 요아힘 가우크(Joachim Gauck) 연방대통령은 나치에 의한 독일 노조 해체 80주년 기념식에서 공동결정제와 노동조합은 독일 경제기적의 원동력이라고 그 중요성을 강조하였다. 또한 "1945년 이후 공동결정제의 역사는 독일 민주주의의 탁월한 사례이며, 독일은 그와 같이 산업 현장에서 살아 숨 쉬는 민주주의가 필요하다."고 말했다. 이 제도에 대한 독일 내의 평가는 노사를 막론하고, 학계나 정치권 등에서도 대체로 긍정적임을 알 수 있다.

제2의 쌍용차, 동양그룹 사태 막으려면 공동결정제가 필요하다

우리 사회에서도 노조와 일부 학자를 중심으로 "노사갈등의 문제를 해결하기 위한 근본적인 처방의 하나로 공동결정제를 도입하자."는 주장이 토론회 등에서 간간이 나오고 있다. 그러면 사용자 측이나 일부 보수적 학자는 마치 무슨 큰일 날 소리를 들은 것처럼 '말도 안 되는 소리'라고 일언지하에 거부하고 있는 것이 우리의 현실이다.

한국에서 "이러한 노사 공동결정제의 도입이 아직 시기상조다 또는 불가하다."는 입장을 가진 이들은 "독일의 많은 정치인, 학자, 노조는 물론, 기업인과 일부 사용자 단체까지도 이 제도를 옹호하고 있다."는 사실에 대해 차분하게 고민해 볼 필요가 있다. 노동자 대표가 공동결정에 참여할 능력이 없다고 보는 것은 잘못이다. 한국의 노동자가 독일의 노동자보다 결코 못하다고 생각하지 않기 때문이다. 다만 아직 이들의 이해관계를 제대로 대변하는 정치세력이 없는 것이 문제라고 본다.

2009년에 시작되어 2015년까지 지속되었던 쌍용자동차 사태를 보면, 공동결정제 도입의 필요성을 다시 한번 절감한다. 만약에 노조 측에서 이 제도를 통해 기업의 장단기 부채나 투자의 어려움 등 경영상황에 대한 정확한 정보를 공유했다면, 해고노동자가 자살과 같은 극단적인 저항만을 고집하지는 않았을 것이기 때문이다. 사용자 측에서 뭔가 감추어 놓은 것이 있을 것이란 생각, 그렇기 때문에 모든 부담을 노동자에게만 떠넘겼다는 의심 등이 노조 측의 극한투쟁을 불러왔고, 그래서 오랫동안 서로 양보하거나 타협하지 못했다고 본다.

또한 2013년 9월에 발생한 동양그룹 사태도 공동결정제가 필요하다는 확실한 증거이다. 동양의 갑작스러운 위기사태는 결국 부채상환의 압박을 감당하지 못하고 주요 계열사의 법정관리 신청으로 이어졌다. 이에 따라 그룹의 금융 관련 4만여 명에 달하는 고객의 불만과 피해는 말할 것도 없고, 소유주와 종업원 사이에서도 갈등이 격화되었다. 이 갈등의 원인은 종업원이 그룹의 주요 경영정보를 사전에 제대로 공유하지 못했기 때문이다.

금융권에서는 이미 동양그룹 기업어음(CP) 거래의 문제점을 인식하고 이를 외면하는 상황이 되었음에도 불구하고, 대다수 직원은 이것을 안전하다고 고객에게 계속해서 팔고 있었으니 말이 안 되는 이야기이다. 단순히 오너의 올바른 양심에 호소하거나 관리·감독을 강화한다고 해서 이러한 문제가 해결될 수 있을 것인가? 공동결정제를 통해 기업의 주요 정보가 노사 간에 공유되고 투명하게 관리되어야만 더 이상 이런 문제가 생기지 않을 것이다.

동양그룹 외에도 또 다른 대기업의 열악한 재무상태가 심심찮게 도마에 오르고 있다. 이와 같은 극단적인 사태를 방지하기 위해서라도 역할이 거의 없는 기존의 형식적 '사외이사제'를 폐지하고, 대기업에 대한 공동결정제의 도입을 보다 진지하게 검토해야 한다.

이런 와중에 2016년 5월, 박원순 서울시장은 서울시 산하기관에 노조가 선임한 근로자대표를 이사회에 참여시키는 '근로자이사제(노동이사제)' 도입 계획을 발표하였다. 저자는 서울시에서 열린 공청회에 참석하여 찬성하는 입장을 밝혔다. 같은 해 9월, 서울시 의회는 이와 관련한 조례를 제정하였다. 이에 따라 서울연구원, 서울산업진흥원, 서울교통공사, 서울신용보증재단, 서울문화재단, 서울디자인재단을 시작으로 2018년 현재 16개 기관에 22명의 근로자이사가 선임되었다. 이런 사례가 민간으로도 서둘러 확산되기를 기대한다.

5

경제위기 극복한 독일, 비장의 무기 있었다
- 독일의 조업단축

2007년 여름 쾰른대학교에서 박사학위를 받은 후 2008년부터 베를린에 있는 한국대사관에서 2년 넘게 일할 기회가 있었다. 근무를 시작한 지 얼마 되지 않은 그해 가을, 미국의 '리만 브러더스' 사태를 시작으로 금융위기가 발생하였고, 그 여파로 경기침체가 세계 전역으로 확산되었다. 독일에도 위기가 찾아왔고, 이에 따라 부실채권 해결방안, 금융권에 대한 규제강화, 두 차례에 걸친 경기부양책 등의 대책이 발표되고 시행되었다. 대사관에 근무한 덕분에 독일이 그 금융위기를 어떻게 극복해 나가는지에 대해서 비교적 상세하게 들여다볼 수 있었다.

금융위기, 조업단축으로 극복

당시 독일의 경제위기는 금융 부문보다도 제조업 부문에서 훨씬 더 심각했다. 독일은 세계 최고의 교역국가로 경제의 상당 부분을 수출에 의존하고 있었는데, 미국을 비롯한 대다수 국가가 금융위기에 따

2009년 베를린 IFA 전시회를 방문하여 삼성전시관에서 대사관 동료들과 함께한 저자. ⓒ조성복

른 어려움으로 수입물량을 대폭 줄인 것이 원인이었다. 2008년 독일의 수출 총액은 약 1조 유로로 국내총생산(GDP) 약 2조 5,000억 유로의 40퍼센트에 달했다.

이처럼 수출 수주실적이 갑자기 줄어들자 자동차, 철강, 화학 산업 등의 분야에서 다수의 기업이 공장가동을 놓고 당장 큰 곤란에 빠졌다. 기업의 구조조정 등 대량해고와 그에 따른 실업의 증가 및 극심한 노사갈등이 예상되었다. 그런데 대량해고도, 실업증가도, 노사간 갈등도 크게 일어나지 않았다. 그것은 기업과 노동자가 '조업단축(Kurzarbeit)'을 실시했기 때문이었다.

조업단축이란 갑작스러운 경기침체 등으로 수주실적이 급감함에 따라 기업이 구조조정을 해야 하는 상황에서 노동자를 해고하는 대신에 전체 또는 일부 노동자의 정규 노동시간을 일시적으로 단축하는 것을 의미한다. 이 제도를 시행할 경우 노동자는 다소의 임금손실을 감수해야 하지만 구조조정 등에 따른 해고를 피할 수 있다. 기업은 경영의 어려움을 감수해야 하지만 숙련된 종업원을 계속 고용할 수 있고, 기업의 노하우 유출도 방지할 수 있다. 또 노사 양측은 정부로부터 '조업단축 지원금(Kurzarbeitgeld)'을 받을 수 있다.

조업단축 지원금이란 노사가 합의하여 이 제도를 실시할 경우, 연방노동청이 기업을 대신하여 조업단축으로 인한 노동자 급여의 감소분을 채워주는 지원금을 말한다. 다만 이 지원금은 손실분 전액을 보충해주는 것은 아니고, 조업단축에 따른 급여 부족분의 60~67퍼센트(부양가족이 있을 경우 67%)를 지원한다. 이 지원금의 지급기간은 기본적으로 6개월이지만, 상황에 따라 24개월까지 연장할 수 있다.

2009년 3월, 연방노동청에 접수된 조업단축 노동자 수는 약 2만 4,000개 기업의 67만 명에 달했으며, 금융위기가 시작된 2008년 10월 이래 총 215만 명으로 이는 독일 역사상 기록적인 숫자였다. 조업단축은 주로 기계설비 분야와 자동차 업계에서 시행되었다. 기계설비 분야는 3월에만 약 9만 명이 신청하여 최고를 기록하였고, 자동차 업계는 종사자의 절반가량이 조업단축을 하고 있는 것으로 조사되었다.

6년 넘게 진행되었던 쌍용자동차의 대량해고사태도 이와 비슷한 시기에 일어났었다. 독일처럼 노사가 합의하여 조업단축을 했더라면 수십 명의 해고노동자가 자살까지 해야 하였던 극심한 갈등사태는 피할 수도 있지 않았을까?

노조에 적대감은 없다... 연대에 친숙한 독일인

독일에서 노사 간 대립이나 갈등이 심하지 않은 데에는 여러 가지 이유가 있을 것이나, 먼저 노동이나 노동자, 노조를 대하는 사회적 분위기가 적대적이지 않고 우호적이라는 데서 찾고 싶다. 다음은 노조의 성격이 산별 노조인 점도 중요한 역할을 하는 것 같다. 노조가 한 개별 기업 내 노동자의 권익만을 추구하는 것이 아니라, 해당 산업 내 전체 노동자의 입장을 대변한다는 점에서 보다 더 공정한 소득분배가 가능하기 때문이다. 그래서인지 '귀족노조'나 '노노갈등'이란 말은 들어보지 못한 반면, '연대'라는 말이 항상 생활 주변에 가까이 있었다.

또한 국가의 철저한 중립적 입장도 노사 양측으로 하여금 대화에 적극적으로 나서고 타협을 하도록 견인하는 역할을 한다. 이런 점에서 보면 이명박 정부가 내세웠던 '친기업' 정책은 과거 개발시대의 패러다임을 벗어나지 못했던 구태였다고 볼 수 있다. 그 외에 노조 지도부가 노조를 무조건 투쟁적으로만 이끌지 않는 것도 중요한 요인이라 할 수 있겠다. 물론 사측과 대화와 협상을 통해서 합의를 도출하는 것이 가능하니까 그렇겠지만 말이다. 독일에서 노조 지도자가 된다는 것은 우리처럼 머리띠를 두르고 앞장서 싸우는 투사가 되는 것이라기보다는 오히려 경제문제나 노사관계를 열심히 공부하는 연구자가 되는 것에 더 가깝다고 할 수 있다.

이에 덧붙여 각각의 인재가 적재적소에 자리하여 전문화되고 안정된 조직문화도 노사관계에 중요한 역할을 한다. 당시 독일노총(DGB) 위원장은 좀머(M. Sommer)였는데, 그는 2002년부터 2014년까지 그 자리를 유지하였다. 마찬가지로 사용자 측의 훈트(D. Hundt)는 1996년부터 2013년까지 독일경총(BDA, 독일경영자총협의회)의 회장직을 수행하였다. 이러한 노사 기구의 안정은 노사관계에 대한 장기적 전망을 가능케 해준다. 그밖에 해고방지법이나 잘 짜인 복지시스템도 노동자로

하여금 극한투쟁에 나서지 않도록 지원하고 있다.

　하지만 무엇보다 중요한 것은 기업의 중요한 의사결정을 노사가 함께하는 '공동결정제'이며, 이를 통해서 상대를 파트너로 인정하고 갈등이나 대립을 피할 수 있는 것 같다. 이 제도가 중요한 또 다른 이유는 노사가 기업에 대한 정보를 공유하여 모든 것이 투명하게 된다는 점이다. 이처럼 서로 감추는 것이 없기 때문에 비리가 발생하기 어렵고, 양보와 타협이 가능하다. 또한 이러한 상호 신뢰의 결과가 노사정이 조금씩 양보하는 조업단축도 가능하게 한다. 바로 이런 점에서 독일의 '공동결정제'는 우리의 정치 제도나 문화에도 시사하는 바가 크다고 할 수 있다.

6

'노동자의 천국' 독일에도 고민이 있다!

- 독일 노조와 정당의 관계

노동조합과 정치권이 서로 연대하기 위해서 필요한 연결고리는 무엇일까? 친노동이나 진보 또는 보수성향의 정당은 노조와의 연대를 강화하기 위해 어떠한 비전을 제시해야 하는가? 이 질문에 대한 답을 찾아보기 위해 먼저 독일의 노조와 정당과의 관계를 살펴보고, 이를 통해서 어떤 지표가 양측의 관계에 중요한지 알아본 후, 그것이 우리에게 주는 시사점은 무엇인지 생각해보겠다.

독일 노조의 고민... 정계 입지 축소

독일 노조의 정치참여는 과거에 비해 지속적으로 후퇴하고 있다. 구체적으로 노동시장이나 사회정책에 대한 정치적 의사결정 과정에서 노조의 제도적 또는 비공식적 참여가 계속해서 줄어들고 있기 때문이다. 특히 1990년대 이후 노조와 정당 사이의 관계는 점진적으로 소원해졌다. 독일의 '코포라티즘(Korporatismus)'은 그 정신은 살아있으나, 그 공식적인 제도적 틀은 1995년 '고용을 위한 연대'라는 노사정 협의체 이후 해체되었다고 할 수 있다.

코포라티즘은 우리말로 '조합주의' 또는 '사회적 합의주의'로 번역되는데, 노조와 사용자, 그리고 정부가 공동으로 협상을 통해 노사문제를 해결하는 것을 의미한다. 2013년 남산에 있는 독일문화원에서 만났던 독일 기센대학의 아이젤(D. Eissel) 교수에 의하면, 90년대 후반 이후 독일에서는 더 이상 이에 대한 논의가 진행되지 않고 있다고 한다. 이런 현상에 따라 노조출신 인사가 정/재계의 엘리트 군(群)에서 점차 탈락하는 현상을 보이고 있다.

노조가 각각의 정당에 얼마나 잘 정착하고 있는지 여부는 보통 연방하원의 원내교섭단체 내 노조원의 비율, 연방하원에 진출한 노조지도자의 수, 노조원의 당원가입 등으로 평가할 수 있다. 다만 노조가입 여부 등은 개인정보에 속하기 때문에 실제로 그 정확한 비율을 알기에는 다소 어려움이 있다.

16대 연방하원(2005-2009)에서 노조출신 의원 수는 전체의 약 36퍼센트를 차지하였다. 이를 정당별로 살펴보면, 사민당(SPD) 내 노조출신 의원은 73퍼센트, 좌파당(Die Linke) 65퍼센트, 녹색당 27퍼센트, 기민/기사당(CDU/CSU) 4퍼센트, 자민당(FDP) 2퍼센트의 비율을 보였다. 물론 사민당의 비율이 가장 높기는 하지만, 1970~80년대 지속적으로 90퍼센트를 넘던 것에 비하면 많이 줄어든 것이다. 다른 정당도 사민당과 같이 감소하는 추세를 보이고 있으나, 예외적으로 좌파당은 꾸준히 증가하고 있다.

17대 연방하원(2009-2013)에서 노조의 정책에 적극성을 보였던 의원은 사민당이 13명, 좌파당 8명, 기민당 3명으로 총 24명 정도이다. 이는 16대 및 1970년대와 비교하여 현저하게 줄어든 모습이다.

이와 같은 상황은 여러 가지 복합적인 현상을 반영한 것이나, 무엇보다도 노동조합원의 수가 지속적으로 감소하고 있는 점이 가장 중요한 원인이다. 노조에 의해 조직되는 유권자 수의 감소는 노조의 존재 의미 축소와 그 영향력의 약화로 이어지고 있다. 과거 사민당에서는 노조원이 되는 것이 노동운동의 전통에 참여하는 상징성을 지니고 있었다. 그러나 사회가 점차 개인주의화 되는 과정을 거치면서 나타나고 있는 이런 전통의 해체는 젊은 의원으로 하여금 노조와의 친밀감을 갖기 어렵게 만들고 있다.

사민당에 대한 독일 노조의 지지율이 감소하는 이유는?

이처럼 노조출신 정치인이 줄어드는 것은 노조원의 지속적 감소와 함께 정치인의 전문성이 중시되는 현상 때문이다. 이에 따라 의원 활동 이외에 원래 가졌던 직업을 병행하는 의원 수가 점차 감소하고 있다. 소위 직업정치인이 과거 노조나 시민 단체 활동가를 의회에서 대체하고 있는 셈이다.

또한 독일 정당의 정치인 충원방식이 변하고 있는 점도 중요한 요인이다. 오늘날에는 한 정당의 선출직 정치인 후보가 되는 데 있어서 과거처럼 당원증을 가진 성공적 노조위원장의 경력보다 일찍부터 정당에서 활동하여 정당조직에 뿌리를 내리는 것이 훨씬 더 중요해졌기 때문이다.

그밖에 노조 쪽에서도 정치권으로부터 자리를 넘겨받을 기회가 줄어들고 있다. 연방의원이 개인적으로 돌파력을 갖거나 추가로 무엇인가 만들어낼 가능성은 점점 줄어들고 있는 것이 현실이기 때문이다. 그래서 노조는 스스로 정치력을 갖추는 방안을 모색 중이다. 특히 금속 및 공공서비스 노조 지도부는 1980년대부터 정당과 별도로 독립된 정치적 조직체로서 노조를 강화하려는 전략을 추진해 오고 있다.

노조위원장이 특정 정당의 당적을 갖게 되면 노조의 정당 선택의 폭이 줄어들고, 다양한 정당을 상대로 자신의 이익을 대변케 하려는 전략도 실행하기 어렵게 된다. 그래서 노조는 정치권에 대해 가능한 한 중립적 입장을 취하려고 하는데, 이것이 사민당에 대한 지지 감소로 이어지고 있다고 볼 수 있다. 다만 여기에서 좌파당은 예외이다. 그것은 노조가 주장하는 내용이 연방차원에서 좌파당의 정책과 아직 경쟁 관계에 있지 않기 때문이다.

실제로 사민당은 전통적으로 독일노총(DGB)과 우호적인 관계를 유지하고, 선거에서도 일시적인 차이가 있기는 했지만 노조 진영 대다수의 지지를 받아왔다. 1998년 총선에서 사민당은 노조 진영의 유권자 가운데 56퍼센트의 지지를, 기민당은 22퍼센트, 민사당(PDS, 민주사회당의 약칭)과 녹색당은 각각 6퍼센트, 자민당은 2.9퍼센트의 지지를 받았다. 그런데 2002년 이후 이러한 경향이 서서히 무너지기 시작했다.

2002년 선거에서 노조 진영으로부터의 사민당 득표율은 1998년에 비해 4.5퍼센트 감소하였고, 2005년 총선에서는 추가로 3.8퍼센트 감소하여 결국 과반 지지가 무너지게 되었다. 기민당은 2002년 사민당의 감소에 힘입어 노조진영의 지지율이 4.3퍼센트가 증가하는 반사이익을 얻었지만, 2005년 선거에서는 다시 4.6퍼센트가 감소하였다. 반면 좌파당(민사당의 후신)은 2005년 총선에서 6.9퍼센트의 증가를 기록하였다. 2009년 총선에서 사민당은 노조 진영 유권자의 33.5퍼센트의 지지를 받는데 그쳤고, 좌파당은 5.2퍼센트가 증가한 17.1퍼센트를 기록하여 기민당의 지지율(25%)에 육박하였다.

이와 같은 사민당에 대한 노조 진영의 지지감소는 1998년 사민-녹색당 연합정부(적녹연정, 1998~2005)에서 슈뢰더 총리가 '아젠다(Agenda) 2010'을 추진하면서 촉발되었다. 2003년에 발표된 이 개혁안은 전후 독일 최대의 구조개혁 프로그램으로 해고방지법의 적용완화를 통한 노동시장의 유연성 제고, 하르츠 IV(실업보조금과 사회보조금의 통합)와 연금수령시기 조정(65세에서 67세부터로 늦춤) 등 복지혜택의 축소, 세율인하 및 세제개혁, 관료주의적 규제철폐 등의 내용을 담고 있었다.

이 정책은 당시 사민당 내부에서뿐만 아니라 연방상원(Bundesrat)과 노조 등에서 광범위한 저항에 직면했으나, 시간이 지나면서 개혁의 당위성에 대한 공감대가 점차 확산되었다. 독일 경제가 2006년 3.0퍼센트, 2007년 2.5퍼센트 등 건실한 성장률을 보이고, 실업률이 2005년 11.7퍼센트에서 2008년 7.7퍼센트로 지속적으로 감소하는 등 실질적 성과를 보이자 긍정적 평가가 대세를 이루었다.

반면에 노동계 등 일각에서는 노동자의 실질소득이 감소했고, 가계의 실질소득 증대에도 효과가 없었다는 점을 들어 이 정책을 부정적으로 평가하였다. 이에 따라 진보진영 지지자의 상당수가 좌파당으로 옮겨갔다.

'아젠다 2010'의 시행으로 독일 경제는 소위 '유럽의 병자'라는 오명에서 벗어나기 시작했으나, 슈뢰더 총리는 2005년 총선에서 패배

하여 자리를 잃게 되었다. 기민당의 메르켈 총리는 이 정책을 승계하고 지속시켰다. 그래서 세계적 금융위기와 유로존 회원국들의 재정위기 등에도 불구하고 2009년과 2013년 총선에서 연이어 모두 승리하였다. 아이러니하게도 슈뢰더가 도입했던 비(非)인기 개혁정책의 과실을 메르켈이 차지한 셈이 되었다.

한편, 소수 정당으로서 자민당과 녹색당은 오랜 기간 노조와의 연관성이 그리 크지 않았다. 그러나 2000년대 들어 노조는 녹색당과의 관계를 점차적으로 개선해가고, 좌파당과는 필수적인 관계를 맺고 있다. 과거 동독 집권당(SED)의 후신이었던 민사당(PDS)은 서독 지역의 노조에 대해 여전히 회의적인 입장이었다. 그런데 민사당이 서독 지역의 노조 그룹이 결성한 '노동과 사회정의를 위한 선거대안 또는 노동사회 선거연합(Arbeit & soziale Gerechtigkeit – Die Wahlalternative, 줄여서 WASG)'과 연합하여 2007년 좌파당으로 거듭나면서, 현재는 연방하원에서 노조의 입장을 가장 강력하게 대변하는 정당이 되었다.

7

다당제로 변화한
독일의 다양한 노동정책, 한국은?
- 독일 정당의 노동정책

여기서는 정당과 노조 간 연결고리가 될 수 있는 지표에 대해 살펴보겠다. 구체적으로 "자율적 임금협상, 최저임금제, 노조의 경영참여(공동결정제), 노동시장의 유연화 및 규제, 노동자 정보보호법" 등의 주제에 대해 독일의 정당이 어떤 입장을 갖고 있는지 알아보겠다. 또한 독일의 정당체제가 과거 양당 중심에서 점차 다당제로 옮겨가는 상황에서 노조의 전략적 선택은 무엇인지 따져보겠다.

각 정당의 노동정책?

자율적 임금협상
자민당(FDP)이 소위 '국가적 임금강제규정'으로부터 기업을 보호해야 한다고 가장 우파적인 입장을 보이는 반면, '자율적 임금협상'에 대해 다른 정당은 대체로 지지하는 입장을 보이고 있다. 좌파당은 이를 명시적으로 언급하지는 않았지만 경영에 대한 노조의 권한 확대(예를 들어 파업권)를 지지하고 있다.

사민당, 녹색당, 좌파당이 '최저임금제'의 도입을 지지했던 반면, 기민당과 자민당은 반대 입장을 가지고 있었다. 2013년 9월의 18대 총선에서 사민당과 녹색당은 연방 차원에서 일률적인 시간당 8.50유로를, 좌파당은 10유로를 최저임금으로 도입해야 한다고 주장했다. 기민당은 지역별, 산업별 최저임금제의 도입을 강조하였다.

독일노총(DGB)은 경제민주화 목표의 하나로 기업의 인수합병, 이전, 투자결정 등의 의사결정에서 '노조의 경영참여' 확대를 강조하고 있다. 사민당, 녹색당, 좌파당은 이와 관련 기업의 경영이사회에서 사측의 인원을 줄여 노사 간 보다 동등한 참여를 요구하고 있다. 기민당은 이를 명시적으로 언급하지는 않았지만 대체로 긍정적 입장을 보이고 있으나, 자민당은 노조의 경영참여와 이와 관련한 비용을 제한해야 하고 경영이사회의 인원을 축소해야 한다고 주장하고 있다.

노동시장의 유연화 및 규제

'노동시장의 유연화 및 규제'와 관련해서는 해고방지법과 불완전고용이 핵심 주제이다. 독일노총은 파견근로, 임시근로를 우선시하여 장기 노동자를 줄이는 것은 잘못된 정책이라고 지적한다. 또 사회보험료를 내고 해고방지법의 적용을 받는 완전고용을 강화해야 하고, 불완전고용에 대해서는 적극적으로 투쟁해야 한다고 주장한다.

이에 대해 기민당은 유보적인 입장을 취하고 있다. 사민당과 녹색당은 해고방지법을 지지하며 불완전고용을 중단할 것을 주장하고 있다. 좌파당은 해고방지법의 강화, 파견근로의 엄격한 제한을 통한 노동시장의 재(再)규제를 요구하고 있다. 반면에 자민당은 해고방지법의 완화, 노동유연성을 강화한 일자리 확대, 국가의 규제완화 등을 주장하고 있다.

2008년 독일에서 노동자 정보를 남용하고, 불법적 방법으로 노동자를 감시한 사건이 일어났다. 이는 슈퍼마켓 리들(Lidl), 독일철도(Deutsche Bahn), 독일통신(Deutsche Telekom) 등에서 폭로되었다. 이후 '노동자 정보보호' 문제가 노조와 정당에서 관심의 초점이 됐다. 독일노총은 노동자에 대한 관찰과 감시를 명시적으로 금지하는 내용을 담은 「노동자 정보보호법」의 제정을 요구하였다.

기민당과 자민당이 법의 제정에 대해 약간 유보적인 입장을 보인 반면, 사민당, 좌파당, 녹색당은 노조의 요구에 찬성하였다. 연방정부는 임시방편으로 「연방정보보호법」에 따른 시행령을 보강하여 2009년 9월부터 시행하고 있다.

사회복지제도

'사회복지제도'와 관련하여 노조는 지난 몇 년간 연방정부를 상대로 대규모 투쟁을 전개해오고 있는데, 특히 '아젠다 2010'의 사회복지 축소와 연금문제가 쟁점이 되고 있다. 독일노총은 실업보조금과 사회보조금을 통합하여 그 금액과 수령기간을 축소한 '하르츠 Ⅳ' 제도의 중단과 연금의 67세 수령을 다시 65세로 낮출 것을 요구하고 있다.

사민당과 기민당, 자민당은 이러한 요구에 부응하지 못하고 있다. 이와 달리 녹색당은 이를 노동시장의 개혁문제와 연관시키면서 실업자도 최소한의 존엄성을 유지할 수 있는 생활이 가능해야 한다는 입장에서 하르츠 Ⅳ의 개선을 주장하고 있다. 좌파당은 하르츠 Ⅳ를 폐

독일의 대표적 슈퍼마켓 중 하나인 리들(Lidl). 위 사진에 "리들은 가성비가 좋다(Lidl lohnt sich),"라고 쓰여 있다. ⓒ조성복

기하고, 67세 연금수령 및 연금 부분민영화 문제의 원상복귀를 요구하고 있다.

종합적으로 사민당, 녹색당, 좌파당 등의 좌파 진영과 노조는 대부분 비슷한 견해를 보이고 있는데 반해, 상대적으로 자민당(FDP)이 가장 다른 면모를 보이고 있다. 좌파당은 노동자와 노조의 권리 및 그 영향력의 확대를 위해 독일노총보다 더 강경한 요구를 내놓고 있다. 기민당(CDU)은 노조와의 갈등을 피하기 위해 2005년 총선에서 주장했던 해고방지법의 완화, 자율적 임금협상에 대한 간섭 등의 정책을 포기하였다.

노조의 대안?

독일은 2차 대전 이후 기민당과 사민당 중심의 거대 양당에 자민당이 캐스팅보트를 쥔 '3당 체제'였다. 80년대 녹색당과 90년대 통일 이후 민사당(PDS)의 등장으로 안정적 '5당 체제'를 유지하였다. 이후 PDS가 좌파당으로 확대되었고, 2017년 연방총선에서 독일대안당(AfD)이 제3당의 지위로 등장하면서 '6당 체제'가 되었다. 다만, 기만당(CDU)의 자매정당인 기사당(CSU)을 포함할 경우에는 '7당 체제'라고 할 수도 있다.

과거에는 기민당과 사민당의 득표율 합이 70~90퍼센트에 달했는데, 점차 하락하여 2009년 총선에서는 양당의 합계 득표율(56.8%)이 처음으로 60퍼센트 아래로 내려가 다당제로 변화하고 있음을 실감케 하였다. 그러다가 2013년 선거에서는 자민당이 4.8퍼센트 지지에 그치는 등 군소 정당들의 고전으로 거대 양당이 선전하여 다시 67.2퍼센트를 기록했다. 하지만 2017년 총선에서 독일대안당의 신규 진입, 자민당의 재진입 등 소수 정당들이 다시 약진함에 따라 거대 양당의 득표율은 53.4퍼센트로 줄어들어 사상 최저치를 보이고 있다.

〈표7〉 거대 양당의 득표율 변화

연도	기민당+사민당 득표율 (%)	기타 정당의 득표율 (%)
1972	90.7	9.3
1983	87.0	13.0
1998	76.2	23.8
2002	77.0	23.0
2005	69.4	30.6
2009	56.8	43.2
2013	67.2	32.8
2017	53.4	46.6

▲ 독일 연방선거위원회 자료에서 저자 작성. ⓒ조성복

독일의 정당체제가 이처럼 변화를 보이고 있으나, 노조는 이러한 변화에 아직 충분히 적응하지 못하고 있다. 특히 1998~2007년 사이에 사민당과의 관계가 약간 소원해지면서 노조출신 인사의 의회진출이 감소하고 있고, 사민당에 대한 노조 진영의 지지도 줄어들고 있다. 비록 노조가 정당이나 정치적 의사결정 과정에서 아직까지는 우선적으로 소통할 수 있다고 하더라도, 이와 같은 현상은 노조를 점차 일반적인 이익 또는 로비 집단으로 만들고 있다. 따라서 노조가 자신의 이익 추구를 위해 전략을 다양화할 수밖에 없는 상황이다.

금속노조(IG Metall)나 통합서비스노조(Ver.di)가 사회운동과의 협력을 중시하는 반면, 광산-화학-에너지노조(IG BCE)는 여전히 전통적 방식, 특히 사민당을 통한 활동을 중시하고 있다. 여기서 노조의 새로운 전략적 선택의 하나는 좌파당과 긴밀한 관계를 유지하는 것이다. 과거 서독지역 노조의 많은 인력이 좌파당의 한 축인 '노동사회 선거연합 (WASG)'에 대폭 참여하였다. 이 사실은 이미 좌파당의 노선이 친 노조 적일 것이라는 짐작을 가능케 한다. '사민당 탈퇴, 좌파당 입당'이 하나의 모토가 될 수 있을 것이다.

또 다른 대안으로는 탈이데올로기적인 입장에서 모든 정당과 협력하는 방안을 생각해 볼 수 있다. 이를 위해서는 노조 내 토론문화가 활성화되어야 하는데, 아직 미흡한 상황이다. 하지만 위에서 살펴본 바와 같이 노조는 각 정당과 일부 또는 다수 정책에서 연결고리를 찾을 수 있다. 노조 진영의 유권자는 선거에서 대체로 좌파 진영을 선택하지만 다른 정당을 찍을 수도 있다. 관건은 노조가 어떤 전략을 사용하는 것이 정당이나 정부의 정책에 대한 영향력을 극대화할 수 있을 것인지를 판단하는 일이다.

노조가 어떤 정당과 긴밀한 연대를 할 것인지 결정하는 데는 결국 그 정당이 어떤 정책을 가지고 있는지가 핵심적 역할을 할 것이다. 노조와 정당을 연결해주는 고리로는 '자율적 임금협상과 최저임금제, 노조의 경영 참여, 노동시장의 유연화 및 규제, 노동자 정보보호법, 사회복지제도' 등의 주제가 그 주요 지표가 될 것이다. 이들에 대한 각 정당의 입장이 노조의 지지 여부를 결정하는 주요 시금석이 된다. 이 지표에 '비정규직 문제'를 추가한다면 우리의 경우에도 유효할 것으로 생각된다.

사회가 복잡해지고 다양한 이해관계가 나타나면서 독일의 경우에서 보듯이 정당체제는 점차 다당제로 변하고 있다.(〈표7〉참조) 우리의 경우에도 현재와 같은 보수적 거대 양당만으로는 국민의 다양한 욕구를 담아낼 수 없음이 분명하다. 이런 점에서 노동자의 요구를 제대로 수용할 수 있는 새로운 진보정당의 존재와 역할이 절실한 상황이다. 또한 노조도 기존의 기업별 노조방식에서 벗어나 실질적인 산별 노조의 채비를 갖추고, 각 정당의 노동 및 사회정책에 대한 평가를 강화하여 현명한 정치적 선택을 할 수 있어야 한다. 더불어 민주노총과 한국노총의 통합을 모색하여 정치권에 대한 노조 진영의 영향력을 확대하는 계기를 만들었으면 한다.

제 7 장

독일의 에너지 및 환경정책

독일이 원전을 중단한 것은 후쿠시마 때문이 아니다

1

메르켈 총리가 '원전 제로' 택한 건
후쿠시마 때문이 아니다

- 독일의 원전 폐기

1990년대부터 기후변화에 따른 환경파괴의 문제가 전 지구적 관심사로 떠오르게 되었다. 이에 따라 한편으로 선진국을 중심으로 온실가스를 줄이려는 노력이 이어지고 있으며, 다른 한편으로는 재생에너지에 대한 관심과 투자가 늘어나고 있다. 여기에는 세계적으로 고유가 상태가 지속되고 있는 점도 중요한 역할을 하고 있다. 동시에 원자력 발전소의 건설과 가동을 둘러싸고도 상반된 논의가 계속되고 있다.

원전가동을 둘러싼 논란

독일에서는 원전을 계속 가동해야 한다는 입장과 중단해야 한다는 입장이 얼마 전까지만 해도 팽팽하게 맞섰다. 사민당(SPD)과 녹색당은 아래와 같은 이유를 들어 원전가동의 중단을 요구했다.

첫째, 원전 시설에서 나오는 방사능 폐기물을 처리하는 것이 어렵다는 점이다. 독일은 안전한 보관장소를 선정하는데 실제로 큰 어려움을 겪고 있다. 둘째, 그 폐기물의 처리비용이 만만치 않다는 점이다. 그 비용을 감안한다면 원자력 에너지가 반드시 저렴한 것이 아니라는 입장이다. 셋째, 원전가동에 따른 이익은 원전업체의 것에 불과할 뿐이지, 그것이 결코 소비자에게 돌아가지는 않는다는 점이다.

반면에 기민당(CDU)과 자민당(FDP)은 다음과 같은 이유로 원전을 지속해야 한다는 입장이었다. 첫째, 원전은 온실가스의 배출이 없는 친환경 에너지라는 점이다. 독일이 2020년까지 온실가스 배출량을 1990년 대비 40퍼센트 감축하려는 목표를 달성하기 위해서는 원전가동이 필수적이라는 주장이었다. 둘째, 원전에 의해 생산된 전기요금이 화력발전소나 재생에너지에 의한 것보다 저렴하다는 점이다. 셋째, 독일은 가스·석유·석탄 수입국 가운데 상위권에 속하는데, 원전가동을 중단할 경우 수입의존도 문제가 더욱 심해질 것이라는 우려였다.

1998년에 정권을 잡은 사민-녹색당 연립정부(적녹연정, 1998~2005)는 2000년 에너지 관련 기업과 논의하여 각 원자력 발전소의 가동기간을 32년으로 제한하기로 합의하고, 이에 따라 원전의 가동을 순차적으로 중단하기로 결정했다. 이 내용은 2002년 관련법의 제정을 통해 보다 구체화되었다. 이러한 노력의 결과로 당시 전체 19기 원전 가운데 1960년대 후반 및 70년대 초반부터 가동되었던 2기가 각각 2003년(Stade 발전소)과 2005년(Obrigheim 발전소)에 가동을 중단하고 폐기되었다. 독일은 1971년부터 1994년 사이에 이미 16기의 원자력 발전소를 폐쇄한 바 있다.

2005년 총선 후 기민당은 사민당과 함께 대연정(2005~2009)을 구성하면서 과거 적녹연정에서 만들어진 원전가동 중단결정을 받아들였다. 그리고 순차적으로 나머지 원전을 2022년까지 중단하기로 합의했다. 하지만 2009년 총선에서 승리한 기민-자민당 연립정부(흑황연정, 2009~2013)는 2010년에 관련법을 개정했는데, 그 주요 내용은 경제상황을 감안하여 기존 원전의 가동시한을 연장한다는 것이었다. 이에 따라 1980년 이전에 가동을 시작한 7개의 원전은 향후 8년, 그 이후의 10개는 향후 14년을 추가로 더 가동할 수 있게 되었다.

독일의 원전 폐기 과정

그러나 2011년 3월에 발생한 일본 후쿠시마의 원전사고는 이런 상황을 급격하게 바꾸어 놓았다. 사고 직후 메르켈 총리는 독일의 원전 및 에너지 정책을 대폭 수정하기로 의견을 모았다. 일단 건설한 지 오래된 7개의 원전과 문제가 있다고 지적된 1개의 원전을 3개월간 가동을 중단시켰다. 이어서 연방하원과 협의하여 '원자로-안전위원회'와 '에너지 대책위원회'를 구성해 원전 중단과 관련된 논의를 전개하였다.

뒤이어 같은 해 6월 연방정부는 결국 문제의 8개 원전을 즉시 폐기하기로, 나머지 9개 원전도 2022년까지 순서대로 가동을 중단하고 모두 폐기하기로 최종 결정했다. 이에 따라 후속 입법이 이루어짐으로써 2010년에 개정되었던 원전가동 연장법안은 자동적으로 철회되었다.

이처럼 독일은 후쿠시마 사태를 계기로 원자력 발전소의 폐기를 공식화하였다. 하지만 이런 결정이 하루아침에 이루어졌다고 보기는 어

렵다. 그것은 그동안 부족한 에너지 문제를 해결하기 위한 연정정부
의 다양한 정책들, 녹색당의 집권과 환경보호 정책, 재생에너지에 대
한 연구와 투자, 그리고 이에 동참하는 시민의 노력 등이 종합적으로
어우러진 결과라고 할 수 있기 때문이다.

2

독일 냉장고, 서리제거 기능이 없는 이유는...
- 독일의 친에너지 전자제품

어학 코스를 마치고 쾰른대학에서 정식으로 공부를 시작하면서 그곳에 정착하게 되었고, 이것저것 필요한 살림살이를 갖추게 되었다. 그때 장만한 것 중에 냉장고와 세탁기가 주요 품목이었다. 공부를 마치고 귀국하는 유학생으로부터 그것을 저렴한 가격에 구입하였다. 이전에는 기숙사 방에 딸린 조그만 냉장고를 사용했고, 보통 기숙사 지하에 있는 공동 세탁기를 동전을 넣고 이용했었다.

중고로 산 냉장고는 상표가 지멘스였던 것으로 기억하는데, 냉장실과 냉동실이 구분되어 있고 크기와 성능이 괜찮았다. 그런데 단점이 하나 있었는데, 서리제거 기능이 없다는 것이었다. 일정 기간 사용하다 보면 냉장실 제일 위 칸에 서리가 조금씩 쌓여 점차 빙산을 이루었다. 그래서 적당한 때에 그 칸의 물건을 꺼내고 그 얼음을 녹여 없애거나 직접 떼어내야만 했다.

게으름을 피우거나 사정이 있어 조금 오랫동안 방치하면 그 빙산은 점점 더 커져서 나중에는 드라이버와 고무망치 같은 도구를 활용하여 대대적인 제거 작업을 벌여야 했다. 대체로 집사람 선에서 해결되었

독일 그린피스의 홍보물. 일자리 창출, 중소기업 강화, 원전 중단 등의 구호가 적혀
있다. ⓒ조성복

으나, 간혹 잘 떨어지지 않아 아주 애를 먹는 경우가 생겼다. 그러면
억울하게도 그 화살이 얌전히 공부하고 있는 나에게로 돌아왔다. 내
가 무능하여 서리제거도 안 되는 싸구려 냉장고를 샀기 때문에 자기
가 이 고생을 하고 있는 것이라고!

비록 이런 불편함이 있기는 했지만, 그런대로 오랫동안 잘 사용하
였다. 그런데 그 냉장고가 독일 생활의 막바지인 베를린에 살던 어느
날 갑자기 완전히 멈춰버렸다. 우리가 쓰기 전에 얼마나 사용했었는
지는 모르지만 중고로 구입한 지 약 10년 가까이 되는 시점이었다. 갑
자기 귀국하게 될 상황을 고려하여 가능한 한 새로운 물건의 구입을
자제해 왔으나, 냉장고 안의 음식이 상하는 것을 막아야 했기 때문에
어쩔 수 없이 서둘러 새 냉장고를 사러 나서게 되었다.

전자상가와 백화점에는 다양한 종류의 냉장고가 구비되어 있었다.
이를 돌아보다가 재미있는 점을 하나 발견했는데, 그것은 아직도 서리제거 기능이 없는 냉장고가 많이 팔리고 있다는 사실이었다. 집사람의 얘기로는 한국에서는 이미 90년대에 이런 냉장고는 더 이상 나오지 않았다고 했다. LG 전자에서 일하는 친구도 아직도 그런 게 있냐고 신기해할 정도였다. 그런데 자동으로 서리가 제거되는 냉장고는 그 기능이 없는 것보다 전기를 훨씬 더 많이 먹는다는 정보를 접하고는 '아, 이게 바로 이유였구나!' 하면서 무릎을 쳤다.

전시된 냉장고는 가격표, 에너지 효율등급과 함께 연간 전력사용량이 얼마인지가 표시되어 있었다. 냉장고의 선택에서 상표나 크기보다도 전기 사용량이 더 중요시되는 것 같았다. 에너지 효율이 높고 전력 사용량이 적을수록 냉장고의 가격은 비쌌다. 자동서리제거 기능이 없다고 해서 반드시 가격이 저렴한 것은 아니었던 것으로 기억한다.

이처럼 다소의 불편함이 있더라도 에너지를 적게 사용하는 전자제품이 소비자의 사랑을 받고 있었다. 그것은 전기요금이 비싸기 때문이다. 독일의 가정용 전기요금은 1998년에 1킬로와트시(kWh)당 17.11센트(0.1711유로)였는데, 이후 요금이 인하되기도 했다가 2000년대 중반부터 다시 상승했다. 2013년 기준 부가가치세를 포함하여 28.73센트(약 370원)를 기록하고 있다. 이것은 1998년 대비 68퍼센트 인상된 것이며, 그동안 평균적으로 연간 3.5퍼센트씩 오른 것이다.

우리의 가정용 전기요금은 2013년 기준 1킬로와트시 당 59원(100킬로와트시 이하, 부가세 미포함)이다. 물론 누진제를 적용하고 있어서 사용량이 많아질수록 킬로와트시 당 요금이 122원(101~200킬로와트시), 183원(201~300킬로와트시), 273원(301~400킬로와트시), 406원(401~500킬로와트시), 690원(501킬로와트시 이상)으로 비싸진다. 하지만 일반 가정에서 평범하게 전기를 사용할 경우에는 독일에 비해 훨씬 저렴하다.

전자제품의 소비와 관련하여 독일인이 우리와 다른 점은 그들은 무조건 최신의, 최고 성능의 제품만을 찾지 않는다는 것이다. 일반적으로 자신에게 필요한 용도가 가장 우선시 되는 것 같았다. 위에서 살펴보았듯이 냉장고의 기능이나 용량도 각각의 용도에 맞게 선택할 수 있도록 다양하게 구비되어 있었다. 오히려 우리에게 익숙한 양문형의 대형 냉장고는 소수에 속했다. 결과적으로 위와 같은 독일인의 에너지 절약정신이 집사람에게 나를 무능한 인간으로 만들어 버린 셈이다.

3

독일보다 3배 싼 한국 전기요금, 이젠 올려야 한다

- 독일의 비싼 전기요금

　기숙사에 살 때는 월세에 전기요금 등 관련 비용이 모두 포함되어 있어서 잘 몰랐었는데, 나중에 일반주택에 살게 되면서 비싼 전기요금을 확인하고는 깜짝 놀랐다. 요금은 미리 1년 치를 예상하여 월 평균액을 부과하고 연말에 정산하는 방식이었다. 2000년대 중반에 조리/난방 포함하여 보통 월 70~80유로(약 9~12만 원)를 부담했다. 가난하다고 공공임대주택을 주었지만 전기요금에서는 전혀 봐주는 것이 없었다.

　귀국한 후에는 전기요금에 대한 부담이 많이 줄었다. 2016년의 명세서를 찾아보니 한 달에 약 3~5만 원(조리, 난방 포함)이다. 어차피 우리 가족의 전기사용량에는 큰 변화가 없을 것이라는 점 등을 감안할 때, 독일의 전기요금이 확실히 더 비싸다는 것을 알 수 있다.

한국, 원가보다 싼 값에 산업전기 공급... 독일은?

독일의 전기요금이 비싼 이유는 1킬로와트시(kWh) 당 요금에 포함된 '재생에너지 분담금'이 98년 0.08센트에서 점차 상승하여 2013년 5.28센트로 늘어난 결과이다. 동시에 부가가치세율이 13퍼센트에서 16퍼센트로 인상되어 그 액수가 98년 2.33센트에서 2013년 4.59센트로 늘어난 것도 주요 원인이다.

우리의 가정용 전기요금은 매월 정산하는 방식을 취하고 있으며, 월 사용량이 늘어날수록 할증되는 누진제가 적용된다. 여기에 부가가치세 10퍼센트와 산업전력기반기금 3.7퍼센트가 더해진다. 하지만 독일보다 저렴하다.

예를 들어 3인 가정이 연간 3,500킬로와트시의 전기를 사용한다고 가정할 경우 전기요금은, 독일이 1,005유로(약 130~140만 원)인데 반해, 한국은 약 50만 원이다. 독일이 3배 가까이 더 비싸다고 할 수 있다.

산업용 전기요금도 독일이 더 비싸다. 2013년 언론보도에 따르면, 우리의 산업용 전기요금은 일반가정용보다도 훨씬 더 저렴할 뿐만 아니라 원가보다도 싸다고 한다. 한국전력공사에서 만들어 놓은 표를 보면 아주 복잡하여 이해하기가 쉽지 않은데, 대략 40~120원/킬로와트시로 터무니없이 싸다.

물론 독일에서도 산업용 전기요금은 가정용보다 저렴하게 책정되고 있다. 2012년 기준, 연간 사용량이 20~500메가와트시(MWh)일 경우 14.9센트(부가세 미포함, 약 200원)/킬로와트시이고, 2,000~20,000메가와트시일 경우에는 11.6센트이다.

이처럼 산업용 전기요금을 저렴하게 책정한 까닭에 한전은 지난 3

년간(2010~2012) 약 5조 5,000억 원에 달하는 손실을 보았다고 한다. 이러한 손실에도 불구하고 기업에 계속해서 저가의 전력을 공급해야 하는 이유가 무엇인지 궁금하다. 과거 급속한 경제발전을 위해 지원이 필요했던 시대와 달리 현재는 기업의 재무 상태나 조건이 판이하게 좋아졌기 때문이다.

실제로 2013년 국정감사에서 홍종학 의원이 발표한 보도자료에 따르면, 과거 6년간(2007~2012) 대기업이 조세피난처로 송금한 돈이 360조 원을 훨씬 넘었다고 한다. 기업의 자금사정이 과거와 달라진 증거가 아니고 무엇이겠는가.

또한 국감에서는 2012년 기준 약 95조 원에 달하는 천문학적 부채 문제에도 불구하고 한전이 경영을 방만하게 하고 있다는 문제점이 불거져 나왔다. 이는 무엇보다도 거대한 전력시장을 한국전력 혼자 독점하고 있는데, 그 주요 원인이 있다고 할 수 있다.

독일의 경우에는 여러 개의 전력회사(Vattenfall, E.ON, RWE, EnBW 등)가 독일 전역을 크게 4개의 지역으로 나누어 전력을 공급하고 있다. 우리도 이처럼 전력시장을 분할하고 적절한 경쟁체제를 도입하여 독점에 따른 폐해를 사전에 예방해야 한다.

전기요금 인상을 고려할 때다

이제 전기요금 인상에 대해 심각하게 고민해야 할 때이다. "우리도 선진국 수준으로 전기요금을 올려야 하지 않을까?" 하는 이야기를 꺼낼 경우, 많은 반발이 예상된다. 일반적으로 "서민은 전기를 쓰지 말란 말이냐?" 는 반응이 많을 것이다.

물론 이것은 무작정 요금을 인상하자는 말이 아니고, 그에 대한 대책이 마련되는 것을 전제로 한다. 또한 그러한 요금인상이 에너지 관련 공기업의 막대한 부채를 해소하기 위한 방편이 되어서도 안 된다. 요금인상에 대한 생각은 '값싼 요금 때문에 많은 에너지가 낭비되고 있는 것은 아닌가?' 하는 차원에서 나온 것이다.

에너지 요금인상에 따른 빈곤층 및 중소기업의 추가적 부담문제는 각각의 에너지 회사가 인상에 따른 수익의 증가분으로 그들에게 보조금을 지급함으로써 해결할 수 있다. 만약에 이것이 곤란하다면, 그 증가분을 세금으로 거두어 독일처럼 복지제도를 전반적으로 강화하는 것도 좋은 방법이다.

그렇게 하면 사회적 약자에게 특별히 피해를 주지 않으면서 에너지 부족문제를 해결하는 방향으로 갈 수 있을 것이다. 에너지 요금이 비싸지면 누구나 좀 더 절약하고자 애쓸 것이고, 그러면 사회 전체적으로는 에너지 소비량이 줄어들 것이기 때문이다.

OECD의 국가별 에너지 총생산량과 인구수를 가지고 2011년 1인당 에너지 소비량을 계산해보면, 한국을 100으로 봤을 때 독일은 73에 불과했다. 독일 통계청의 2013년 발표에 따르면, 독일의 주택, 건물 등이 조금씩 증가하고 있음에도 불구하고(가구 수 4.5%, 주거면적 3.6% 증가), 2005~2012년 사이의 가정용 에너지 소비량은 4.8퍼센트(난방에너지는 8.4%) 줄었다고 한다. 이것을 보면 에너지 요금을 인상하고 절약에 힘쓸 경우 전체적인 에너지 소비량이 줄어들 것이라는 전망은 옳다고 할 수 있겠다.

독일에서 에너지 요금이 지속적으로 오르자, 사민당은 2013년 9월 총선에서 관련 세금을 25퍼센트 줄여 전기요금을 내리자고 주장하였다. 하지만 기민당은 이에 대해 반대 입장을 표명하였고, 선거결과는 기민당에 대한 압도적 지지로 나타났다. 물론 이것 때문에 기민당이 승리한 것은 아니겠지만, 반드시 에너지 요금을 깎아주겠다고 하는 것만이 능사는 아니라는 것을 알 수 있다.

이를 교훈 삼아 우리도 밀양에 송전탑을 건설하는 등 값싼 전력의 공급을 확대하는 것에만 매진할 것이 아니라, 산업용 전기요금의 인상을 포함한 전반적인 에너지 요금의 조정을 검토해야 한다. 동시에 사회 전체적으로 에너지 사용의 효율성을 높이고 절약하는 방안을 모색하고 추진해야 한다. 또한 불량부품을 사용한 것이 드러남으로써 심심찮게 우리 원자력 발전소의 안전성 문제가 심각하게 대두되고 있다. 이런 상황에서 메르켈 총리의 결단력을 배웠으면 한다. 사고가 발생하여 꼭 인명이 희생되어야만 개선조치가 나오는 그동안의 안 좋은 관행을 이제 그만 끊어야 되지 않을까?

4

겨울철 독일에서는 물주머니가 생활필수품!
- 독일의 에너지 절약

네온사인 없는 밤거리

서로 밤 문화가 달라서 그렇겠지만 우리와 달리 독일에서는 새벽까지 번쩍이는 화려한 네온사인을 찾아보기 어렵다. 물론 시내 중심가에 위치한 일부 고가품이나 기념품 상점은 밤늦은 시간에 거리를 찾는 시민이나 관광객을 위해서 밤새 불을 켜놓기도 한다. 동네의 밤거리는 도심보다 훨씬 더 적막하다. 상점도 일찌감치 문을 닫기 때문에 네온사인은 고사하고 가로등 외에는 불빛을 찾아보기가 어려울 지경이다.

대부분의 주거지에서도 우리처럼 전깃불이 환하게 켜진 집을 찾아보기가 쉽지 않다. 아마도 벽을 비추는 흐릿한 조명이나 초를 켜놓고 있어서 그런 게 아닐까 싶다. 그러지 않아도 저녁시간이 긴 겨울밤을 그런 식으로 어둑한 곳에서 지내는 것이 일상화되어 있다. 아늑하고 포근한 분위기를 좋아해서도 그렇겠지만, 다른 한편으로는 비싼 요금 때문에 전기를 아껴야 하는 것도 그 이유가 될 것이다.

물 절약이 몸에 밴 독일 사람들

독일인은 물을 아끼는 데에도 대단히 민감하다. 물론 음식문화가 다르기 때문에 단순한 비교는 곤란하겠지만, 독일에서는 설거지할 때 우리처럼 물을 많이 사용하지 않는다. 우리는 대개 수돗물을 틀어 놓고 흐르는 물에 헹구어 낸다. 그러나 독일인은 설거지통에 세제를 풀고 사용한 그릇을 담가 손잡이가 있는 긴 솔로 닦은 후에, 물에 아주 살짝 헹구거나 또는 대부분 그냥 꺼내어 거품을 마른 행주로 닦아낸다. 그것이 끝이다. 마른 행주로 반드시 물기를 제거해야 하는 이유는 독일 물에는 석회가 많아서 설거지 후에 그대로 두면 하얗게 자국이 남기 때문이다.

화장실 청소도 마찬가지다. 샤워기로 물을 뿌려가며 청소하는 우리와 달리 그들은 (주로 건식 화장실인 이유도 있겠지만) 세제를 묻힌 솔이나 스펀지로 닦은 다음, 이를 다시 마른 걸레로 닦아낸다. 한 번은 집사람이 독일 친구 집을 방문하여 우리 식대로 설거지를 했던 모양인데, 친구의 어머니가 그것을 보더니 깜짝 놀랐다고 한다. 이 역시 수도요금이 비싸기 때문이고, 그래서 물을 아끼는 습관이 몸에 배어 있기 때문에 그랬을 것이다.

유학 도중 과거에 간호사로 독일에 온 고모나 이모가 있어서 이들 집에 유학 온 한국 학생의 이야기를 들을 기회가 종종 있었다. 그러면 그들은 한결같이 독일인과 같이 사는 게 너무나 힘들다는 하소연을 하곤 했는데, 그 이유가 재미있었다. 그 집에서 같이 사는 동안 자신이 애도 아닌데 독일인 고모부나 이모부가 쫓아다니면서 "전깃불을 꺼라, 물을 아껴 써야 한다."고 잔소리를 한다는 것이었다.

독일 괴팅겐 기차역 앞의 자전거. ⓒ조성복

출퇴근 시간에 자전거 행렬

독일에는 도시의 구석구석까지 다니는 대중교통편이 비교적 잘 정비되어 있다. 쾰른의 경우 도시 외곽에서 중심가를 지나서 반대편 외곽으로 달리는 여러 편의 전철이 (중심부를 지날 때는 지하철로 되는) 운행되고 있고, 서로 다른 주변 외곽을 연결하는 데에는 주로 버스가 다니고 있다.

가끔 버스회사 직원이 버스에 동승해서 정류장마다 승차하는 손님을 세고 있거나, 또는 정류장에서 시간대별로 타고 내리는 승객 수를 체크하는 모습을 볼 수 있었다. 이를 통해 배차간격 등을 조정함으로써 언제나 쾌적하게 버스를 이용할 수 있었다. 그래서인지 출퇴근을 위해 자가용을 이용하는 경우가 우리처럼 많지 않은 것 같았다.

중소도시로 갈수록 자전거 이용이 더 많아진다. 출퇴근 시간에는 자전거 행렬이 이어지고, 도시 곳곳의 사람이 많이 모이는 곳에는 언제나 자전거가 가득하였다. 지도교수가 배낭을 멘 채 자전거를 타고 연구실이나 강의실에 가는 모습도 심심치 않게 보았다. 그밖에 주변 도시로 출근할 경우에도 2대의 자전거를 이용하여 1대는 사는 곳의 집과 기차역을, 다른 1대는 출근지의 기차역과 직장을 다니는 데 이용하는 것을 볼 수 있었다.

택시는 택시정류장에서

거리에 빈 택시가 돌아다니지 않는 것도 우리와 다른 점이다. 독일에서는 택시가 손님을 찾아 거리를 헤매지 않는다. 택시를 타려면 택시정류장을 찾아가거나 전화를 해서 어디로 오라고 불러야 한다. 그래서 보통 집 근처의 택시정류장 전화번호를 기억해 둔다. 전화로 부르면 대개 1유로 정도가 요금에 추가된다. 최근에는 스마트 폰의 등장으로 택시 관련 애플리케이션을 통해 보다 간편하게 택시를 부르게 되었다.

독일에는 약 5만 대의 허가받은 택시가 있으며, 그 가운데 80퍼센트 정도는 약 500개에 이르는 각각의 택시본부(협동조합의 형태)에 속해 있다. 베를린에는 약 4,500대를 보유한 유럽 최대의 본부가 운영 중이며, 2011년 기준 월 약 7만 5,000건의 이용자가 있었다고 한다. 베를린은 인구가 약 350만 명이며, 최근에는 관광객 숫자가 점점 더 늘어나고 있는 추세이다. 그래서 이를 감안하여 택시의 수를 조정하고 있다고 한다. 우리의 경우 서울시에 등록된 택시만 7만여 대라고 하는데, 베를린과 비교하여 지나치게 많은 것 같다.

우리도 인구수와 이용률 등을 고려하여 택시 수를 적절하게 통제함으로써 무한 경쟁에 내몰리지 않도록 해야 한다. 동시에 버스회사를 지원하는 것처럼 택시기사의 급여를 일정 부분 지원한다면, 독일처럼 택시정류장 제도를 도입해도 될 것이다. 그러면 무작정 돌아다니는 수많은 택시로 인한 교통체증과 자원의 낭비를 막을 수 있고, 동시에 이들이 뿜어내는 배기가스의 공해도 줄어들 것이기 때문이다.

에어컨 없는 독일의 대중교통

독일의 기후는 여름에는 고온건조, 겨울에는 비가 자주 내려 저온다습한 편이다. 여름에 30도가 넘어 제법 온도가 오르더라도 건조하기 때문에 땀이 나지 않아 그다지 덥게 느껴지지 않는다. 그래서인지 과거에는 일반 대중교통 시설에 아예 에어컨이 없는 경우가 허다했다.

그런데 2000년대 들어서면서부터 지구 온난화의 영향 때문인지 독일도 습하고 무더운 날들이 점차 늘어나는 추세이며, 에어컨의 설치가 증가하고 있다. 하지만 에너지 사용은 여전히 최소로 하고 있는 것 같다. 겨울철에 백화점에 들어가 보면 이런 사실을 잘 알 수 있다. 외투를 입고 들어가도 별로 덥다고 느껴지지 않기 때문이다.

우리와는 습관이 달라서 그렇겠지만, 독일인은 밤에 잘 때는 보통 난방을 줄이거나 아예 꺼버린다. 기숙사에 살던 기억을 되돌아보면, 잠잘 시간이 되면 매번 난방 배관을 잠그는 소리가 들렸던 것 같다.

더우면 잠을 못 잔다고 하던 독일 친구의 이야기가 이를 뒷받침해준다. 잘 때 썰렁하다고 느껴지면 주로 따뜻한 물주머니를 안고 잠을 청한다. 또한 겨울에는 집에서도 털옷을 입고 지내는 것이 보통이다. 겨울철이 다가오면 이런 것이 슈퍼에 세일 품목으로 많이 나오고, 인기리에 팔려나가기 때문이다.

비싼 에너지 요금 정책에 따라 에너지 절약이 생활화된 독일의 이같은 모습은, 석유 한 방울 나지 않는 우리에게도 많은 점을 생각하게 한다. 에너지의 과다한 사용은 막대한 수급비용을 가져오고 환경훼손이나 오염을 초래한다. 또한 이를 예방하거나 복구하기 위한 추가비용을 많이 유발한다. 그러므로 에너지를 절약하는 일은 각 개인의 비용부담을 줄이는 것일 뿐만 아니라 사회 전체의 공공비용을 절감하는 것이기도 하다.

5

독일에서는 페트병도 돈이 된다
- 독일의 녹색당과 환경정책

녹색당의 역할 및 성공조건

독일 연방정부가 2011년 일본 후쿠시마 사고를 계기로 과감하게 원전의 폐기를 결정할 수 있었던 데에는 무엇보다도 녹색당의 역할이 컸다. 2차 대전 후 고도성장의 그늘진 면으로 환경 파괴 문제가 대두되면서 유럽의 많은 나라에서 녹색당이 만들어졌다. 그 가운데 활동이 가장 활발한 곳이 바로 독일이다.

녹색당은 사민당과의 적녹연정(1998~2005)에서 집권한 경험이 있는데, 이를 통해 원자력 발전소의 가동중단과 폐기를 직접 추진할 수 있었다. 그리고 바로 그러한 토양이 주저하던 기민당과 자민당의 연립정부를 추동하여 원전 폐기를 결정하도록 이끌었다고 할 수 있겠다.

흔히 녹색당이라고 부르지만, 정식 명칭은 '연합 90/녹색당(Bündnis 90/Die Grünen)'이다. 이 정당은 1980년 서독에서 환경 및 신사회 운동, 신좌파 등의 이념으로 만들어진 '녹색당'과 독일통일 후 1991년 동독 지역에서 '평화와 인권', '민주주의 시민운동 지금', '신포럼' 등의 단체들이 연합하여 만들어진 '연합 90'이 1993년에 서로 통합되면서 만들어졌다.

이후 녹색당의 주요 모토는 환경정책이 되었으며, 특히 생태적, 경제적, 사회적 지속성에 그 주안점을 두고 있다. 녹색당은 2040년까지 독일의 모든 에너지를 재생에너지로 대체하는 것을 주요 목표로 설정했다. 또한 전력생산의 경우(2012년 기준 23%)에는 이미 2030년까지 재생에너지로부터 100퍼센트 충당할 것을 목표로 삼고 있다.

녹색당이 처음부터 원전 폐기에 적극적으로 나섰던 것은 핵폐기물 등의 처리문제가 환경보호와 직결되었기 때문이었다. 특히 1986년 소련 체르노빌 사고를 계기로 그들의 주장은 보다 더 급진적으로 바뀌었고, 현실정치에서도 타협을 거부했다. 실제로 핵폐기물을 운반하는 열차를 저지하기 위해 이들이 철로에 누워 시위하는 장면을 방송에서 여러 차례 볼 수 있었다.

하지만 현실정치는 만만치 않았다. 사민-녹색당 연립정부(적녹연정)에 참여했던 녹색당의 정치인이 원래의 주장과는 다르게 정치적으로 타협을 함으로써 많은 녹색당원의 실망을 사기도 했다. 실제로 1999년 코소보 전쟁에 대한 나토의 참전에 동의했던 녹색당 출신의 피셔(J. Fischer) 외교장관은 전당대회에서 한 당원으로부터 빨간색 물감이 든 풍선을 맞는 봉변을 당하기도 하였다.

한 국가에서 녹색당이 성공하기 위해서는 먼저 국민의 생활수준이 일정 정도 확보되는 것이 중요하다고 본다. 일단 먹고 살아야 주변 환경을 돌아볼 여유가 생길 것이기 때문이다. 또 다른 요소는 보다 더 합리적이고 논리적인 성향을 보이거나 또는 규정이나 규칙을 잘 지키는 국민성도 일정한 역할을 하는 것 같다. 이런 점은 불편함을 가져올 수도 있는 여러 가지 환경보호정책의 시행에 대한 거부감을 줄이고 동참을 이끌어내는데 유리하기 때문이다.

남유럽보다 북유럽의 국가에서 녹색당의 활동이 더 적극적이고 활발하다는 사실이 그러한 주장을 뒷받침해 준다. 대체로 북유럽 국가가 남유럽 국가에 비해 1인당 소득이 더 높으며, 국민의 성향 면에서도 좀 더 이성적이라고 할 수 있다. 이러한 요소가 잘 반영된 것으로 보이는 독일의 제도를 하나 소개한다.

빈병 환불제도

2003년부터 독일에서는 자연을 보호하기 위해 맥주, 음료수 등을 마신 후 버려지는 폐기물을 회수하는 빈병 '환불제도(Pfandsystem)'를 시행하고 있다. 이 제도는 적녹연정 시절 녹색당의 트리틴(J. Trittin) 연방 환경장관에 의해 처음 도입되었는데, 이미 사용한 페트병, 유리병, 음료수캔 등을 온전히 수거하기 위한 방안이다. 즉, 슈퍼 등에서 음료나 주류를 팔 때 그 상품의 가격에 더하여 미리 빈병의 보증금을 함께 받고, 나중에 그 빈병을 가져오면 그 보증금을 돌려주는 방식이다. 이 제도가 적용되는 상품에는 반드시 아래 그림과 같은 환불마크가 붙어 있다.

그러면 도대체 그 보증금이 얼마인지 궁금할 것이다. 유리병은 8센트(0.08유로)이고, 캔이나 페트병 종류는 25센트(0.25유로, 약 350원)이다. 아마도 페트병은 썩지 않아 환경에 더 유해하기 때문에 그 가치를 높여 놓은 것 같다. 예를 들어 슈퍼에서 물을 한 병 살 경우, 물 값보다

페트병에 붙어있는 환불표시(1회용 환불병이 0.25유로라고 표기되어 있음).

ⓒ조성복

그 페트병의 보증금이 더 비쌀 수도 있다. 마찬가지로 수입 상품도 필요한 경우 환불마크를 붙여 똑같이 처리되었다.

이 제도가 처음 도입되었을 때 그 취지에는 십분 공감하였으나, 그동안 없었던 일이라 매우 번거롭고 귀찮았다. 심지어 음료 및 유통 회사는 이 제도의 도입을 막아 보고자 연방행정법원과 헌법재판소에 소송을 제기하기도 했다. 물론 패소했지만.

실제로 슈퍼에서 빈병을 반납하는 과정은 불편함과 더불어 약간의 추가시간을 필요로 한다. 하지만 시행착오를 하나둘씩 개선해 나가면서 나중에는 나름대로 잘 정착이 되었다. 비록 어디서나 매번 마시고 난 빈병들을 챙겨야 하는 번거로움이 있기는 하지만, 대신 숲이나 거리에서 빈 페트병이 대부분 사라졌고, 이에 따라 자연환경도 그만큼 좋아졌을 것이다.

  이 제도의 시행 이후 슈퍼에 갈 때 페트병을 챙기는 것이 주요 일상이 되었다. 가방에는 늘 빈 병이 들어있었다. 슈퍼에서는 노숙자가 빈병을 모아와 맥주 등으로 바꾸어 가는 것을 자주 보게 되었다. 그런데 유리병을 모아 오면 무거워 고생하는데 비해 돈은 별로 안 된다. 반면에 플라스틱 병은 그 가벼움에도 불구하고 수입이 짭짤한 편이다. 현재 이 제도는 유럽에서는 독일 이외에 일부 스칸디나비아 국가에서만 시행되고 있다고 한다. 우리도 환경보호를 위해 이 제도를 도입하면 어떨까?

6

독일 환경장관이
'4차 산업혁명'이라고 한 것은?
- 독일의 재생에너지 정책

독일은 에너지 부존자원이 부족하여 석유(약 96%), 천연가스(약 80%), 석탄(약 60%) 등을 수입에 의존하고 있다. 이러한 자원은 대부분 러시아 및 중동에서 오고 있는데, 그래서인지 사회 전반적으로 이들 지역에 대한 관심이 큰 편이고, 관련 전문가도 많은 편이다. 예를 들어 저자의 디플롬(석사) 학위논문 지도교수였던 히플러(J. Hippler)도 바로 중동지역의 이란 전문가였다.

연방정부가 나서서 재생에너지에 관심

이런 상황에서 독일이 오래전부터 재생에너지에 대해 관심을 가져온 것은 어쩌면 당연한 일이다. '재생에너지'란 한번 사용하면 고갈되어 버리는 화석에너지와 달리 수력, 풍력, 태양광 및 태양열, 바이오매스(작물, 목재 등), 지열 등 지속적으로 재생산이 가능한 에너지를 말한다.

연방정부는 에너지 정책의 목표를 '에너지의 경제성 및 안전성 확보, 친환경적 이용'으로 설정하고, 이를 위한 정책 수단으로 '에너지 절약, 효율성 증대, 재생에너지 확대'를 추구하고 있다. 그 연장선상에서 2000년「재생에너지법」을 시작으로 2009년에「재생에너지 난방법」등 다양한 관련법을 만들어 에너지 산업을 지원하고 있다.

재생에너지 확충을 위한 정부의 주요 과제는 이를 직접 사용하거나 관련 시설에 투자할 경우 적절한 지원을 해줌으로써 재생에너지가 경쟁력을 갖도록 유도하는 것이다. 이는 재생에너지에 의한 전력 생산 비용이 기존의 화석에너지보다 비싸기 때문이다. 독일의 재생에너지 관련법은 재생에너지를 사용하여 전력 생산이나 난방 에너지로 이용할 경우 〈표8〉과 같이 일정 기간 적정액의 보조금을 지급하는 내용을 골자로 하고 있다.

〈표8〉 전력 생산 시 재생에너지 종류별 지원내역[1]

재생에너지 종류	kWh당 지원내역[1]
수력	시설 규모별 3.4~12.7센트, 20년 지원
풍력	시설 규모별 4.87~8.93센트(육지) 13~19센트(해안) 8~12년 지원
태양광·태양열	시설 규모별 8.05~24.43센트, 20년 지원
지열	시설 규모와 무관하게 25센트 지원
바이오매스	에너지 종류별 6~14.3센트 지원

[1] 2012년 기준

▲ 독일 재생에너지법(Erneuerbare-Energien-Gesetz)에 근거하여 저자 작성. ⓒ조성복

기민-자민당 연립정부는 2010년의 에너지 정책관련 아젠다에서 2050년까지 온실가스의 배출량을 1990년 대비 80퍼센트 감축하겠다고 선언하였다. 전체 에너지 소비량에서 재생에너지의 비중을 2020년까지 18퍼센트, 2030년까지 30퍼센트, 2040년까지 45퍼센트, 2050년까지 60퍼센트로 올리는 것을 목표로 설정하였다. 또 재생에너지에 의한 전력 생산량 비중을 2020년까지 전체 전력량의 35퍼센트, 2030년까지 50퍼센트, 2040년까지 65퍼센트, 2050년까지 80퍼센트로 높이는 계획을 수립하였다.

이어서 전체 에너지 소비량을 2008년 대비 2020년까지 약 20퍼센트, 2050년까지 50퍼센트 줄이기로 계획하였다. 이는 에너지 효율성을 평균적으로 연간 2.1퍼센트씩 향상시키는 것을 의미한다. 또한 전력 사용량을 2008년 대비 2020년까지 10퍼센트, 2050년까지 25퍼센트 축소하는 목표를 세웠다. 교통 분야에서도 에너지 소비량을 2005년 대비 2020년까지 10퍼센트, 2050년까지 40퍼센트 줄이기로 설계하였다.

2012년 독일의 전체 에너지 소비량 가운데 재생에너지가 차지하는 비중은 약 12.6퍼센트(한국은 2011년 기준 0.7%)이며, 전력 생산량 중에서는 약 20퍼센트를 차지했다. 2008년 기준, 원전에 의한 전력 생산량이 23퍼센트, 재생에너지에 의한 것은 15퍼센트(2012년 22.9%를 차지)였는데, 이제 이러한 비율은 점진적으로 역전되고 있는 것으로 보인다. 또한 관련 산업의 종사자도 약 38만 명에 달하게 되어, 이 분야가 확대되면서 일자리 창출에도 기여하고 있는 것으로 나타났다.

원전 폐기를 결정한 후 2012년 말에는 재생에너지에 의한 전력 생산량의 목표를 상향 조정했다. 2013년 약 23퍼센트였던 것을 2020년까지 48퍼센트(이전 목표는 35%)로 올린 것이다. 2011년 독일은 중국(510억 달러), 미국(480억 달러)에 이어 세 번째로 많은 약 310억 달러를 재생에너지 분야에 투자하였다.

독일 환경장관, 에너지 산업은 '제4차 산업혁명'

2013년 알트마이어(P. Altmaier) 연방환경장관은 베를린에서 열린 한 경제포럼에서 에너지산업과 관련하여 '제4차 산업혁명'이란 말을 사용함으로써 눈길을 끌었다. 그는 현재 진행되고 있는 '에너지 혁명(Energiewende, 또는 에너지 전환)'이란 단순히 재생에너지에 의한 전력의 생산이나 난방에 그치는 것이 아니라, 항구적인 기술의 변화와 새로운 도전에 맞서 혁신적이고 시스템적인 해결방안을 찾아내는 것이라고 언급하면서 연방정부는 그런 과정을 지속적으로 지원하겠다고 밝혔다.

독일은 풍력발전, 태양광 등의 분야에서 세계적으로 선도적 지위를 차지하고 있다. 그러한 성공에는 다음과 같은 요인이 중요한 역할을 했기 때문이다.

먼저 무엇보다도 그들이 보유한 뛰어난 기술력 덕분이다. 대사관에서 일할 때 베를린의 지멘스 공장을 방문하여 풍력발전에 들어가는 터빈날개 제작현장을 견학한 적이 있었다. 가까이서 본 터빈은 그 규모가 엄청나게 컸는데, 도대체 이렇게 큰 것을 도심에서 어떻게 운반할지가 걱정될 정도였다. 궁금하여 물어봤더니 모두가 잠든 한밤중에 군사작전 하듯이 운반한다고 하였다. 그와 같이 거대하고 정교한 터빈을 아무나 쉽게 만들어 낼 수 있을 것 같지는 않았다.

또 다른 요인으로는 연방정부 입장에서 통일 후 동독 지역에 대한 적당한 투자거리가 필요했는데, 마침 재생에너지 관련 산업이 그러한 요구를 충족시켰다. 예를 들어 서독 지역에 있는 기존 산업을 옮겨갈 경우 그 빠져나간 지역은 공동화 현상이 나타날 수 있기 때문에 동독 지역에 무엇인가 신규로 투자할 산업이 필요했던 것이다. 물론 독일의 재생에너지 산업은 바이에른이나 바덴-뷔르템베르크 주 등을 중심으로 여러 곳에서 활발하게 성장하고 있지만, 추가적으로 동독 지역에서도 자리를 잡아가고 있다.

이명박 정부의 '녹색성장'

과거 이명박 정부는 야당과 시민사회단체의 극심한 반대에도 불구하고 임기 동안 약 22조 원에 달하는 천문학적 예산을 소위 '4대강 살리기 사업'에 쏟아 부었다. 그러나 몇 년도 지나지 않아 녹조의 발생 등 여러 가지 문제점이 드러남에 따라 댐의 보를 순차적으로 해체해야 하는 지경에 이르렀다. 결과적으로 잘못된 투자였음이 드러나고 있는 것이다.

만약 그 엄청난 예산을 아직 발전이 부족한 일부 지역을 골라 그곳에 재생에너지 관련 산업의 기반을 만들고 적절히 투자했더라면, 국가적 차원에서 지역의 균형발전과 미래 에너지 산업의 발전에 크게 기여했을 것이다.

또한 후쿠시마 사고를 교훈 삼아 건설한 지 오래되고 불량부품의 사용 등으로 논란이 되고 있는 원전의 가동을 중단하고 차례로 폐기하는 것도 가능했을 것이다. 그랬으면 최소한 에너지 관련 분야에서는 훌륭한 업적을 남길 수도 있었을 텐데, 안타까운 일이다. 이명박 정부의 녹색성장이 도대체 무엇을 하고자 했던 것인지 도무지 알 수가 없기 때문이다.

결론적으로 독일 연방정부가 후쿠시마 사태를 계기로 과감하게 원전의 폐기를 결정할 수 있었던 것은 그동안 에너지 절약과 그 효율성의 제고, 그리고 재생에너지 분야에 대한 투자와 육성을 소홀히 하지 않았기 때문이었다. 여기에는 녹색당의 성공적 활동이 중요한 역할을 했으며, 또한 이를 지지하고 뒷받침하는 시민의식도 결정적 역할을 했다.

제 8 장

'사회정의'의 문제

'사회적 공정성'을 최우선하는 독일 사회

'사회적 공정성'을 강조하는 독일, 우리와 차원이 다르다

- 사회정의의 의미

'사회정의'란 무엇인가?

대통령이 버스기사보다 훨씬 더 많은 월급을 받는 것은 당연하다고 쉽게 생각할 수 있다. 그런데 이것이 과연 공평한 또는 정의로운 것이라고 할 수 있을까? 반대로 대통령은 일부 기업의 최고경영자, 연예인 또는 프로야구 선수보다는 훨씬 적게 받는다. 이것은 정당하거나 공정하다고 생각되는가? 도대체 '공평하다, 공정하다, 정당하다 또는 정의롭다'는 말은 무엇을 의미하는 것일까?

독일에서 방송이나 토론회 등에 나온 이들이 가장 많이 사용하는 단어 가운데 하나가 바로 '조찌알에 게레히티히카이트(Soziale Gerechtigkeit, 사회정의 또는 사회적 공정성)'란 말이다. 이 용어는 상황에 따라 '사회적 정당성/공평성' 등으로 옮기는 것도 가능하다.

이 '사회정의'의 문제는 지식인이나 정치인의 일상적 친목 모임부터 연방하원의 공식적 논의에 이르기까지 모든 정치·경제·사회적 논의에서 항상 최우선시 되는 중요한 주제이다. 그럼에도 불구하고 이

독일 제2 공영방송 ZDF의 시사토론방송(maybrit illner)의 한 장면.

문제를 다루는 것이 어려운 까닭은 무엇보다도 이를 규정하는 구속력 있는 개념이 없다는 점이다. 또 다른 어려움은 이것이 객관적으로 보기 어려운, 매우 주관적인 것이라는 사실이다.

사회적 사건이나 문제가 발생했을 때 독일인은 매번 무엇이, 그리고 어떻게 또는 어떤 방식으로 대처하고 해결하는 것이 사회적 공정성에 적합한지를 놓고 다툰다. 예를 들어 2013년 18대 총선에서 사민당(SPD)은 자신의 공약이 좀 더 사회정의에 부합하는 것이라고 이것을 끊임없이 내세웠었다. 같은 해 12월, 대연정을 통해 세 번째 연방총리가 된 기민당(CDU)의 메르켈은 자신의 정책 구상을 밝히는 연방하원 첫 연설에서 "우리의 목표는 유럽의 안정과 성장, 그리고 사회적 공정성"이라고 역시 이 점을 강조하였다. 그들이 이렇게 민감하게 따지고 드는 '사회정의'란 도대체 무엇일까?

독일어 단어 '게레히티히카이트(Gerechtigkeit)'는 영어 'justice(정의)'와 비슷한 말이다. 형용사 형태는 '게레히트(gerecht)'인데, 이는 "공정한, 공평한, 정의의, 정당한, 적합한" 등의 의미를 가지고 있다. 이 형용사는 원래 '레히트(recht)'에서 온 말인데, 이는 "틀림없는, 정확한(richtig); 정당한, 정의에 맞는, 도리에 맞는, 공정한, 공평한(gerecht); 적당한, 적절한(passend); 당연한; 형편이 좋은, 바람직스러운(gelegen); 진정한, 진실의, 실제의(wahr, wirklich)" 등의 뜻을 가지고 있으며, 영어의 'right(옳은)'와 유사한 말이다.

이처럼 게레히티히카이트(Gerechtigkeit)의 뜻을 어원까지 들어가며 장황하게 설명한 것은 이 단어를 일차적으로 '정의(正義)'로 옮겼지만, 사실은 훨씬 더 다양한 의미를 내포하고 있다는 점을 말하기 위해서이다. 즉, 이 단어를 우리말로 단순하게 '정의'로만 번역함으로써 '정당성, 공정성, 공평성' 등의 의미가 사라져버리는 것을 막아보고자 함이다. 이 말이 비록 한 단어이지만 여러 가지 의미를 함축하고 있어서 각 상황에 따라 다양한 의미로 쓰일 수도 있다는 점을 미리 강조해 두고자 한다.

사회정의와 사회적 불평등

사회정의와 유사한 개념은 이미 아리스토텔레스(Aristoteles)부터 찾아볼 수 있고, 토마스 아퀴나스(Thomas Aquinas)에 의해 많은 부분이 발전되었다. 그러다가 이 '사회정의'라는 표현이 처음 등장한 것은 19세기 중반 '사회적 문제(Soziale Fragen)'와 연관 속에서였다. 이후 1960년대 후반부터 산업사회의 문제가 본격적으로 나타나면서 이 용어는 새로이 각광을 받기 시작하였다.

'사회정의'라는 개념은 '어떤 사회에서 권리나 가능성, 그리고 자원의 상대적 분배가 공정하다 또는 공평하다고 할 수 있는 사회적 상태'를 의미한다. 이것을 다른 말로 하면 '사회적 약자에 대한 배려'라고 할 수 있다. 그러나 그러한 '사회적 상태'의 기준이나 내용이 정확하게 무엇이냐를 둘러싸고는 여전히 논쟁의 여지가 많고, 또 다양한 측면이 존재한다.

이 개념은 또한 '사회적 불평등'이라는 개념과 밀접하게 연관되어 있다. 사회적 불평등에 대해서는 어느 정도의 측정과 묘사가 가능하다. 반면에 사회정의는 그 측정이 쉽지 않기 때문에 묘사하기도 어렵다. 이는 오히려 어떤 사안에 대한 평가의 문제라고 할 수 있다. '평가의 문제'란 "어떠한 결정이 사회정의에 부합한다 또는 부합하지 않는다."라고 논의하는 것을 말한다.

우리가 어떤 사실에 대해 사회적으로 정의롭다고 생각하거나 또는 약간의 불평등을 받아들일 만하다고 여길 때, 이런 것은 반드시 정치적으로 타협이 되어야 한다. 그 이유는 각 사안에 대한 개인의 평가가 항상 다르기 마련이고, 또 사회가 완전한 것은 아니어서 온전히 정의로운 사회는 결코 존재하지 않기 때문이다. 다만 한 사회가 '좀 더 정의로운 사회를 지향하느냐?' 또는 반대로 '덜 정의로운 사회로 가느냐?'의 차이가 존재할 뿐이다. 이 방향을 결정하는 데는 정치인의 역할이 중요하다.

사회정의에 대한 질문은 결국 '평등의 문제'에 대한 것으로 귀결된다. 예를 들어 "여러 시민이 어떻게 똑같아야 하는가, 서로 다른 것을 어떻게 허용할 것인가, 이와 더불어 하나의 사회질서를 정의로운 것으로 받아들일 것인가?"와 같은 질문을 던질 수 있다. 이것은 사회정의가 반드시 모든 것의 평등함을 그 목적으로 한다는 말이 아니라, 역으로 사회계약적 불평등을 일부 수용할 수도 있다는 것을 의미한다. 일반적으로 부지런하고 오래 일하는 사람이 게으르고 태만한 사람보다 많이 버는 것을 당연하다고 여기고, 남녀가 똑같은 직업에서 서로 다른 급여를 받을 경우 보통 공평하지 못한 것으로 받아들이는 것처럼 말이다.

결과적으로 사회정의는 '사회적 평등'과 깊은 관련이 있다. "기회 또는 결과와 관련하여 어느 지점에 상대적인 평등이 존재해야만 하는가?"하는 질문에 대해 논쟁이 벌어지곤 한다. 예를 들어 "누구나 자신의 성공 또는 실패에 대해 스스로 책임을 져야 하는가? 복지, 사회안전망, 건강보험, 문화적 참여 등에서 결과적으로 모두 동등한 지분을 갖도록 국가가 배려해야만 하는가? 모두 같은 시간에 출발해야만 하는가, 또 모두 동시에 도착해야만 하는가?" 등의 질문을 던질 수 있다. 그러나 이런 것은 모두 우리가 논의와 합의를 통해 결정할 일이지, 사전에 어떤 정답이 존재하는 것은 아니다.

사회정의 - 사회적 합의의 결과

이처럼 사회정의에 대해 모두가 동의하는 단일한 정답은 존재하지 않는다. 오히려 각 개인이 옳다고 믿거나 중요하다고 생각하는 것을 합쳐놓은 것이라고 할 수 있다. 따라서 '사회정의'라는 것은 결국 "사회구성원의 서로 다른 의견을 종합하여 도출해 낸 '사회적 합의의 결과'일 수밖에 없다."는 결론에 이르게 된다. '대통령이 한 달에 얼마를 받는 것이 적당한가?'하는 질문에 자신 있게 대답할 수 있는 사람이 누가 있을까? 그것은 국민이 납득하는 정도의 액수, 즉 사회적 합의의 결과에 달려있기 때문이다.

어떤 사회에서 '사회정의가 없다 또는 부족하다'는 말은, 구성원 간에 사회적 합의가 이루어지지 않았다는 의미이다. 현재 우리 사회는 사회정의가 거의 실종된 상태라고 해도 과언이 아니다. 이는 우리 사회가 크게 두 진영으로 갈라져 극단적 대립의 상태에 있으며, 다양한 분야에서 상당 부분 합의가 결여되어 있기 때문이다. 서로 상대 진영을 타도의 대상으로 보고 있으며, 그에 따라 사회적 갈등이 극심한 상황이다.

2007~2016년 제주 해군기지 건설, 2013년 밀양의 송전탑 건설 및 철도공사의 민영화 문제, 2014년 세월호 사건, 2016년 촛불집회 등이 그 구체적 사례이다. 그것은 단순히 옳고 그름이나 맞고 틀림의 문제라기보다는, 서로 생각이 다른 사회구성원 간 합의의 문제로 볼 수 있다. 왜냐하면 그렇게 갈등을 불러오는 현안을 해결하는 것도 결국은 우리 자신을 위해 하는 일인데, 우리 가운데 일부 또는 상당수가 그것에 대해 극렬하게 반대를 한다면 논의와 조정, 대화와 설득을 통해서 뭔가 합의점을 찾아야지 무작정 힘으로만 몰아붙일 일은 아니기 때문이다. 과거 국가보안법의 경우 그 폐지 여부를 놓고 격렬하게 대립하자 결국 그 폐지를 유보했는데, 이처럼 사회적 갈등이 심한 문제에 대한 판단이나 결정은 조금 더 신중할 필요가 있다.

이러한 사회적 갈등이나 대립이 완화되는 방향으로 나아가지 못하고 계속해서 더 심화된다면, 그것은 언젠가는 폭발의 형태로 나타날 수도 있다. 안타깝지만 우리 사회의 갈등은 지속적으로 점점 더 심화되는 모습이다. 보다 더 심각한 문제는 상황이 이렇게 열악함에도 불

구하고 그러한 갈등을 해소할 제도적 장치가 아직 만들어지지 않고
있다는 점이다.

사회정의에 둔감한 정부, 51%만 행복하면 그만?

- 비정규직 문제

전두환 정권의 '정의사회 구현'?

1980년대 전두환 정권의 제5공화국은 집권 초기 자신의 모토 중 하나로 '정의사회 구현'을 내세웠다. 당시 학교, 관공서 등에 내걸렸던 그 구호에서 '정의사회'가 무엇을 의미했는지 궁금하다. 아마도 5공은 정의사회를 조직폭력배가 없는 사회라고 생각했던 것 같은데, 삼청교육대를 만들어 운영했던 것이 그 증거이다. 하지만 그 삼청교육대는 문제가 많았다. 그것의 취지가 아주 틀린 것은 아니겠지만, 괜히 무고한 사람이 엉뚱하게 끌려가서 피해를 보았기 때문이다.

다만 여기서 한 가지 분명한 점은 정의사회에 대해 어떤 정해진 답이 존재하는 것이 아니라, 이 용어를 사용하는 주체가 그 의미를 규정한다는 사실이다. 당시 5공 정권은 사실 자신의 정체성과는 전혀 상관이 없는, 아니 오히려 정반대라고 할 수 있는 '정의'라는 구호를 들고 나왔다. 진실을 왜곡하는 대표적인 사례이다.

이와 관련하여 가장 안타까운 점은 이들이 정의라는 단어를 그런

식으로 사용해 버림으로써 이후 다른 정치적 주체가 이 용어를 사용하기가 왠지 껄끄럽게 되었다는 것이다. 어떤 정치세력이 '정의사회 실현'과 같은 구호를 들고 나올 경우, 자칫 5공의 후예가 아니냐는 오해를 받을 수 있기 때문이다. 전두환 정권이 저질렀던 수많은 문제 이외에 우리에게 남겨진 드러나지 않은 또 하나의 폐해라고 할 수 있겠다. 그 이유는 아직도 사회정의와 관련하여 해결할 것이 많은 우리 상황에서 그러한 논의 자체를 원천 봉쇄하는 것이기 때문이다.

그러한 폐해 때문인지 이후 우리 사회는 실제로 사회정의의 문제에 대해 의외로 매우 둔감하게 되었다. 왜냐하면 경제가 급성장하여 세계 10위권 국가 또는 후진국에서 최단 시간에 선진국이 된 유일한 국가라고 자랑하게 되었으나, 국내의 양극화 현상은 점점 더 심화되고 있기 때문이다. 한편에서는 생활이 더욱 더 풍요로워지고 여유가 생기는 반면, 다른 한편에서는 흔히 말하는 투잡(two job), 쓰리잡(three job)을 해도 생계가 어려운 열악한 상황이 지속되고 있다. 그러면 이 문제를 해결하려는 시도가 여러 방면에서 끊임없이 나타나야 하는데, 현실은 그렇지 않다. 특히 정부나 정당에게서 그러한 의지나 노력이 잘 보이지 않는다. 우리 사회가 정말 사회정의를 잊어버린 게 아닐까 착각이 될 정도이다.

진보세력의 한 축인 '정의당'이 2013년부터 정의를 자신의 당명으로 사용하고 있지만, 사회 전반의 대세를 이루는 화두가 되지는 않고 있다. 2012년 대선 국면에서 새누리당에 의해 주도되었던 개념은 '국민행복시대, 국민행복주택, 국민행복기금' 등에서 보듯이 '행복'이란 말이었다. 하지만 사회정의가 사라지는 상황에서 행복이란 구호만 앞세운다고 다수의 서민층이 행복해 질리는 만무하다. 혹시 국민의 51

퍼센트만 행복하면 된다는 의미일까?

이미 상당 부분 공정한 정치·경제·사회 시스템을 달성한 것으로 보이는 독일에서는 여전히 '사회정의'라는 말이 정치권의 화두가 되고 있다. 반면에 별로 공정하거나 정의로운 사회라고 느껴지지 않는 한국에서는 아예 사회정의라는 말 자체가 실종되어 버린 것은 참으로 아이러니한 일이다. 현재 상황은 사회적 약자 보호, 사회정의 등을 모토로 내세우는 시민 단체나 정치세력이 자칫 '종북(從北)세력'이나 '빨갱이'로 몰리지 않으면 다행인 것이 우리의 현실이다. 이와 같은 사회정의의 실종 현상은 비정규직 문제에서 그 모습을 제대로 드러내고 있다.

가장 시급한 과제 '비정규직' 문제, 정규직 임금의 57%에 불과

우리 사회에서 해결해야 할 가장 중요하고 시급한 과제는 바로 '비정규직' 문제이다. 왜냐하면 이 문제는 정치, 경제, 사회, 이념 등 여러 면에서 극단적인 양극화 현상을 초래하여 사회의 안정과 평화를 위협하고 있기 때문이다. 먼저 우리의 비정규직 실상을 알아보고, 이와 관련 2013년 독일의 연정협상에서 나온 그들의 대책이 무엇인지 살펴봄으로써 이 문제를 해결해 나가기 위한 시발점으로 삼고자 한다.

1990년대 후반 아이엠에프(IMF) 외환위기 이후 본격적으로 나타나기 시작한 비정규직 노동자는 그 수가 지속적으로 증가하고 있다. 그 숫자는 다소 보수적으로 보더라도 2013년 기준 600~800만 명으로 전체 임금

노동자 약 1800만 명의 33~44퍼센트에 달하고 있다. 반면 노동계는 벌써 900만 명을 초과하여 전체의 50퍼센트를 넘었다고 주장하고 있다. 이러한 통계숫자를 둘러싸고 서로 여러 가지 반론이 가능하겠지만, 주변을 둘러보면 이미 비정규직이 지나치게 많다는 사실을 바로 체감할 수 있을 것이다.

'비정규직'은 주로 고용기간이 계약제, 기간제 등으로 불안정하고, 노동시간이 정규직에 못 미치는 단시간(파트타임)이며, 고용주체를 둘러싸고 논란이 있는 불법파견이나 특수고용 등에 종사하는 노동자를 가리킨다. 이들은 그와 같은 조건 때문에 정규직과 같은 일을 하는데도 불구하고 낮은 임금과 고용불안으로 최소한의 생존권과 기본권을 위협받고 있다.

한국노동사회연구소의 조사결과에 따르면, 2010년 3월 기준으로 사업체 300인 이상에서 일하는 정규직의 시간당 임금을 100으로 했을 때, 같은 규모의 사업체에서 일하는 비정규직은 57에 불과하였다. 사업체의 규모가 작아질수록 임금은 점점 줄어들어 1~4인 규모의 경우에는 정규직은 51, 비정규직은 27.5에 불과하였다. 이처럼 정규직일수록, 사업체의 규모가 클수록 임금이 많았고, 반대의 경우에는 줄어들었다.

또 노조에 가입한 정규직은 약 180만 명으로 22퍼센트의 노조가입률을 보였으나, 비정규직은 약 16만 명, 2퍼센트에 불과하였다. 300인 이상 사업장에서 정규직의 가입률은 43퍼센트, 비정규직은 8퍼센트로 그나마 높은 편이었다. 사업체의 규모가 작아질수록 가입률은 낮아져 1~4인 규모의 경우 정규직은 2.9퍼센트, 비정규직은 0.4퍼센트에 불과하였다. 앞의 임금결과와 유사하게 정규직일수록, 사업체의 규모가 클수록 노조가입률이 높았다.

통계청에 따르면 2011년 기준으로 비정규직의 시간당 임금은 정규직의 약 57퍼센트이고(위 조사결과와 동일), 건강·고용보험이나 연금가입률은 50퍼센트에 불과하였다. 2013년 1월부터 3월까지 이들의 월평균 임금은 141만 원으로, 2012년보다 2만 원 감소한 것으로 나타났다. 주요 사회보험 가입률도 50퍼센트 미만으로 줄어들었다. 반면에 같은 기간 정규직의 월평균 임금은 211만 원으로 약 6만 원 증가하였고, 사회보험 가입률도 늘어나 80퍼센트를 넘는 것으로 나타났다.

이런 결과를 종합하면 정규직이고 사업체 규모가 클수록 급여가 많고, 또 자신의 이익을 관철하기 위한 노조 조직률도 높다는 것을 알 수 있다. 그리고 이보다 훨씬 더 중요한 사실은 정규직에 대한 혜택은 이전보다 늘어나고 있는데, 비정규직의 그것은 반대로 줄어들고 있다는 점이다. 이것은 대단히 중요한 포인트이다. 그것은 바로 소득의 양극화 현상이 점점 더 커지고 있다는, 또 비정규직 문제가 점점 더 심화되고 있다는 증거이기 때문이다.

이것은 그동안 사회적 격차를 해소하기 위해 노력한다는 정부나 정치권의 이야기가 구호뿐인 빈말이었다는 방증이다. 즉, 비정규직을 우선해서 지원한다든가 또는 중소기업을 중시한다는 것이 그 의지와는 달리 별 효과가 없거나 또는 전혀 기대에 미치지 못하고 있음을 드러낸 것이다. 이는 우리 사회가 사회적 약자를 우선하고 배려하는 '사회정의'의 방향과는 정반대로 가고 있는 현실을 보여주는 것이다.

독일, 비정규직 차별을 철폐해 사회정의 실현

독일통계청 자료에 의하면 2010년 독일에는 약 90만 명에 달하는 '시간제 노동자'나 '파견노동자'가 존재한다. 반면에, 사민당은 이와 유사한 '불완전 고용(underemployment)' 또는 '비전형적 고용(atypical employment)' 노동자의 수가 약 700만 명(전체 임금 노동자의 약 20퍼센트)에 달해 사회정의가 심각하게 훼손되고 있다고 주장했다. 물론 이들을 우리의 비정규직 노동자와 같은 것으로 보는 것이 옳은지는 확실하지 않다.

이러한 불완전고용 노동자 문제를 개선하기 위하여 기민당과 사민당은 2013년의 대연정 협상에서 다음과 같은 대안을 제시하였다. 먼저 지역을 구분하지 않고(통일 이후 임금이나 비용의 산정에서 동독과 서독 지역 사이에 약간의 차등을 두어왔다), 일률적인 8.50유로의 법적 최저임금제를 2015년부터 도입하기로 한 것이다. 그리고 그동안 일부 분야에만 적용하던 「노동자 파견법」을 전 산업 분야로 확대하기로 결정했다. 이에 따라 각 산업의 모든 노동자가 산업별 임금협약의 결과를 적용받을 수 있게 되었다.

또 개별기업 노사협약서의 오용이나 남용을 제한하는 데에도 합의하였다. 이를 위해 개별기업 내 노조인 '종업원협의회'는 보다 많은 권한을 갖게 되었다. 특히 파견노동자에 대한 처우가 대폭 개선되었다. '동일노동 동일임금'의 원칙에 따라 파견된 지 늦어도 9개월 이후에는 현지 노동자와 동일한 임금을 받도록 하였고, 기업이 파견노동의 기간을 무한정 늘리지 못하도록 최대 18개월로 제한하였다.

이처럼 독일은 불완전고용(비정규직)에 대한 차별을 완화하는 방안을 도입하여 사회정의를 실현하는 방향으로 가고 있다. 그런데 한국에서는 비정규직 문제가 점점 더 심화되고 있으며, 안타깝게도 이에 대한 개선의 기미는 별로 보이지 않고 있다. 그렇다면 이 문제가 왜 해결의 방향이 아니라, 방치되거나 오히려 점점 더 악화하는 방향으로 가고 있는지 다음에서 살펴보겠다.

한국 사회의 4가지 폐단, 비정규직을 만들다
- 비정규직 문제의 원인

신자유주의, 비정규직의 확산 초래

　신자유주의는 한 마디로 자본과 노동의 이동을 자유롭게 허용하는 것을 의미한다. 이러한 조류가 세계적으로 확산되면서 경제활동을 둘러싼 국제경쟁은 날로 치열해지고 있다. 이에 따라 기업은 경쟁력 강화 차원에서 언제든지 해고가 가능한 노동시장의 유연화를 요구해 왔고, 그것이 관철된 결과가 바로 비정규직의 증가라고 할 수 있다. 여기에는 주로 노조에 의해 보호를 받지 못하는 노동자나 신규로 노동시장에 진입하려는 사람이 해당한다. 국가도 이를 불가피한 것으로 보고, 일정 부분 이 문제를 방치하고 있는 상황이다. 간단히 말해 기업은 정규직이 아닌 노동자의 값싼 노동력과 그들에 대한 손쉬운 고용과 해고를 통해 경쟁력을 유지하겠다는 발상인데, 바로 이것을 바꾸는 것이 비정규직 문제를 근본적으로 해결하는 핵심 열쇠라고 생각한다.

　독일에서는 기업이 경기침체 등으로 어려움이 닥쳐왔을 때, 먼저 종업원을 해고하는 것이 아니라 경영혁신이나 조업단축 등을 통해 그 난관을 뚫고 나간다. 그래서 경영인은 대체로 존경의 대상이다. 반면에 우리 기업은 어려움이 닥치면 우선적으로 구조조정 등을 통해서 종업원을 대량 해고하는 것으로 위기를 극복하고자 한다. 하지만 이것은 경영자가 종업원에게 자신의 책임을 전가하는 무책임한 행동이다.

저자는 1990년대 중반 한 유통업체에서 이를 구체적으로 경험하였다. 당시 24시간 편의점 사업이 막 시작되는 시점이었는데, 회사는 이를 위해 많은 직원을 뽑았다. 그런데 회사가 이 체인화 사업을 직접 경영하는 것이 여의치 않게 되자, 회사가 취한 행동은 바로 그들을 '정리해고'하는 것이었다. 그 일을 처리한 부장은 일거에 상무로 승진하고, 미국으로 1년간 연수를 떠났다고 들었다.

비정규직 문제의 근본 원인

우리 사회가 비정규직 문제를 해결하고자 하지만 그것이 여의치 않은 이유는 그 근본적인 원인을 찾아서 고치려 하지 않고, 매번 겉으로 드러난 문제에 대해서만 임시처방으로 때우고 넘어가려고 하기 때문이다. 따라서 이 문제는 어느 특정 그룹만의 잘못이라기보다는 사용자, 정부와 정치권, 정규직, 비정규직 등 우리 모두에게 그 책임이 있다고 생각한다.

1) 사용자, 비정규직 몫 착취

첫째, 현재의 경제 활동에서 충분한 이익을 얻고 있는 사용자는 정규직 노동자의 요구를 일정 부분 수용하면서, 동시에 비정규직의 열악한 상황에 대해서는 눈을 감아버리는 전략의 결과가 바로 비정규직 문제이다. 다시 말해 비정규직의 노동에 대한 보상을 제대로 하지 않고, 결과적으로 그들의 몫을 착취하여 그중 일부를 정규직에게 나누어 주고, 나머지는 자신의 이익으로 챙기는 것이라고 할 수 있다. 이러한 평가가 가능한 이유는 비정규직은 점점 더 살기 힘들어지는 반면, 사용자와 정규직은 점점 더 풍요로워지고 있기 때문이다.

사용자는 비정규직이 양산되는 상황에 대해 별로 개의치 않으며, 오히려 자신의 경쟁력 강화를 위해 그것을 불가피한 것으로 보기도 한다. 그렇다면 그들이 말하는 기업의 사회적 책임이 무엇인지 궁금하다. 일반적으로 업무 능력이나 직무의 차이에 따라 서로 다른 대우를 하는 것은 누구나 쉽게 받아들일 수 있다. 그래야 각각의 개인이 자신의 능력 향상을 위해 노력하고, 조직이나 기업이 발전할 것이기 때문이다. 하지만 단순히 정규직이냐 비정규직이냐에 따라 차별을 하는 것은 그 누구도 공감하기 어려운 일이다. 특히 하는 일이 같거나 차이가 없을 때 또는 모순되게도 더 어렵거나 힘든 일을 하는데도 단지 비정규직이라는 이유만으로 열악한 대우를 받는 것은 더욱 더 받아들이기 힘든 일이다. 따라서 비정규직에 대한 차별 대우는 사용자와 정규직 노동자의 명백한 횡포이자 보이지 않는 담합이라고 할 수 있다.

2) 정부와 정치권, 비정규직 차별을 방치

둘째, 우리 정부와 정치권은 비정규직 문제가 이렇게 심각한 지경에 이르렀는데도 불구하고 매우 무책임하게 기업의 국제경쟁력 강화라는 미명 아래 국민이 차별을 당하고 있는 것을 그대로 방치하고 있다. 2016년 구의역 스크린도어 정비업체 직원의 사망사고, 2018년 태안 화력발전소 하청업체 직원의 사망사고 등에 직면하여 '위험의 외주화 방지'를 위한 「산업안전보건법」을 개정하는 일이 28년째 제자리걸음이었기 때문이다. 독일 정부는 자국 기업의 경쟁력 강화를 방해하기 위해서 파견노동자의 임금을 현지 노동자와 동일하게 하도록 하는 법을 만드는 것일까? 기업이 사회구성원 다수의 희생을 담보로 경쟁력을 갖추는 것을 모른 체하는 일은 사회정의의 차원에서 정부와 정치권이 자신의 책임을 방기하는 것이다.

이 문제는 수치로도 증명이 가능하다. 우리 정부의 노동시장에 대한 공공지출은 2008년 기준 GDP의 0.49퍼센트로, OECD 국가의 평균인 1.37퍼센트의 3분의 1 수준에 불과하였다. 이는 재정 배분의 우선순위가 크게 잘못된 것으로 정부가 그 책임을 제대로 다하지 못하고 있음을 보여준다. 마찬가지로 정치권이 동일노동 동일임금 내용을 입법하지 못하고 방치하는 것은 자신의 책임을 다하지 못하는 것이다.

물론 기업에서의 비정규직 존재도 문제이지만, 국가기관의 공무원, 초·중·고등학교의 교사, 대학의 교수 등 공공성을 띠는 곳에서 비정규직을 만들어 차별하는 것은 훨씬 더 심각한 문제라고 할 수 있다. 기업처럼 직접 돈을 버는 것도 아니고 대부분 국민의 세금으로 운영되는 곳에서, 동일한 일을 하는 데 서로 차별을 둔다는 것은 도저히 납득하기 어려운 일이다. 또한 그 차별에서 오는 피해는 그 서비스를 받는 우리 모두에게 고스란히 전가될 것이기 때문이다.

예를 들어 국가인권위원회가 자체 구성원의 일부는 정규직으로, 그 상담원은 비정규직으로 구분하여 운영하는 이유가 무엇인지 이해하기 어렵다. 똑같은 학생에게 똑같이 수업을 하는데 기간제 교사와 일반 교사를 구분하는 것은 불공정한 일이다. 마찬가지로 대학에서 같은 학생을 대상으로 강의를 하는데 교수와 강사를 과도하게 차별하는 것은 분명히 잘못된 일이다.

그렇다고 공공 분야의 비정규직을 모두 정규직으로 전환하고, 그 부담을 전부 국민에게 떠넘기는 것은 잘못이다. 국민도 어렵기 때문이다. 따라서 관련 예산은 동결한 상태에서 직무에 따라 정규직과 비정규직 사이의 분배를 보다 공정하게 조정하는 방향으로 문제를 해결해야 한다.

3) 정규직 노동자, 귀족노조 등 연대감 부족

셋째, 정규직 노동자의 연대감 결여도 문제이다. 비정규직 문제가 심화되면서 기존의 노사갈등은 점차 노노 갈등으로 비화할 조짐을 보이고 있다. 이는 정규직이 이러한 불공정한 상황을 전체 노동자의 관점에서 개선하려고 하지 않고, 자신의 이익 확대에만 우선적으로 관심을 두기 때문이다. 그래서 '신의 직장'이니 '귀족노조'라는 말이 나오고 있는 것이다.

이들이 그러한 시각을 바꾸지 않고 동일한 일을 하는데 임금을 차별하는 한, 또 노사 협상이나 노사정 협상의 자리에 비정규직이 참여하는 것을 계속해서 거부하는 한, 노노 대립을 포함한 사회적 갈등은 앞으로 점점 더 커질 것이 확실하다. 정규직의 이러한 욕심과 탐욕은 결국 그들의 자식세대를 비정규직으로 만들고 있고, 그런 결과는 젊은 세대로 하여금 결혼과 애 낳기를 포기하게 함으로써 우리 사회의 지속가능한 발전을 가로막고 있다.

4) 비정규직 노동자, 연대정신의 부족

넷째, 비정규직 노동자의 연대정신 부족도 이 문제를 지속시키는 한 가지 이유가 될 것이다. 많은 비정규직이 서로 협력과 연대를 통해 차별을 시정하고 자신의 지위를 개선하려는, 즉 현재의 불공정한 시스템을 바꾸려고 노력하기보다는 자신만 정규직으로 넘어가면 된다는 생각이 그것이다. 물론 이것은 그들 각 개인의 문제이기도 하지만, 어쩌면 이를 조직적으로 해결할 제도적 장치(노조나 정당의 역할 미흡 등)가 부족하다는 것이 훨씬 더 크고 중요한 문제라고 할 수 있다.

여기에는 "조금만 참으면 정규직으로 바꿔주겠다."는 사용자 측의 달콤한 유혹도 비정규직의 단결을 저해하고 있다. 또 "당신이 부족하기 때문에 아직 비정규직인 것이다." 또는 "어떠한 상황에서도 능력 있는 사람은 성공한다." 식으로 언론이 유포하는 잘못된 이데올로기도 비정규직 문제를 방치하는데 한몫을 하고 있다.

폭주하는 양극화, 비정규직 노동자의 정치세력화 필요

우리는 모두 매일 세 번의 끼니를 때우고 있다. 부자라고 해서 더 많은 끼니를 먹는 것은 아니다. 또 한 끼를 아무리 잘 먹더라도 다음 끼니를 거를 수도 없는 노릇이다. 이 점에서는 누구나 동일하다. 빈부의 차이가 있다는 것은 그 한 끼 식사의 품질이 다르다는 정도이다. 한편에서는 한 끼에 3,000원짜리 밥을 먹는 사람이 있는 반면, 다른 한편에서는 30,000원짜리 밥을 먹는 사람이 있다. 그렇더라도 최소한 누구나 끼니를 거르지는 않도록 국가나 사회가 이를 보장할 수 있어야 비로소 우리도 공익광고에서 말하는 '공동체 사회'가 될 수 있다고 본다.

그런데 우리 사회의 양극화 현상은 이것조차도 부정하고 있는 형편이다. 가난한 사람이나 사회적 약자가 요구하는 것은 3만 원짜리 식사를 달라는 것이 아니다. 3천 원짜리 식사지만 좀 더 안정적으로 하고 싶다는 정도이다. 그런데 3만 원짜리 식사를 하는 이들이 자신의 안정적 식사를 위하여 3천 원의 식사를 불안정하게 만드는 것이 우리의 비정규직 문제라고 생각한다. 과연 이런 사회가 안정적으로 지속될 수 있겠는가?

2017년 이후 최저임금의 급격한 인상은 원래 사회적 약자를 위한 것이다. 하지만 그 인상의 여파는 우리의 기대와는 달리 엉뚱한 곳으로 그 불꽃이 튀고 있다. 최저임금의 인상이 대학의 청소원 감원으로 이어지고 있다는 뉴스를 보았기 때문이다. 대학은 그 인상분을 교직원의 급여를 동결한다든가 해서 예산을 마련하는 것이 아니라, 오히려 청소원의 수를 줄이는 것으로 해결하고 있다. 이것이 말이 되는가? 새로운 부담의 발생에 대해 힘 있고 가진 자의 양보를 통해 해결하는 것이 아니라, 반대로 그 부담이 힘없는 약자에게 전가되고 있는 것이다. 이는 우리 사회에 사회정의가 부족함을 보여주는 단적인 사례이다.

노무현 정부 이래 우리 정부는 공공부문의 비정규직 문제를 해소하기 위해 노력해왔다. 마찬가지로 문재인 정부에서도 상시지속업무나

생명안전업무 비정규직 종사자의 정규직화를 추진하고 있다. 2018년 저자는 이와 관련된 한 프로젝트에 참여했는데, 정규직화 실태를 파악하기 위해 직접 현장을 방문할 기회가 있었다. 세종종합청사, 대전시, 계룡시, 동두천시, 자산관리공사, 분당 서울대병원, 전남 영광원전 등을 방문하여 청소, 경비, 안내, 전화상담, 시설관리 등의 분야에서 일하는 노동자를 면담하였다.

그들은 공공부문에서 일하고 있었지만 고용의 안정이 담보되지 않은 상태였다. 또한 급여인상이나 근로조건의 개선 등을 요구하기 힘들었다. 용역업체에 소속되어 매번 고용계약을 갱신해야 하기 때문이다. 한 노동자는 같은 장소에서 23년째 같은 일을 하고 있는데, 그동안 매번 바뀌는 수십 군데의 용역업체와 수십 차례의 고용계약서를 새로 썼다고 한다. 도대체 무슨 짓을 하고 있는지 이해할 수가 없었다.

공공부문의 하층노동자인 그들의 월급은 연령이나 근속 연수에 상관없이 평균 160~170만 원이었다. 거의 최저임금 수준이었다. 그래서 맞벌이가 아닌 경우에는 근무가 끝나면 부업을 해야 하는 처지였다. 그나마 최저임금이 오르지 않는다면 임금인상도 기대하기 어려운 상황이었다. 직장을 가지고 일을 하고 있는데도 인간다운 생활이 어려운 것이다. 이 역시 사회정의의 부재를 보여주는 사례이다.

우리 사회에서 사회정의를 실현하고자 한다면, 이제 비정규직과 같은 근본적인 문제에 대해 보다 적극적으로 나서야 한다. 이를 그대로 방치하여 양극화가 점점 더 심화될 경우, 우리 모두는 이를 해결하기 위해 훨씬 더 큰 대가를 치르게 될 것이다. 그런 까닭에 많은 이들이 관심을 가지고 이 문제에 다가서고 있지만, 아이러니하게도 앞에서 살펴본 것처럼 개선될 기미를 보이지 않고 반대로 악화되고 있다.

　이처럼 한국 사회에 변화를 가져오는 것이 어려운 까닭은 현 체제에서 혜택을 보는 기득권층의 적극적인 저항에서부터 소극적인 외면이나 무관심 등이 그 주요 원인이라고 할 수 있다. 또한 기존의 체제 내 경쟁에서 승리자에게는 막대한 보상이 주어지지만, 그러한 체제의 문제점을 지적하고 개선하려는 사람에게는 자원이나 보상이 거의 주어지지 않는 점도 변화를 저해하는 큰 문제이다. 그밖에 기득권층의 이해관계를 주로 대변하는 일부 언론의 책임도 크다고 할 수 있다.

　또 다른 이유는 국민의 의견을 수렴하는 정당시스템이 전혀 작동하지 않고 있다는 점이다. 보다 구체적으로 사회적 약자인 비정규직을 대변하고자 하는 정치세력이 부재한 상황이다. 따라서 이러한 세력의 등장을 막고 있는 기존의 선거제도를 시급히 바꿔야 한다. 또한 비정규직 노동자도 어떻게 해서든지 그 힘을 조직화하여 자신의 이익을 대변할 수 있는 정치세력을 만들어내기 위해 노력해야 한다.

4

한국 장관은 법인카드 유용! 독일은?

- 내부고발과 사회정의

유학 초기에 들었던 이야기 가운데 아직도 기억에 남는 것이 있다. 독일에서는 정직하지 못하면 크게 낭패를 본다는 것이었다. 예를 들어, 생활하다 보면 여러 가지 서류가 필요한 경우가 많은데, 혹시나 이것을 위조 또는 변조했다가는 바로 비행기를 타고 귀국하게 될 것이란 말도 들었다. 오랫동안 살면서 여러모로 겪어보니 정직은 실제로 독일 사회에서 매우 소중한 가치였다.

사회 전체가 항상 사회정의가 무엇이냐를 놓고 따지고 있으니 부정이나 비리, 또는 거짓에 대한 독일 사회의 대처 모습은 우리와는 비교할 수 없을 정도로 대단히 엄격했다. 특히 정치인에 대한 윤리적 잣대는 우리와는 상당한 차이가 있었다.

다른 한편으로 독일인은 잘못에 대한 신고정신이 투철하기로도 유명하다. 그런데 우리는 그런 것에 의외로 상당히 둔감할 뿐만 아니라 비리를 고발하는 데에도 매우 소극적이다. 이는 사회정의와 관련하여 대단히 중요한 문제이다. 독일의 사례와 우리의 모습을 비교해보고, 그러한 차이가 나타나는 이유가 무엇인지에 대해 살펴보겠다.

논문표절로 장관직 사퇴, 한국이라면?

기지(G. Gysi)라는 독일에서 꽤 유명한 정치인이 있다. 과거 민주사회당(PDS, 이후 좌파당으로 변신) 대표와 좌파당 원내대표를 역임한 인물이다. 그가 2002년 베를린 시 경제장관으로 일하다가 불과 6개월 만에 갑자기 퇴진한 적이 있는데, 공적으로 취득한 비행기 마일리지를 사적으로 사용했기 때문이었다. 연방하원의장은 그러한 마일리지는 공적인 출장에만 이용하도록 규정했는데, 그것을 어긴 것이었다. 그 당시 그 사실을 공개한 루프트한자(독일항공)의 행위가 옳은 것이냐의 논란이 일었지만, 그는 자신의 잘못이라며 바로 장관직을 사퇴하였다.

2011년 3월에 있었던 기사당(CSU) 출신 구텐베르크(K. Guttenberg) 연방국방장관의 법학박사 학위논문 표절사건도 우리에게 시사하는 바가 크다. 같은 해 2월 16일, 그가 2006년에 제출했던 논문에 표절이 있다는 문제가 제기되었다. 해당 대학은 검토를 거쳐 2월 23일에 그의 학위를 박탈하였다. 그럼에도 불구하고 당시 메르켈(A. Merkel) 총리와 제호퍼(H. Seehofer) 기사당 대표 등 연방정부는 전도가 유망했던 구텐베르크를 옹호하며, 그의 퇴진을 원하지 않았다. 실제로 그는 당시 젊고(1971년생) 준수한 외모에 귀족가문 출신으로 2009년에는 연방경제장관을 역임하는 등 대중에게 인기가 많았기 때문이다.

그러자 여러 곳에서 그에 대한 신랄한 비판이 제기되면서 여론이 뜨겁게 달아올랐다. 많은 법학자는 그렇게 많은 부분과 긴 분량을 표절한 것은 의도적이지 않고는 불가능하다고 평가했다. 또한 연방하원의장을 비롯한 기민/기사연합(CDU/CSU)의 여러 중진의원도 그를 비판하였다. 3월 1일 그는 장관직을 포함한 모든 공직에서 사퇴하고, 더불어 연방하원의 의원직에서도 물러났다. 이후 해당 대학은 조사위원회를 구성하여 3개월간의 정밀한 검토를 거친 후에 의도적인 표절임을 밝혔다. 같은 해 11월, 검찰은 그에게 저작권법 위반으로 2만 유로(약 2,700만 원)의 벌금을 매겼다.

한편, 대학총장연합체는 이 사건과 관련한 성명서에서 "잘못을 저지른 사람이 마땅히 대가를 지불해야 한다는 사실은 정치인에게도 예외가 되어서는 안 된다."고 그의 잘못을 질타했다. 구텐베르크도 "정치인의 길을 선택한 사람은 잘못을 하면 용서받아서는 안 된다."고 자신의 잘못을 인정하며 정계를 떠났다. 이후 얼마간의 시간이 지난 후 구텐베르크는 한 언론사와 인터뷰를 통해 정계복귀를 모색했으나, 기사당 지도부는 그러한 시도에 대해 강한 분노를 표시함으로써 그의 잘못에 쐐기를 박았다.

반면에 우리 정치인의 처신은 독일 정치인과 비교하는 것 자체가 민망할 정도로 그 수준이 떨어진다. 병역면제, 업무추진비 또는 특정 업무경비 유용 등의 의혹에 대해 제대로 해명조차 하지 못하기 때문이다. 그러면서도 헌법재판소장, 감사원장, 장관 등의 공직에 임명되는 데 별문제가 되지 않는다. 또 박사학위논문이 표절로 판정되어도 별로 개의치 않고 의원직을 유지한다. 책임을 지고 탈당한다 하더라도, 일정 시간이 지나면 지역 주민의 뜻이라며 다시 재입당을 신청하는 것이 우리의 현실이다.

공직에 대한 인사청문회 등에서 도의적인 문제는 내버려 둔다고 하더라도, 법을 위반한 사실이 드러났음에도 불구하고 사퇴하지 않는 경우가 비일비재하다. 단순히 '죄송하다 또는 송구하게 생각한다.'며 구렁이 담 넘어가듯이 지나간다. 위장전입이 그 대표적 사례이다. 이런 문제가 발생하는 원인은 무엇보다도 정치인을 교육하고 훈련하는 정당의 시스템이 제대로 작동하지 않고 있기 때문이다. 그런 점은 당연히 정당 내에서 사전에 체크되고 관리되었어야 한다.

그런데 여기서 한 가지 더 이해할 수 없는 것은 위장전입 등 불법이나 탈법이 밝혀졌음에도 불구하고 별일 아니라는 식으로 그것을 용인하는 우리의 정서 문제이다. 만약에 그렇게 법을 위반했음에도 아무런 문제가 되지 않는 것이라면, 당장 그 법부터 폐기하는 것이 순서일 것이다. 하지만 그 법을 고치려고 나섰다는 공직자나 국회의원을 보지 못했다. 참으로 이해하기 어려운 일이다.

내부고발이 어려운 이유

사회정의가 살아나려면 사회구성원 누구나 비리나 부정을 자유로이 지적할 수 있어야 한다. 그러나 우리 사회에서는 내부고발이나 양심선언을 하는 것, 즉 진실이나 정의를 말하는 것이 의외로 쉽지 않다. 그 이유는 조직의 비리를 고발하거나 올바른 지적을 하면, 대부분 '왕따'를 당하거나 배신자로 매도되어 이후의 생활이나 활동이 곤란해지기 때문이다. 이러한 관행이 과연 옳은 것일까? 만약 옳지 않다면, 또 많은 사람이 옳지 않다고 생각함에도 왜 이런 현상은 고쳐지지 않는 것일까? 그리고 이를 개선하기 위해서는 어떻게 해야 할 것인가?

우리 대부분은 사회생활을 하면서 우리 주변의 부조리와 관련하여 "세상이라는 것이 좋은 게 좋은 거 아니냐, 또는 그렇고 그런 것이 아니겠느냐!"는 말을 많이 들었을 것이다. 하지만 이런 말을 하는 사람도 그것이 옳다는 신념을 가지고 그렇게 말하는 것은 아닐 것이다. 비리를 밝히고 진실을 추구하는 것이 옳다는 것을 부정할 사람은 없다. 사회정의를 추구하는 것이 잘못됐다고 생각하는 사람도 없을 것이다. 다만 알면서도 입을 다무는 것일 뿐이다. 그것은 독일과 비교하여 다음과 같은 점에서 차이가 있기 때문이다.

첫째, 우리의 경우에는 정직함을 포함하여 올바른 가치관을 형성하는 데 필요한 교육이 부재하기 때문이다. 물론 과거에도 그것을 잘했다고 하기는 곤란하겠지만, 언젠가부터 우리 사회는 초등학교를 시작으로 중·고등학교, 심지어 대학교에서도 인성교육이 아예 사라져버렸다는 느낌을 받는다. 학생에게 올바르거나 정의로운 삶 대신에 물론 대놓고는 아니겠지만 은연중에 돈 잘 벌고 출세하는 삶이 낫다고 가르친 것이다. 실제로 그렇게 교육을 했는지를 따져보는 것은 어렵겠지만, 현실에서 드러나는 모습을 보면 그것은 틀리지 않다는 것을 알 수 있다. 예를 들어 2007년 17대 대선에서 우리는 전과 14범이라는 수많은 의혹에도 불구하고 또는 개의치 않고 이명박 후보를 대통령으로 뽑았다. 오로지 잘 살게 해줄 것이라는 욕망을 가지고.

두 번째 이유는 선량한 신고자가 거꾸로 '왕따'를 당하기 때문이다. 그렇게 될 경우 직장을 그만두어야 할 수도 있는데, 그러면 생계 대책이 막막하게 된다. 공익신고자에 대한 보호나 보상체계가 미흡하기 때문이다. 아무리 정직한 사람이라도 먹고살 형편이 안 되면 부정이나 비리를 고발하고 나서기 어렵게 된다. 바로 이런 점 때문이라도 국가는 누구에게나 최저생활을 보장해 주는 복지시스템을 만드는 것이 중요하다. 우리 사회에서 누구나 어떠한 경우에도 최소한의 생활이 가능하게 된다면, 훨씬 더 많은 양심적인 이들이 현장에서의 비리나 문제점을 자신 있게 지적하고 나설 것이기 때문이다. 우리가 복지국가를 실현해야 하는 또 다른 이유이다.

　끝으로 한 가지 더 지적하고 싶은 것은 우리 사회에서는 모든 권력이 모조리 위에 집중되어 있다는 점이다. 헌법에 들어있는 '권력은 국민으로부터 나온다.'는 말은 단순한 수사에 불과하다. 실제 생활에서 대부분의 권력은 철저하게 독점적이고 중앙집권적이다. 수평적이고 대등한 관계를 찾아보기란 쉽지 않다. 공공기관이나 학교, 기업, 단체 등 어디에서나 윗사람의 눈치를 볼 수밖에 없는 구조이다. 따라서 윗사람의 비리나 독선, 문제점을 지적하는 것은 매우 힘든 일이다. 이 역시 국가가 최저생활을 보장해 줄 때 그나마 가능한 이야기라고 생각된다. 그것은 조금 어렵게 살더라도 부끄럽지 않은 삶을 살겠다는 의지를 가질 수 있도록 동기를 부여할 수 있기 때문이다.

　결론적으로 우리 사회에서 사회정의가 살아나기 위해서는 먼저 교육에서 그 추구하는 가치를 바꾸어야 한다. 그러나 입시위주의 과도한 경쟁교육이 계속되는 한 사회정의에 관심을 갖기는 쉽지 않을 것이다. 또 사회구성원의 최저생활을 보장하는 복지시스템을 구축하여야 누구나 정의를 말할 수 있을 것이다. 목구멍이 포도청인데, 정직하고 정의로운 삶을 강요하는 것은 모순되고 이율배반적인 일이다. 그 밖에 우리 주변에 다양한 형태로 존재하는 독점적 권력을 해체할 필요가 있다. 그리고 그러한 권력이 착한 개인에 의해 선용되기를 기대하기보다는 그것을 견제하는 제도적 장치를 만드는 것이 훨씬 더 중요하다. 즉, 훌륭한 공직자나 정치인을 찾는 것도 중요하지만, 우리 사회의 구석구석을 시스템화하는 것이 보다 더 중요하다고 생각하기 때문이다.

5

한국이 정치로 '사회적 합의'를
이룰 수 없는 이유
- 사회적 합의의 방법

국가마다 서로 다른 '사회적 합의'

한 사회에서 "도둑질이나 살인을 해서는 안 된다, 교통규칙을 지켜야 한다." 등의 옳고 그름이 명확한 사항에 대한 판단은 이미 법이나 규정으로 정해져 있다. 물론 이런 것도 이미 그러한 짓을 해서는 안된다는 사회적 합의에 기초한 것이라고 할 수 있다. 그러나 "가난한 사람을 도와주어야 하는데, 얼마만큼 지원하는 것이 적당한가?" 또는 "사회복지를 얼마나 더 늘릴 것인가, 이를 위해 세금을 얼마나 더 낼 것인가?" 등의 문제는 명확한 정답이 있는 것이 아니다. 각 국가나 사회는 서로 다른 기준을 제시할 수 있다. 그 기준은 각각의 서로 다른 사회적 합의를 토대로 결정된 것이다.

예를 들어, 2016년 우리는 '기초생활수급자'에게 한 달에 약 47만 원, 2인일 때는 약 80만 원을 지급하고 있다. 독일에서는 2009년 기준 한 달에 약 900유로(약 120만 원), 2인일 때는 약 1,300유로(약 170만 원)를 지급한다. 이것은 가난한 사람에게는 원래 그렇게 해야 한다는 법칙이나 규정이 있는 것이 아니라, 그렇게 하자는 사회적 합의의 결과이다. 물론 기초수급액으로 얼마를 줄 것인지는 법이나 시행령 등으로 결정될 것이다. 그것은 국회의원의 입법, 시민 단체의 주장, 여론, 정부의 예산 및 관련 위원회의 의견 등이 종합적으로 반영된 것이겠지만, 결국은 사회구성원의 의사를 반영한 것이라고 할 수 있다.

그러한 합의의 도출이 법과 시행령을 만드는 과정을 통해 실제 지원을 가능하게 하는 것이다. 우리가 150만 원을 주자고 합의하면 그렇게 할 수 있는 것이고, 전혀 도와주지 말자고 합의하면 지원을 중단할 수도 있다. 사회적 합의의 결과는 그것을 도출하는 과정에서 그 사회의 경제적 형편이나 시민의 생각, 의견 등이 모두 종합적으로 반영된 것이라고 할 수 있다. 그렇다면 이러한 사회적 합의는 구체적으로 어떻게 이루어지는 것일까?

사회적 합의의 과정

사회적 합의는 많은 부분 그 사회 내 정당의 정치 행위를 통해 형성된다. 각 정당은 자신의 이념이나 강령에 따른 정책 프로그램을 통해 또는 총선이나 대선 등을 앞두고 제시하는 공약을 통해 여러 가지 사안에 대한 입장을 발표한다. 그러면 사회구성원은 투표에서 그것에 대한 지지와 반대를 통해 자신의 입장을 표현할 수 있다. 이와 같은 과정을 통해 각각의 현안에 대한 사회적 합의가 이루어지게 된다.

예를 들어, 2013년 18대 독일총선 당시, 최저임금제에 대한 각 정당의 공약에서 그에 대한 독일 사회의 의견을 확인할 수 있다. 사민당과 녹색당은 시간 당 8.50유로를, 좌파당은 10유로를, 기민당은 최저임금을 지역별, 산업별로 도입하는 방안을, 자민당은 도입에 반대하는 입장을 제시했다. 선거결과를 보면 기민당(CDU)에 대한 지지율이 가장 높았는데, 이를 감안한다면 최저임금에 대한 사회적 의견은 기민당(CDU)의 입장에 가장 가깝다고 할 수 있겠다.

한 가지 더 예를 든다면, 세금문제 관련 사민당은 최상위층(연간 소득 10만 유로 이상)에 대한 소득세율을 42에서 49퍼센트로 인상할 것을 주장하였다. 반면에 기민당은 재정건전화의 압박에도 불구하고 세금인상에는 반대한다는 입장을 보였다. 기민당이 압도적으로 승리했는데, 이는 그러한 인상에 반대하는 것에 사회적 합의가 모였다고 할 수 있다. 혹시 이것을 보고 단순히 세금을 올리지 않는 것이 세계적 추세라고 주장하는 것은 언어도단이다. 독일의 소득세율은 이미 한국(2013년 35%에서 38%로 인상)과는 비교가 안 되게 높은 상황이니까.

그렇다면 다른 당을 지지한 의견은 무시되는가? 그렇지 않다. 독일은 다당제인데다 '의회중심제(의원내각제)'를 실시하고 있어서 한 정당이 의회에서 절반을 넘지 못하면, 반드시 다른 정당과 협상을 통해 연립정부를 구성해야 하기 때문이다. 이를 위해서는 제1당이 연정파트너가 되는 상대 정당의 공약을 반드시 일정 부분 수용해야 한다. 이러한 과정을 통해서 다른 의견도 반영되는 것이다. 실제로 18대 총선 후 기민당은 사민당(SPD)과의 연정을 위해 사민당(SPD)의 일부 공약을 수용하였다. 최저임금제의 도입이 그 사례이다. 물론 협상을 통해 그 제도의 도입 시기를 2015년 1월 1일로 다소 늦추기는 했지만.

독일의 이런 모습을 보면서 우리의 정치상황을 돌아보면 조금 황당한 측면이 있다. 2012년 새누리당은 경제민주화 실시, 복지제도 강화

등을 핵심 공약으로 내걸고 총선과 대선에서 모두 승리하였다. 정치체제가 다르기 때문에 독일처럼 연정을 구성하면서 서로의 공약을 주고받지도 않고, 또 양당제 중심이라 상대적으로 수월하게 과반을 넘기 때문에 그럴 필요도 없다. 그러나 다른 당의 공약을 수용하는 것은 고사하고 자신이 제시했던 공약조차도 바로 걷어차 버리는 데에는 할 말이 없다.

예를 들어 기업의 지배구조 개선, 금산분리의 강화, 신규 순환출자 금지 등의 경제민주화 공약이 사라지고, 행복주택 20만 호 건설이 14만 호로 축소되고, 기초연금 20만 원 지급과 같은 구체적인 공약이 바로 후퇴하는 일은 독일에서라면 결코 있을 수 없는 일이다. 갑자기 경제상황이 바뀐 것도 아니고 갑작스레 노인인구가 증가한 것도 아닌데, 그렇게 공약의 시행을 포기하는 것은 국민을 상대로 하지 않을 일(또는 할 수 없는 일)을 하겠다고 거짓말을 한 것과 다를 바 없기 때문이다. 그런데 여기서 한 가지 더 놀라운 것은, 그럼에도 불구하고 그런 정당에 대한 지지율이 여전하다는 사실이다. 다시 한 번 할 말을 잃는다.

공약 파기를 막으려면 '정당의 독과점' 부터 해결해야

18대 독일 총선에서 기존 여당이었던 기민/기사연합(CDU/CSU)은 압도적인 승리를 하여 다시 제1당이 되었고, 의석수도 과반에서 불과 5석이 부족한 311석을 얻었다. 1990년대 후반 이후 굉장한 승리를 거머쥔 것이다. 하지만 지난 17대에서 연정파트너였던 자민당이 몰락함으로써(최저득표율 5% 기준을 넘지 못해 사상 최초로 연방하원 진출에 실패), 엄밀하게 말하면 범야권에 졌다고도 할 수 있다. 사민당이 193석, 녹색당이 63석, 좌파당이 64석을 얻었는데, 이 3개의 정당이 합의할 경우에 총 320석으로 절반을 넘어 연립정부를 구성하는 것이 가능하기 때문이다. 그렇다면 이들 야권은 왜 연정을 꾸리지 않았을까?

그것은 국민을 바보로 보지 않기 때문이다. 사민당은 총선을 앞두고 좌파당과는 연정을 하지 않겠다고 선언했다. (이는 연정 가능성을 열어둘 경우, 사민당 지지표가 좌파당으로 옮겨갈 수도 있기 때문이다.) 그런데 그 약속을 무시하고 연정을 꾸릴 경우, 당장은 집권이 가능할지 모르지만 그 다음이 없다고 봐야 한다. 야권연정을 안 하는 또 다른 이유는 선거에서 승리한 제1당이 갖는 '연정구성의 우선권'을 존중하는 것이다. 이에 대한 명확한 법률이나 규정이 존재하는 것은 아니지만 이러한 정치적 관행을 무시할 경우, 마찬가지로 미래는 없다. 그것은 국민이 눈을 부릅뜨고 지켜보고 있기 때문이다.

독일에서는 정당득표율에 따라 의석수가 결정되고, 정당의 설립요건이 용이하기 때문에 다수의 정당이 존재한다. 실제로 2013년 총선에 참여한 정당의 수는 30개가 넘었다. 하지만 이들 대부분은 봉쇄조항인 최저득표율 5퍼센트의 관문을 통과하지 못하여 연방 차원에서는 주로 5개의 주요 정당이 활동하고 있다. 각 정당은 에너지 문제에서 사회적 약자에 이르기까지 여러 가지 주제에 대해 나름대로 서로 다른 사회구성원의 의견을 대변하고 있다. 정당의 숫자가 많아질수록 보다 다양한 유권자를 대변하는 것이 가능하게 될 것이다.

대통령제와 양당제의 문제점

반면에, 한국의 정당체제는 독과점이 아주 심한 모습이다. 당연히 국민의 의견을 반영하는 데 구멍이 있을 수밖에 없다. 특히 비정규직 등을 포함한 사회적 약자를 대변하는 정당의 부재는 심각한 문제이다. 그러한 독과점을 유발하는 가장 중요한 원인은 바로 '소선거구 단순다수제' 중심의 선거제도이다. 이 제도는 다수 유권자의 의사를 제대로 반영시키지 못하는, 즉 투표수의 절반 이상을 사표로 만드는 문제점을 안고 있기 때문이다. 또한 지역 구도에 기반을 둔 특정 정당의 독과점을 고착시키고, 무엇보다도 신규 정당의 제도권 진입을 구조적으로 막고 있기 때문이다.

따라서 새로운 정당의 출현을 가능하게 해 줄 선거제도의 개혁, 즉 정당득표율이 그대로 의석수에 반영되는 선거제도의 도입이 시급한 상황이다. 이를 위해서는 비례대표 숫자를 늘리는 것이 필요하다. 독일은 이미 전체 의원의 절반을 비례대표 방식으로 뽑고 있다.

이런 식으로 선거제도를 바꾸어 다수의 정당이 국회에 진입하게 될 경우, 정당정치가 활성화되면서 정치에 대한 국민의 관심이 되살아날 것이다. 그러면 기존의 대통령제를 이러한 다당제에 걸맞은 '의회중심제'로 바꾸는 방안도 모색해야 한다. 다만 여기서 한 가지 유의해야 할 점은 기존의 선거제도를 그대로 두어 양당제가 지속되는 상황에서 권력구조를 바꾸는 개헌을 해서는 절대로 안 된다는 것이다. 반드시 선거제도의 개선이 먼저이거나 또는 동시에 바뀌어야 한다.

2012년 대선 이후 지속되었던 여야의 대치 국면은 타협할 줄 모르는 우리의 정치문화 탓이기도 하다. 그러나 보다 근본적인 원인은 '대통령제'라는 제도상의 문제이기도 하다. 즉, 국민으로부터 위임받은 정치권력이 대통령과 국회로 나누어져 있어서 이 2개의 권력이 맞설 경우, 정치과정상 제도적으로 이를 해결할 수 있는 방법이 없기 때문이다. 양측이 국가정보원 등 국가기관의 대선개입 의혹, 북방한계선(NLL) 문제, 철도공사의 민영화 문제 등에 대해 완전히 서로 다른 입장을 보이며 맞섰을 때, 이를 해결할 방법이 없다. 이를 양보하여 설사 양측의 대립이 그리 크지 않는 작은 사안이라고 하더라도 서로가 양보할 생각이 없다면, 마찬가지로 정치시스템 상에서는 해결할 방법이 없다.

이러한 문제는 2013년 하반기 미국에서도 똑같이 발생하였다. 의회에서 여야가 차기연도 예산안 의결에 실패함으로써 결국 연방정부가 일정 기간 '폐쇄(shut down)'되는 사건이 일어난 것이다. 이는 건강보험 개혁(소위 오바마 케어)을 추진하려는 의회 내 소수인 민주당 행정부와 이를 반대하는 다수 야당인 공화당이 서로 양보 없이 대립했기 때문이다. 2018년 말 트럼프 대통령 때에도 비슷한 현상이 나타났다. 즉, 대통령(행정부)과 의회가 맞설 때 이를 해결할 제도적 장치가 없다는 말이다. 누가 옳았고, 누가 틀렸나를 이야기하려는 것이 아니라 그러한 교착 상태를 해소할 제도적 방법이 없다는 점을 강조하려는 것이다. 의회중심제에서는 최소한 이런 문제는 발생하지 않기 때문이다.

물론 언론이나 시민 단체 등 여러 주체가 역할과 기능을 하고 있기는 하지만, 한 나라의 사회적 합의를 이루는 데 가장 중요한 역할을 하는 것은 바로 정당이다. 그런데 우리의 경우, 그 정당이 정상적으로 작동하고 있지 않기 때문에 사회적 합의 대신에 오히려 사회적 갈등만이 난무하고 있다. 이렇게 된 가장 큰 원인은 기존 양당의 독과점 때문이다.

　이에 대한 국민의 불만은 한편으로는 총선에서 낮은 투표율이 보여주듯이 정치에 대한 불신과 무관심으로, 다른 한편으로는 광화문 촛불집회에서 보듯이 새로운 정치에 대한 열망으로 나타나고 있다. 그럼에도 불구하고 정치권의 독과점 현상은 오히려 더 심화되고 있다. 그러한 독과점이 지속되는 이유는 새로운 정당의 국회 진출을 막고 있는 현행 선거제도(소선거구 단순다수제)에 있으며, 그 책임은 지역주의에 편승하여 생긴 자신의 기득권 때문에 끝내 이를 고치지 않으려는 퇴행적 정치세력에 있다.

에필로그

우리 사회에서는 어른, 아이 가릴 것 없이 모두 다 지나치게 바쁘다. 연간 노동시간은 OECD 국가 가운데 최상위권을 기록하고 있고, 학생 또한 밤낮없이 공부에 시달리고 있다. 휴가도 많지 않고, 휴가를 가더라도 며칠에 불과하여 제대로 쉬는 것이 아니다. 많은 이들이 연간 한 달 이상의 휴가를 가지고 있지만 이를 제대로 사용하는 사람을 보기는 쉽지 않다.

이런 현상은 지난 20~30년 전과 비교하여 거의 달라지지 않았다. 경제가 성장하고 소득이 증가하여 생활수준은 과거와는 비교가 안 될 정도로 판이하게 나아졌지만, 정신없이 바쁜 생활방식은 변하지 않고 그대로이다. 우리 모두는 왜 이렇게 바쁘게 살아야 하는 것일까? 언제쯤이나 우리 삶에 여유가 생겨날 것인가? 이 글은 바로 그런 고민에 대한 해답을 찾고자 한 것이다.

흔히 "선진국이 좋은 제도를 만드는 것이 아니라 좋은 제도가 선진국을 만든다고 한다." 주로 미국식 모델에 따른 우리 사회의 주요 시스템은 비정규직, 소득양극화, 사회복지, 청년실업 등의 현안에 대해 더 이상 적절한 해결책을 내놓지 못하고 있다. 이러한 상황을 개선하기 위해서는 그 시스템을 바꾸는 것이 최우선 과제이며, 그런 면에서 독일은 좋은 모델이 될 수 있다.

이 책은 오랜 유학생활과 대사관 근무를 통해 알게 된 합리적이고 안정적인 독일 사회의 모습과 그를 지탱해주는 여러 가지 시스템을 소개한 것이다. 동시에 그러한 독일 모델이 급속한 경제성장에도 불구하고 오히려 점점 더 심화되고 있는 우리 사회의 양극화 문제를 해결하는데 어떤 시사점을 줄 수 있는지를 서술한 것이다. 즉 독일 사회를 통해 한국 사회의 문제점은 무엇이고, 그 대안은 무엇인지를 찾아본 것이다. 우리의 현실에서 그런 대안을 실현하고자 한다면, 우선적으로 무엇이 달라져야 하는 것일까?

그것은 바로 우리의 '정치'가 바뀌는 것이다. 먼저 정치인의 행태가 달라져야 하고, 사회구성원의 다양한 목소리를 반영하는 여러 정당이 어렵지 않게 제도 정치권에 진입할 수 있어야 한다. 기존의 보수적 양당제 하에서는 정치가 제대로 된 역할을 하지 못하고 있기 때문이다. 이와 더불어 5년 단임 대통령제의 문제점도 고쳐야 한다. 이를 위해서는 개헌을 통해 정부형태(권력구조)도 바꿔야 한다. 정치권에 이러한 변화를 가져오는 것이 우리가 기대하는 '새 정치'이다. 그와 같은 새로운 정치가 펼쳐지기 위해서는 먼저 정당제도와 선거제도를 바꿔야 하는데, 이런 맥락에서 '독일 정치'가 우리의 대안이 될 수 있다. 독일의 선거제도나 정당제도, 의회중심제의 구체적 내용에 대해서는 저자의 다른 책(『독일 정치, 우리의 대안』)을 참고하기 바란다.

독일 사회, 우리의 대안

초판 1쇄 발행일 2019년 01월 20일

글 · 사진 조성복
펴낸이 박영희
편집 박은지
디자인 최민형
마케팅 김유미
인쇄 · 제본 AP프린팅
펴낸곳 도서출판 어문학사
　　　　서울특별시 도봉구 해등로357 나너울 카운티 1층
　　　　대표전화: 02-998-0094 / 편집부1: 02-998-2267, 편집부2: 02-998-2269
　　　　홈페이지: www.amhbook.com
　　　　트위터: @with_amhbook
　　　　페이스북: https://www.facebook.com/amhbook
　　　　블로그: 네이버 http://blog.naver.com/amhbook
　　　　　　　다음 http://blog.daum.net/amhbook
　　　　e-mail: am@amhbook.com
　　　　등록: 2004년 7월 26일 제2009-2호

ISBN 978-89-6184-488-8 03300
정가 17,000원

이 도서의 국립중앙도서관 출판시도서목록(CIP)은 e-CIP홈페이지(http://www.nl.go.kr/ecip)와
국가자료공동목록시스템(http://www.nl.go.kr/kolisnet)에서 이용하실 수 있습니다.
(CIP제어번호: CIP2018042825)